Hannes Taugwalder und Martin Jaggi
Der Wahrheit näher

D1671530

Hannes Taugwalder und Martin Jaggi

Der Wahrheit näher

Die Katastrophe am Matterhorn 1865
und andere Erstbesteigungen

Glendyn Verlag Aarau

Auslieferung: Schweizer Buchzentrum
               Postfach 522, CH-4601 Olten
               Glendyn Verlag AG
               General Guisanstr. 1, CH-5000 Aarau
               Telefon 064/220556, Telefax 064/220086
               © Copyright by Glendyn Verlag AG
               Alle Rechte vorbehalten
               Printed in Germany
Druck: Clausen & Bosse, Leck

               ISBN 3 90633 711 1

               4. Auflage 1993

Vorwort

Früh erwachte in meinem Vater die Liebe zu den Bergen. Schon als 12jähriger nahm ihn sein Vater mit auf Bergtouren. 14stündige Tageswanderungen waren keine Seltenheit. Besonders faszinierten ihn die Walliser Alpen.

Der naturwissenschaftlich interessierte Martin Jaggi studierte später Physik, war einige Jahre in den USA Dozent an der «University of Florida», dann in Biel an der Ingenieurschule (HTL).

Wissenschaftlich geprägt war auch seine Bergleidenschaft: Geologie, Geographie und Alpinhistorik interessierten ihn gleichermassen. Mit den Jahren eignete er sich eine grosse Sammlung alpiner Literatur an. Mit Interesse und einer gewissen Skepsis las er Edward Whympers Buch «Scrambles amongst the Alps». Vergleicht man Whympers Bericht mit andern Originalquellen über die Matterhorn-Erstbesteigung, so ergeben sich Ungereimtheiten, deren nähere Untersuchung sich lohnt.

Als Bub begegnete Martin in Zermatt Leuten, die Whymper persönlich gekannt hatten und einiges von ihm zu erzählen wussten. Er begann sich für die Zusammenhänge im Vorfeld der Matterhorn-Erstbesteigung zu interessieren, aber erst in späteren Jahren fand er richtig Zeit zum Recherchieren. Er stiess dabei auf Hannes Taugwalder, den ich nicht näher vorzustellen brauche. Der einheimische Zermatter Schriftsteller hatte anlässlich der 100-Jahr-Feier der Erstbesteigung im Walliser Boten eine Folge publiziert, in der er sich aus der Sicht der Einheimischen kritisch mit Whympers «Rechtfertigungen», Ungereimtheiten und Unterschiebungen auseinandersetzte. Er stiess noch auf weitere verblüffende Unterlagen. Man kam überein, gemeinsam ein Buch unter Einbezug neuer Erkenntnisse zu veröffentlichen. Es sollte manches zur Sprache kommen, was ein Jahrhundert lang verdrängt worden ist. Whympers eigene Darstellung, in der er als Held der Ereignisse hervorgeht, scheint die nahezu einzige Quelle für die Literaturschaffenden gewesen zu sein. Dies beruht nicht zuletzt darauf, dass andere Mitbeteiligte der Erstbesteigung kaum des Schreibens kundig waren und jene, die verunglückten, nicht mehr reden konnten. Wen wundert's, dass Whymper zum Aushängeschild des Matterhorns und zu einem gut vermarktbaren Artikel Zermatts wurde. In den fünfziger Jahren wollte Arnold Lunn die Erstbesteigungsgeschichte in einem andern Lichte darstellen. Es war ihm nicht mehr vergönnt. Er starb allzu früh. Das gleiche Schicksal ereilte viele Jahre später meinen Vater. Hannes Taugwalder hat sich bereiterklärt, die Unterlagen meines Vaters zu überarbeiten und zu ergänzen. Wir sind ihm zu grossem Dank verpflichtet. Ohne ihn wäre dieses Werk nicht entstanden. Möge die gemeinsam Arbeit recht viele Bergfreunde interessieren und erfreuen.

Erlach, 16. März 1990 *Christina Jaggi*

Alte Häuser am Triftbach in Zermatt um 1865.

6

Erinnerungen und Betrachtungen

Nostalgische Zeugen

Die ersten fremden Zermatter Besucher fanden dem Triftbach entlang und auf dem Kirchplatz alte Wohnhäuser, die sie tief beeindruckten. Aber wie die ganze zivilisierte Welt, hat auch das Matterhorndorf im Laufe der Zeit eine Wandlung durchgemacht. Aus dem Dorf der Bergbauern zu Beginn des Jahrhunderts ist ein moderner Ferienort geworden. Mit erstaunlichem Elan hat man sich nach dem Zweiten Weltkrieg den Wünschen einer neuen Generation sportlicher Feriengäste angepasst und ist erhebliche wirtschaftliche Risiken eingegangen. Die wenigen Gäste aus der Zeit des «romantischen» Bergsteigens, die den Ort kannten und liebgewonnen hatten, bevor der «grosse Fortschritt» kam, verfallen heute leicht der Nostalgie. «Was wollt Ihr», entgegnet ein junger Skilehrer mit von der Sonne braungegerbtem Gesicht, «wir konnten nicht zu einem Museum werden, wir müssen leben!» Und der alte Herr nickt nachdenklich, betrachtet Whympers Bronzebild an der Wand des Hotels Monte Rosa und staunt über den finstern Blick, der ihn trifft. Leicht gehbehindert, besucht er die Gräber der Bergtoten auf dem Friedhof. Nicht nur Namen begegnet er, einige der Verunglückten kannte er noch persönlich. Auf dem Dorfplatz vor der Kirche werden Erinnerungen der Sommeraufenthalte lebendig. Er fühlt sich zu Hause. «Die Häuser sind sich treu geblieben», denkt er, «einige sogar etwas freundlicher geworden. Man hat die Liebe zu den Geranien entdeckt. Soll endlich Alt- und Liebgewordenes erhalten bleiben?»

Im alten, südlichen Eckhaus an der Strasse, im ersten Stock, wohnte Peter Taugwalder Sohn mit den Seinen. Der Gast blinzelt, denn hinter den Fenstern blenden Neonröhren, und man hört die Geldkasse klingeln. Die alte Wohnung, mit dem schwieligen Boden, wurde zu einer Modeboutique umgebaut. «Das wird ihnen das Haus nie verzeihen!», brummt er und wirft einen Blick auf die Tafel am Haus gegenüber der Kirche, wo Peter

Alte Dorfstrasse von Zermatt um 1865.

Taugwalder Vater, ebenfalls Mitbeteiligter der Matterhornerstbesteigung, gewohnt hatte.

Der Gast ist froh, in der Vehgasse Zeugen seiner Zeit zu finden, und besucht das Museum. In den Jahren, als er sich auf die Viertausender wagte, hatte er jeden Sommer dem Museum einen Besuch abgestattet. Eine Aussentreppe führte in den oberen Stock hinauf. Rudolf Taugwalder empfing ihn stets wie einen Bergkameraden. Bevor er Betreuer von Seilers Alpen-Museum wurde, wo er die vielen Erinnerungsgegenstände der in den Bergen verunglückten Touristen wie Reliquien hütete, war Taugwalder Führerpionier von Expeditionen in ferne Länder: Mit Captain Lynch im Jahre 1893 auf dem Grossen Ararat

(5211 m), 1903 mit Mr. und Mrs. Wockeman im Himalaya und 1908 mit Mrs. Anny Peck und seinem Kollegen Gabriel Zumtaugwald als Erstbesteiger auf der Nordspitze des Huascarans (6668 m). Er wusste viel zu erzählen und tat es gerne.

Der Gast will sich mit ihm über die «Matterhornkatastrophe von 1865» unterhalten. Taugwalder runzelt die Stirne. Er kannte Whymper noch persönlich; und seine Tochter Ethel hatte ihn im Museum aufgesucht, bevor sie im Jahre 1930 das Matterhorn traversierte.

«Wissen Sie, lieber Herr ..., ich höre so viel Unsinniges von den Gästen, die mich aufsuchen, über das Unglück, dass ich müde werde, stets den wirklichen Hergang zu schildern. Whymper wollte den beiden Taugwalder schlecht, nicht nur dem Vater, auch Peter, dem Sohn. Er ist schuld, dass so viel dummes Zeug in Geschichten und Romanen geschrieben wird. Phantastereien, die mit der Wirklichkeit nichts zu tun haben! Wenn ich abends müde nach Hause gehe und neben der Gedenktafel von Whymper vorbei muss, krümmen sich mir manchmal die Finger in meiner Hosentasche. Er war den Zermatter Führern schlecht gesinnt!»

Das Museum wurde in den Nachkriegsjahren umgebaut und vergrössert und verlor die Intimität als Gedenkstätte der Bergtoten aus der Zeit der Anfänge des Alpinismus.

Aber auch an den Feriengästen ist die Zeit nicht spurlos vorbeigegangen. Es stimmt uns nachdenklich, wenn wir in unserer hektischen Zeit von Dorothy Pilley erfahren, wie sie 1921 Zermatt erlebt hatte:

«Zermatt winkte», schreibt sie, «ein Zermatt, das ich nur aus den Buchseiten von Whymper, Tyndall, Mummery und Leslie Stephen kannte, ein Zermatt, von dem ich schon jahrelang geträumt hatte. Es lag jenseits der Grate von Dom und Täschhorn ... Ich sehnte mich dorthin ... So kam ich schliesslich nach Zermatt und ins ‹Monte Rosa›, in den Brennpunkt der Bergwelt, die ich in meinen Träumen sah. Da stand der Tisch, an dem die Mandarine des Alpine Club in Ehrfurcht gebietender Würde speisten ... Und draussen die Mauer, auf der die Führer sassen ... Um die Ecke blühten die Wiesen, der Heuduft hing in der Luft, und man konnte sich an den alten Zaun lehnen und in die Berge schauen.»

Rudolf Taugwalder, Pionier von Expeditionen.

Miss Janet A. Schmith stattete im Jahre 1924 der Riffelalp ihren ersten Besuch ab:

«Wir gingen zur Riffelalp, die für unsere Familie geradezu heiligen Boden bedeutete; denn dort hat der Vater die Mutter kennengelernt und ihr nach fünf Tagen versprochen, sie zu heiraten. Uns war zumute wie Pilgern an einem Wallfahrtsort. Für einen Anfänger liess sich keine bessere Stätte denken als die Riffelalp.»

Sie verrät uns auch, wie sie nach der Besteigung des Rimpfischhorns plante, alle grossen Zermatter Berge zu bezwingen, mit dem Matterhorn als feierlichem Höhepunkt: «Keineswegs wollte ich das Matterhorn gierig schlucken oder es so nebenher mitnehmen. Ich wollte mich ihm mit gebührender Achtung nähern.» (Zermatt, Geschichte von Cicely Williams, S. 62).

Welch ein Unterschied der Bergerlebnisse, wenn wir an den Amerikaner denken, der im Jahre 1965 am Morgen in Zermatt eintraf, einen Führer bestellte, anderntags das Horn bestieg und abends wieder verreiste und sich brüstete, den Berg im Rucksack zu haben.

Meinen Kollegen und Mitverantwortlichen, Martin Jaggi, und mich interessierte vor allem die Epoche des «Goldenen Zeitalters des Bergsteigens», das mit dem tragischen Unglück bei der Erstbesteigung des Matterhorns im Jahre 1865 sein Ende fand. Es war das Schicksalsjahr einer romantischen Zeit, die dem Alpinismus die Wende brachte. Dem Ehrgeiz, als erster einen unberührten Gipfel zu betreten, folgte der Wunsch, sich in Ehrfurcht auf verschiedene Bergspitzen zu wagen.

Wir sammelten alles, was sich uns an Bergliteratur über die Erstbesteigung des Matterhorns bot, und versuchten auch der Erinnerung zu entlehnen, was die alten Bergführer bei den abendlichen Zusammenkünften («Abusitza») vom Unglück zu erzählen wussten und was sich an Berichten kurz nach dem Unglück in Zeitungen aufstöbern liess. All das erbrachte ein fundiertes Bild über die Folgen der «Matterhornkatastrophe».

Es drängte uns, den Versuch zu wagen, der Wahrheit der Ereignisse über die Erstbesteigung näherzukommen und Unkorrektes und Entstelltes nach Möglichkeit zu berichtigen. Leider starb Martin Jaggi am 1. Juli 1987, nachdem es zu ersten Kontakten gekommen war. Er hinterliess wertvolle Unterlagen und Manuskriptfragmente, die seine Tochter Christina auf Wunsch ihres Vaters dem Glendyn-Verlag zur Verfügung stellte. Ohne diese Vorarbeit wäre dieses Buch in seiner Vielfältigkeit nicht möglich gewesen.

Tourismus im Wandel der Zeit

Während des Ersten Weltkrieges und in den zwanziger Jahren hatten nahezu alle Zermatter Familien ein paar Ziegen. Sie waren in Ställen in der Nähe der Wohnungen untergebracht und wurden vom Geisshirt jeden Morgen eingesammelt und auf die Weide getrieben. Im Oberdorf fing er damit an, und bis hinunter zum Bahnhof stiessen die Geissen aus allen Gassen und Ecken zum Trüppchen und beinelten, meckerten und bimmelten den Spiss hinunter, zum Lüegelwang oder zum Biel hinaus. Dort wurden sie ihren Launen und dem Weiden überlassen, bis der Schatten des Matterhorns ins Tal fiel und den Ziegenhirt erinnerte, die gehörnten Wesen ins Dorf zurückzutreiben. Jede Ziege wusste im Dorf genau, wann sie die Truppe zu verlassen hatte, um in irgendeinem Gässchen ihr Nachtlager zu finden.

Einen bezahlten Ziegenhirten gab es nicht. Jede beteiligte Familie musste abwechslungsweise für eine Woche ein bis zwei Sprösslinge bestimmen, die dieses Amt zu versehen hatten. Ab und zu war auch unsere Familie an der Reihe. Ich erinnere mich, dass ich mit meinem Vetter Alex Gentinetta, dem späteren Bergführer und Skischulleiter von Crans, die Ziegen zum Biel hinaustrieb und wir uns in der Nähe der Hütte von Peter Taugwalder die Zeit vertrieben, während die Ziegen am Hang zu den Felsen hinauf Kräuter, Blätter und Blüten knabberten und uns nur selten zum Eingreifen herausforderten.

Peter Taugwalder sass stundenlang pfeiferauchend vor seinem Sommerhäuschen. Er war ein alter, schweigsamer Mann, leicht gehbehindert, da ihn bei seiner letzten Matterhornbesteigung ein darniedersausender Stein am Knie getroffen hatte. Er schätzte es, wenn man ihm die Ruhe gönnte und er seinen Gedanken nachhängend mit dem Schicksal hadern konnte, während der bläuliche Rauch des starken Walliser Tabaks aus seiner Pfeife kräuselte. Vor allem wussten wir, dass wir ihn nicht über das Unglück am Matterhorn mit Fragen belästigen durften, weil er diesbezüglich schon zur Genüge von Feriengästen angegangen wurde, was er als äusserst lästig empfand. Die Gäste nannten ihn den «Matterhorn-Taugwalder», und bei uns war er als «ds Geppi» bekannt. Natürlich war in uns die Geschichte vom Matterhornunglück in allen Einzelheiten lebendig, wurden doch die Geschehnisse, die zu diesem schreckli-

12

Das Haus «zum Biel», das Peter Taugwalder im Sommer bewohnte.

chen Unglück führten, an den langen Winterabenden immer wieder von den alten Leuten erzählt und besprochen, wie sie von den Zeitgenossen der Erstbesteiger überliefert worden waren. Der unterschwellige Ärger der Talbewohner über Whympers unwürdiges Verhalten gegenüber den beiden Taugwalder, «denen er sein Leben zu verdanken hatte», kam dabei stets zum Ausdruck.

Besondere Erwähnung fand die Tatsache, dass die Taugwalder nicht Whymper verpflichtet, sondern von Francis Douglas engagiert worden waren. Trotzdem hatte sich Whymper beim Abstieg zwischen diese beiden Führer angeseilt, ein Platz, der Lord Douglas zugestanden wäre. Das Matterhorn hat aber ihren Lord in den Felsen zurückbehalten und Whymper, den im Dorf niemand mochte, mit ihnen ins Hotel «Monte Rosa» zurückgeschickt.

Auch selbst einem Ronald W. Clark fliesst es heute noch in seinem ausführlichen Bericht «Als das Seil riss» (S. 289, 1965 erschienen) bockig aus der Feder, als Matterhornbezwinger Whymper, Hudson, Douglas, Hadow und Croz zu feiern und die beiden Taugwalder Vater und Sohn dabei zu «vergessen».

Wir bemühen uns deshalb, Erlauschtes und Historisches gegeneinander abzuwägen, um dem Wahrheitsgehalt der Berichte über die damaligen Ereignisse und deren Folgen näherzukommen.

Originalschriften sind leider im Buchhandel längst vergriffen und auch in den Bibliotheken der Sektionen unserer Alpenclubs kaum noch aufzufinden. Obwohl sie noch existieren, sind sie dem interessierten Leser nur schwer zugänglich. Abgesehen von der damaligen Literatur gibt es zahlreiche später entstandene Arbeiten, die sich aber kaum um die historische Wirklichkeit bemühen. Das Geschehen wird romanartig zusammengefasst und phantasievoll ausgeschmückt. Praktisch all diese späteren Fassungen stützen sich einzig und allein auf den Buchstaben von Whympers «Scrambles amongst the Alps». Es scheint nur wenige zu stören, dass in Whympers Buch zwei ehrenwerte Bergführer in perfider Weise verleumdet wurden. Die beiden Männer, neben Whymper die einzigen Überlebenden des Erstbesteigungsdramas, waren einfache Bergler und konnten sich gegenüber dem federgewandten Whymper nicht wehren. Es wäre ihnen von gewisser Seite auch übelgenommen worden, wenn sie gegen den berühmten Exponenten der englischen Feriengäste aufgetreten wären.

Abgesehen davon waren sie keine streitsüchtigen Männer, sondern stille Dulder, zu denen sie das harte Leben in einem wilden Bergtal erzogen hatte. In ihrer engeren Heimat hatten sie als Erstbesteiger wohl auch einige Neider. Ihre Berufsehre hatte zwar des Unglücks wegen nicht gelitten, in der grossen Öffentlichkeit aber hatten sie nicht die ihnen gebührende Satisfaktion erfahren. Ihr Leben wurde durch das traumatische Erlebnis und vor allem durch Whympers Verdächtigungen buchstäblich geknickt. Daran kann auch ein sachlicher Bericht leider nichts mehr ändern.

Der Erste Weltkrieg brachte beachtliche gesellschaftliche Veränderungen nicht nur in den kriegsgeschädigten Ländern, sondern auch im Hotelgewerbe der Bergdörfer. Es war eine Zeit des Überganges, der wirtschaftlichen Erholung nach dem schrecklichen Krieg und eine Zeit des Hoffens, dass es nie

14

mehr zu einem solch sinnlosen Völkermord kommen werde, weil man der menschlichen Vernunft mehr traute als allem Emotionalen.

Verwöhnte ausländische Feriengäste trafen wieder in Zermatt, Grindelwald und Chamonix ein. Auch Schweizer suchten, wie man damals sagte, «Erholung in der Sommerfrische». Es waren die erfolgreichen Jahre der Hotellerie. Die Touristen fanden den von ihnen erhofften Komfort, begegneten ihren alten Ferienfreunden, gingen gut vorbereitet und gezielt die Berge an und erholten sich ausgiebig beim Nachmittagstee im Hotelgarten, während das grosse Kurorchester klassische Musik und Operettenmelodien bot. Die Preise spielten keine allzu grosse Rolle mehr, und die Gasthäuser von Zermatt erfreuten sich internationaler Beliebtheit.

Doch die Ehrfurcht vor der Schöpfung hatte unter den Ereignissen des Krieges gelitten, die Einstellung des Menschen zur Natur und gegenüber dem Mitmenschen hatte an bindendem Gehalt verloren. Die wohlwollende und freundschaftliche Beziehung des Bergsteigers zu seinem Führer hatte sich verändert. Nur noch vereinzelt blieben Bindungen in ihrer menschlichen Wärme und familiären Anteilnahme erhalten. Ab und zu rettete sich eine Freundschaft in die Jahre, die nur noch altersbedingte Spaziergänge im Dorf erlaubten oder den begleitenden Gang zur letzten Ruhestätte. Die Bergsteigerromantik hatte ihr Ende gefunden.

Im Laufe der nächsten Jahrzehnte kam ein nüchterner Alpinismus auf. Das Bergsteigen wurde immer mehr zu einer sportlichen Betätigung, zur Mut- und Kraftprobe der Gipfelstürmer. Da die Berge alle erstbestiegen waren, suchte man sie durch Spezialrouten, durch steile Nordwände und über schwierige Zackengrate anzugehen oder bestieg der Reihe nach all die ehrwürdigen Häupter der Viertausender. Kletter- und Eistechnik erfuhren gewaltige Veränderungen und Fortschritte, aber verdrängten damit das besinnliche Bergsteigen. Man bewunderte wohl noch den Berg in seiner Einmaligkeit, aber man gönnte sich nicht mehr die Zeit, das Gespräch mit ihm zu finden. Nach erfolgter Besteigung von irgendeiner Seite, einer Wand, eines Grates erhielt er je nach Schwierigkeit eine Note. Er rächte sich durch seine Launen, die ihn mit dem Wettergott verbinden, da die beiden keine Noten gelten lassen wollen.

Diese veränderte Einstellung des Menschen gegenüber der Natur und den Bergen ist besonders gut erkennbar, wenn wir Berglandschaften alter und moderner Maler miteinander vergleichen.

Das Matterhorndorf

Im Bähnchen nach Zermatt verkaufte der Kondukteur den Touristen auch gleich eine Landkarte, «Zermatt und Umgebung», 1:50 000. Auf der Fahrt sagte er den Reisenden, der Zug sei über-

Franziskus Taugwalder (links im Bild) verunglückte an der Dent Blanche. Mr. Kay und der Führer «Stäffa» Aufdenblatten.

laden. Es sei möglich, dass die Dampflokomotive im Täsch-wang durchdrehen werde, da dort eine Zahnstange reparatur-halber fehle. Dies traf denn auch zu, die Lokomotive heulte auf, und der Zug glitt rückwärts. Der zweite Anlauf gelang.

Wie in den andern Seitentälern, so trugen auch in Zermatt die älteren einheimischen Frauen ihre einfache Arbeitstracht. Auf dem Heimweg vom Feld schleppten sie übervolle «Tschifre» Brennholz, gesicheltes Gras oder geerntetes Getreide nach Hause. Hinter einem Haus oder auf der Laube eines Stalles kam es dann zu einem Schwatz mit der Nachbarin, bei dem die Pfeife oder eine lange dünne Zigarre angezündet wurde. Von den Massenmedien blieb Zermatt lange verschont, denn im Mattertal war der Radioempfang zu schwach. Zermatt war im Begriff, sich für den Wintersport vorzubereiten. Am Steilhang ob der «Tuftru» wurde 1928 eine Waldschneise geschlagen, um eine Sprungschanze zu erbauen. Richard Kay* aus Manchester zeichnete als Spender.

Mr. Kay verlor am 2. Sept. 1929 beim Aufstieg auf die Dent Blanche seinen Führer Franziskus Taugwalder. Taugwalder erkletterte einen Felsen, als ein Tourist über ihm ungewollt einen Stein loslöste, der Taugwalder im Genick traf und mit in die Tiefe riss. Der zweite Führer «Stäffa» Aufdenblatten, der hinter Mr. Kay auf einem Grat stand, hatte die Geistesgegenwart, sich rasch hinter dem Grat zu versperren und seinen Führerkollegen und Mr. Kay, der auch schon mitgerissen worden war, aufzufangen. Während Taugwalder tot war, kam Kay mit leichten Verletzungen davon.

Martin Jaggi, Physiker und Forscher

Die Eltern von Martin Jaggi verbrachten die Sommerferien mit ihren Kindern in der Dienstwohnung des Depotchefs der Gornergratbahn. Rudolf Maag wusste ihnen vieles aus den Dorfgeschehnissen zu erzählen, von seinen Schwierigkeiten beim Bau der Materialseilbahn für die 4000 Meter hoch gelegene Solvayhütte, von den politischen Spannungen zwischen der Zermatter Burgergemeinde und der Familie Seiler und auch von Konflikten zwischen Zermattern und den Bewohnern jenseits des Theodulpasses, wo die Nachkriegswirren der faschistischen Partei Mussolinis Aufwind gebracht hatten.

Vater Jaggi bestieg mit Martin im August 1928 führerlos das Breithorn. Rudolf Maag hatte sie eindringlich gewarnt, beim Aufstieg ja nicht die Theodulhütte zu betreten, da die Italiener sie verhaften oder gar mit blauen Bohnen empfangen könnten. Dies wurde befolgt, jedoch beim Abstieg kam es bei den beiden an der Südflanke des Breithorngipfels zu einer gefährlichen Rutschpartie. Angeseilt schlitterten sie bis an den Rand einer grossen Gletscherspalte.

Am Riffelhorn befand sich damals eine Filmequipe, bei der einheimische Bergführer mitwirkten. Vier lebensgrosse Stoffpuppen wurden ins Leere hinausgeworfen. Louis Trenker filmte die Matterhornkatastrophe von 1865. Bergführer Leo Lehner, der spätere Coiffeur und Nachfolger von Marie Biner, spielte die Rolle des Taugwalders. Trenker drückte ihm ein Messer in die Hand mit der Aufforderung, im kritischen Moment das Seil zu zerschneiden. Entsetzt gab Lehner das Messer zurück: «Kein Zermatter Führer wird je so etwas machen! Keiner wird so etwas dem ‹Geppy› selig antun!»

Trenker und Frank mussten schliesslich nachgeben. In der Filmszene wurde dann das Seil nicht zerschnitten, sondern durch den Seilzug zerrissen. Eine auf Sensation bedachte filmische Fälschung musste der historischen Wirklichkeit weichen. (Laut einer persönlichen Mitteilung von Leo Lehner.) Im Alpen-Mitteilungsblatt 1929 erntete dieser Film eine katastrophale Kritik.

Zur gleichen Zeit fand, in der eisigen Nordflanke des Sunneggrates, der berühmte französische Alpinist Langlois mit seinen drei Kameraden den Tod. Zwei Tage später, auf dem Gornergrat, erlaubte der lahme Bergführer Imboden dem jungen Martin einen Gratisblick durch das von sensationshungrigen Ausflüglern belagerte Fernrohr. Oben in der Breithornwand, bei der Absturzstelle, erblickte man den steckengebliebenen Pikkel. Unten, auf dem steilen Breithorngletscher, liess die Bergungsmannschaft vier Säcke an Seilen herunter. Die Bergungskolonne der Breithornopfer traf nachts um 10 Uhr in Zermatt ein. Auf jedem der vier Maultiere lag ein dunkler Sack. Flakkerndes Kerzenlicht umrahmte in der Friedhofskapelle ein grosses, am Boden ausgebreitetes Tuch, und acht steigeisenbeschuhte Füsse schauten darunter hervor. Unter den erschütterten Einheimischen und Gästen befanden sich auch die Directrice des Hotels Riffelalp, Frau Imfeld-Seiler, Gattin des bekannten Topographen und Panoramazeichners Xaver Imfeld, und die Angehörigen der Verunglückten, die ihre Ferien in diesem Hotel verbrachten.

Vier Bergspitzen im Montblanc-Massiv wurden daraufhin nach den Breithornopfern benannt (Monatsbulletin, Alpen, 1929, 190). Heute befindet sich ihre Grabtafel neben den drei Grabsteinen der Matterhornopfer von 1865. Bei beiden Tragödien bestand die Rettungsmannschaft aus 21 Führern.

Zermatt ohne die Marie Biner war undenkbar

Die Marie Biner, die von 1862 bis 1934 lebte, war keineswegs nur ein Dorforiginal. Sie war in den Augen vieler englischer «Herren» das Statussymbol von Zermatt. Neben dem Hotel Monte Rosa befand sich der «Hairdressing-Saloon» der legendären «Lady Barber», «patronized by persons of distinction». Wie sie zu ihrem damals nur den Männern zustehenden Beruf kam, hatte einen familiären Grund.

Die liebe alte Frau mit der klobigen Schere in der Hand erzählte gerne ihre Lebensgeschichte. Ihr Vater war Sakristan. Er hatte einen lahmen Arm. So musste das Mädchen schon als Kind helfen, die Glocken zu läuten. Auch musste sie ihren Vater mit Pinsel, Seife und Messer rasieren. Als sie 12jährig war, kamen Bergführer und bald auch englische Touristen zu ihr, um ihre sonnenlädierte Haut der zarten Handführung Marie Biners anzuvertrauen. Edward Whymper hatte seine helle Freude an der jungen Rasiererin, mit der man sich ziemlich gut auf englisch unterhalten konnte. Whymper kam auch in seinen späteren Jahren viel nach Zermatt. Er liess sich bei der Marie täglich rasieren und empfahl sie seinen Kollegen im Hotel. Wer sass nicht alles auf dem Rasierstuhl, der sich heute im Museum von Zermatt befindet!

Nicht nur berühmte Bergführer wie Anderegg, Lauener, Almer, Burgener ... kannten den historischen Stuhl; auch königliche Häupter wie Victor-Emanuel von Italien und Albert von Belgien sassen auf ihm. Einmal rasierte sie an einem Tag 79 Häupter, an einem andern sogar 110; aber an diesem Rekord-Tag wurde das Einseifen vom jungen Leo Lehner, dem späteren

Bergführer, besorgt. Leo war der Sohn des Alt-Posthalters, der mit dem jungen Peter Taugwalder gut befreundet war. Den fremden Herren hat die Marie pro Rasur fünfmal mehr verlangt als den Einheimischen. Dafür hat sie bei jenen ein besonders gut geschliffenes Messer verwendet, das ihr Whymper geschenkt hatte. Der junge Peter Taugwalder und «ds Biner Franzje», bekannt als «Weisshorn-Biner», und alle Zermatter Burger, die etwas auf sich hielten, waren Stammgäste. Marie konnte sich auch noch gut ans «alt Geppy»*, wie Vater Taugwalder genannt wurde, erinnern.

---

* *Moritz Taugwalder, Meier von Zermatt, kaufte am 25. Sept. 1666 von Johannes Egger, Einwohner von Sitten, die mütterlicherseits geerbten Güter: Wiesen, Äcker, Weiden, Alpen, Wälder, Allmenden, Häuser und Hütten vom Hohsteg bis zum Theodulpass. Das Gebiet vom Furgbach bis zum Pass gehörte dazu (Kaufvertrag Pfarrarchiv St. Niklaus B1. Preis 736 Pfund von St. Moritz). Er hatte viele Nachkommen, von denen uns heute noch drei Sippen bekannt sind: «Di Geppini» (von Kappe, «Chappi», Geppi, Mehrzahl Geppini), «D'Seimini» (von Säumer, säumen, söumu), «D'Agetjini» (von einer tüchtigen Frau Agatha abstammend).*

Maria zum Schnee

Wenn aufziehende Wolken den Bergsteigern die Fernsicht auf die umliegenden Gipfel verwehren und Nebelschwaden das Zermattertal heraufziehen und Zermatt verhüllen, verbleibt oft beim Aufstieg zum Hörnli nur der Blick hinunter auf den blauschwarz zwinkernden Wasserspiegel des Schwarzsees (2552 m). Ein Juwel unserer Alpenwelt. Das Schwarzseelein befindet sich auf halbem Wege zwischen Zermatt und Hörnlihütte.

Am Ufer dieses kaum 80 Meter langen und breiten Kleinods befindet sich die Kapelle Maria zum Schnee. Alte Schriften in der Kaplanei von Zermatt bezeugen, dass diese romantisch gelegene Kultstätte schon zur Zeit von Napoleons Walliser Feldzug bestand. Schon damals wurden dem hölzernen Muttergottes-Standbild wundertätige Kräfte zugeschrieben. Die Bewohner des Zermattertales benützten die Kapelle als Wallfahrtsort für besondere Anliegen.

Wundertätige Madonna

Vier Generationen reichen aus, um mündlich Überliefertes dem Dunkel der Vergangenheit anheimfallen zu lassen. Aber wir verdanken den Sinn der damaligen Wallfahrten dem unverwüstlichen, alleingängerischen St. Galler Alpinisten der Pionierzeit J. J. Weilenmann (1819–1896). Er bestieg das Matterhorn 1873 und hat uns folgendes überliefert: «Wäre der Mutter Gottes da drin in der Kapelle nicht diskretes Schweigen geboten, könnte sie kuriose Dinge aus der Schule schwatzen. Findet ein Mädchen in den jungen Jahren nicht den geeigneten Lebenspartner, so pilgert es hinauf, um in der unbelauschten Einsamkeit der Himmelskönigin seine Herzensnot zu klagen und sie um Hilfe anzurufen. Die Gottes Mutter Maria zum Schnee hat den Ruf der Wundertätigkeit und, wie der Geistliche in Zermatt damals versicherte, – er musste es ja wissen – war dieser Ruf begründet.» (Sagen von Zermatt von Karl Lehner.)

Noch zur Jahrhundertwende wurden die alte Bauernkultur und Bräuche in Zermatt gepflegt. Jährlich gab es einen kirchlich erlaubten Fastnachtstanz. Die heiratsfähigen Männer wählten ihre Wunschtänzerinnen und luden sie zu dieser Veranstaltung ein. Es wurde an drei Tagen und zwei Nächten fast ununterbrochen getanzt.

Am Abend der «alten Fastnacht» (am ersten Fastensonntag) revanchierte sich die Tochter, indem sie ihren Tänzer nach Hause einlud. Es wurde reichlich gesottenes Fleisch («Gsottus»), das im Speicher getrocknet worden war, aufgetischt. Zum Nachtisch gab es Pfannkuchen («Chruchlini») und man trank versüssten, warmen Weisswein dazu.*

Rezept für warmen Wein:
$\frac{1}{2}$ l Wasser, 6 Stk. Gewürznelken, $\frac{1}{2}$ Stk. Zitrone, 1 l Weisswein (keinen Kochwein!), $\frac{1}{2}$ Zimtstengel, Zucker nach Belieben
Man kocht Wasser, Nelken, Zimtstengel und Zitrone während gut zehn Minuten auf. Dann gibt man guten Weisswein bei und lässt das Gemisch heiss werden, bis sich auf der Oberfläche ein leichter, weisslicher Schaum bildet. Das Ganze wird durch ein feines Sieb passiert, massvoll gezuckert und gut verrührt.

Am St. Josefstag (19. März) besuchten die beiden jungen Leute die Kapelle von Winkelmatten zu einem Dankgebet. Damit waren die gegenseitigen Verpflichtungen abgegolten, und man konnte sich in Ehren wieder trennen, nachdem man sich bei Wein und Tanz näher kennengelernt hatte. War aber zwischen ihnen die Liebe entflammt, so pilgerten sie am Ostersonntag ein zweites Mal zur Kapelle von Winkelmatten und beteten vor dem Altar der Heiligen Familie für eine glückliche Zukunft. Die alten Frauen, die an diesem Tag besonders eifrig die Köpfe aus den Fenstern streckten, wussten nun: Aha, die beiden «gehen miteinander», sie «karisieren»! (Caressez!)

Fand sich aber bei einer Tochter kein Freier ein oder bereitete der Ehemann im Alltagsleben Kummer und Sorgen, so half die Muttergottes der Kapelle «Maria zum Schnee». Sie war auch besorgt, wenn der Regen ausblieb und im Tale das Gras verdorrte. Der Pfarrer unternahm dann mit der Dorfgemeinschaft eine Bittprozession nach Schwarzsee. Meistens wartete er aber zu lange, weil auch der pfarrherrliche Barometer in der Angelegenheit beratend mitzuentscheiden hatte. Zog man endlich bei wolkenlosem Föhnwetter aus, traf es sich dann, dass man schon auf dem Rückweg von einem heftigen Gewitter bis auf die Haut durchnässt wurde. Benötigte das Tal aber der Sonne, so wandte sich die Bittprozession der Kapelle von Findeln zu.

Maria zum Schnee
Schutzpatronin der Matterhornbesteiger
(* Gedicht, Alpen 1925, 159, * Nôtre Dame des Neiges)

Der Fussweg von Zermatt zum Einstieg in die Matterhorn-Ostwand und zum Hörnligrat (Normalroute) führt neben der Schwarzseekapelle vorbei. So kam es, dass diese Kultstätte auch zu einem Ort der stillen Einkehr der Bergsteiger wurde. Kein einheimischer Führer begann seine Matterhornfahrt, ohne in kurzem Gebet vor dem wundertätigen Standbild der Maria zum Schnee den Schutz und Segen für sich und die ihm anvertrauten Klienten zu erflehen. Und auf dem Rückweg ging kein einheimischer Führer neben dieser verehrten Stätte vorbei, ohne in stummer Verneigung für den gewährten Schutz und Schirm zu danken.

22

Die Kapelle zum Schwarzsee im Jahre 1865.

Wie ein kosmischer Warnfinger Gottes überragt das Matterhorn das Seelein und die Kapelle: Einmaligkeit der Schöpfung! Matterhornpilger, von nah und fern kommend, werden beim Anblick des gigantischen Mahnmals mit Ehrfurcht erfüllt. Gefühle der Bewunderung und zugleich Angst gegenüber der lokkenden und gefährlichen Schönheit regen sich. Das Matterhorn als Inbegriff des Beständigen. Tiefe und ernste Fragen nach Werden, Sein und Vergehen des menschlichen Daseins und nach dem eigenen Schicksal drängen sich auf: «Werde ich die heilige Madonna hier unten wiedersehen, oder gehöre ich zu den Halbtausend, die ihr Leben am Berg verloren haben und das Tal nicht mehr erreichten?»

Eisige Glasur

In Zermatt fand der Wintersport erst nach der Jahrhundertwende allmählich Einzug. Vor dieser Zeit fiel das vielgerühmte «Sommerfrischler-Dorf» in der kalten Jahreszeit jeweils in ei-

23

nen Dornröschenschlaf, der bis in den Wonnemonat Mai andauerte. Die Dorfstrasse war mit knietiefem Schnee bedeckt. Das Entrée des mit Brettern vernagelten Seilerschen Hotels Monte Rosa war bis an den Türsturz von einem Schneewall zugeweht. Im Winter gehörte Zermatt den Einheimischen: den Biner, den Kronig, den Perren, den Taugwalder, den Aufdenblatten, den Julen und Welschen ..., denn die Familie Seiler samt dem Hotelpersonal verliessen den Ort jeweils Ende September, um erst im Mai wieder zurückzukehren.*

Ein Südamerikaner, «ds Grampi» genannt, weil er führerlos auf Touren ging, weilte oft Monate lang während des Winters in einem Privathaus im Dorf.

Der erste Winterferiengast im Hotel Monte Rosa in Zermatt war Rev. Christopher Smyth (1827-1900). 1882 kam er mit dem Hotelier Seiler von Visp her in das verschlafene Zermatt. Im Hotelzimmer konnte er sein Tagebuch nicht nachführen, weil das Tintenfass eingefroren war (A117ter (Gornergrat) p.45). Smyth war einer der Erstbesteiger der Dufourspitze (1855).

Im Winter erhält Maria zum Schnee nur selten Besuch. Das gefrorene Seelein ist meterhoch zugeschneit und kaum mehr zu erkennen, die Boden-Steinplatten der Kapelle mit einer eisigen Glasur überzogen und von einer lockeren Schneeschicht geschützt, die knorrigen Betschemel zu Füssen der Madonna mit Flugschnee verblasen und die vergoldete Altartafel mit Eisblumen geschmückt. Doch all dies bleibt im Dunkeln verborgen. In dieser eisigen und unheimlichen Grabesstille ist die wundertätige Madonna von ununterbrochenem Dämmerlicht umgeben, da sich der hingewehte Schnee bis zu den Fensterchen hinauf türmt.

Alpenpionier Thomas Stuart Kennedy

Gestörter Schlaf der Madonna

In einer Januarnacht des Jahres 1862 wurde der Winterschlaf der Madonna gestört. In der sakralen Stätte flackerte ein unruhiges Licht, das die Eisnadeln, welche die Madonna verzierten, aufglitzern liess. Ein Irrlicht? Oder hielt der Berggeist eine Messe für die armen Seelen, der nicht im Stande der heiligmachenden Gnade Verstorbenen, die nach altem Glauben auf dem Matterhorngletscher für ihre Sünden büssen müssen? Nein! Der hell aufflackernde Lichtschein rührte von der glimmenden Kerze einer Führerlaterne. Nicht nur das vergoldete Antlitz der Madonna liess er sekundenlang aufleuchten, sondern auch die Gesichter der drei wetterharten Männer. Wie oft schon hatte diese heilige Stätte, die jeden Frühsommer von Hochwürden Joseph Ruden, dem Dorfpfarrer von Zermatt, wieder geweiht werden musste, verwegenen Schmugglern als Unterschlupf, Depot und Versteck gedient!

Aber in jener Nacht vom 6. auf den 7. Januar 1862 war es anders. Die drei Gesichter im Flackerlicht der Laterne gehörten dem jungen Engländer Thomas Stuart Kennedy* aus England und seinen zwei Führern. Mit seinen 21 Jahren war Kennedy im Kreise des distinguierten und wohl auch hochnäsigen Alpine Club in London als extravaganter Gentleman bekannt. Von den jungen Engländern bewundert und als vorbildlicher «Sportsmann» geschätzt, aber in den Kreisen der in steifen Umgangs-

---

Kennedy, diplomierter Maschineningenieur, mit seinen 22 Jahren schon Teilhaber der Maschinenfabrik Fairbairn Limit. in Leeds, hatte kaum Geldsorgen und litt auch nicht unter Zeitmangel. Um seinen Übermut nicht nur beim Polospiel und beim Pferderennen oder einer Fahrt durch die Nil-Katarakte auf einem Baumstamm abzureagieren, vollbrachte er auch extravagante Gewaltleistungen in den alpinen Eisregionen.

---

formen erstarrten «Gentry» missbilligt und als schwarzes Schaf der ehrenwerten «Society» abgelehnt. Mit ihm war der 42jährige Peter Taugwalder, «ds alt Geppi». Er war einer der erfahrensten Führer des Ortes. Ferner der 27jährige Peter Perren, «Lyskamm-Peter», ein stämmiger Schreiner, der wegen seiner bergführerischen Leistungen bei den britischen Gipfelstürmern ein fester Begriff war.

Unterkunft in der Kaplanei

Der unkomplizierte und selbstsichere junge Kennedy befand sich nach einem Geschäftsaufenthalt in der k.u.k. Donaumonarchie auf der Heimreise nach England und leistete sich (mitten im Winter) den ungewöhnlichen Abstecher nach Zermatt. Nun sass er also mit den zwei einheimischen Männern in der dunklen Kapelle bei minus 16 Grad Celsius. Kennedy war in Zermatt kein Unbekannter. Schon im Sommer 1858 und auch 1860 hatte er den Ort aufgesucht und im Hotel Monte Rosa logiert. Er war kein Neuling im Hochgebirge. Das Matterhorn kannte er aus jeder Himmelsrichtung – auch von Breuil (Italien) aus. Der Nimbus des noch unbestiegenen, berühmten Berges lockte ihn. Der feste Wille, als Erster die Spitze dieses Kolosses zu betreten, war es, was ihn veranlasst hatte, die Heimreise zu unterbrechen und sich in Lausanne einen

Bergsteiger T. S. Kennedy.

Platz in der Diligence (Postkutsche) nach Visp zu sichern. Er hatte eine handfeste und fast modern anmutende Begründung, warum diese «Matterhornreise» ausgerechnet in der kältesten Jahreszeit stattfand.

Nachdem Kennedy den ungepfadeten Säumerweg durchs Zermattertal hinaufgestapft war, sah er sich beim Einnachten im einschlafenden Zermatt nach einer Unterkunft um. Auf der Dorfstrasse zeigte sich keine Menschenseele. Die beiden Wirtschaften waren geschlossen. Mit dieser winterlichen Ruhe im Dorf hatte er nicht gerechnet. Schliesslich begab er sich zum Pfarrhaus. Kopfschüttelnd gewährte ihm der Dorfpfarrer, Hochwürden Ruden, im Pfarrhaus Unterkunft, denn der Engländer war ihm nicht unbekannt.

Die verwegene Idee

In der Kaplanei, im trüben Licht der Talgfunzel, offenbarte der junge Kennedy dem staunenden Pfarrherrn seine Absicht: das Matterhorn zu besteigen … «ja, jetzt … im Winter!» Wie sich der Pfarrer zu diesem aussergewöhnlichen Vorhaben stellte, ist nicht bekannt. Wahrscheinlich nahm er den Draufgänger gar nicht ernst. Nur so können wir uns erklären, dass er dem Engländer die Erlaubnis gab, den eisigen Winterschlaf der Muttergottes in der Schwarzseekapelle zu stören und sie als Ausgangspunkt seines «aussichtslosen» Unterfangens zu benützen. Kennedys Begründung des für die damalige Zeit höchst aussergewöhnlichen Vorhabens ist recht aufschlussreich: «In den Sommermonaten 1858 und 1860 studierte ich das Matterhorn von verschiedenen Punkten aus. Alle Aufstiege von Breuil aus auf den Gipfel schienen mir völlig aussichtslos. Ein anderer Grat von der fast ebenen Gipfelschneide hinunter in der Richtung der Dent Blanche (Zmuttgrat) wird von einem überhängenden Fluhsatz abgeschnitten. (Dieser ist von Zermatt aus gut sichtbar: die Zmuttzacken.) So erschien mir als einzige erfolgversprechende Route der Nordost- oder Hörnligrat. Die oberste Partie allerdings ist sehr steil, und sogar im Juli und August liegt dort meist Schnee und Eis. Der schwarze Fels durchbricht diesen Hang nur stellenweise … und wo Schnee und Eis haftet, kann ein Mensch Stufen schlagen und auf diese Weise hochkommen. Aufmerksames Beobachten mit dem Teleskop überzeugte mich, dass man die grössten Schwierigkeiten nicht dort oben, sondern weiter unten antreffen würde. Denn hier befinden sich glatte Felsen, die meistens nur von einer dünnen Eisschicht (herrührend von tropfendem Wasser aus der überstehenden Wand) überzogen sind und dem Bergsteiger fast unüberwindbare Schwierigkeiten entgegenstellen. Ich konnte mir nicht vorstellen, wie sich diese Stelle überwinden liesse, nicht einmal mit Hilfe einer Leiter, ... bis mir dann einfiel, dass diese Felsen im Winter wahrscheinlich mit viel Schnee bedeckt sind ... und das war meine Überlegung, welche mich mitten im Winter nach Zermatt brachte.» (AJ 1, 77).

Bei winterlicher Kälte, einer beachtlichen Schneedecke, hüfttiefen Wächten, stapfte man am folgenden Tag dem Matterhornunterbau entgegen und gab dann das Unternehmen, das übermenschliche Kräfte beanspruchte, auf, bevor Schlimmeres passierte.

Kennedy in Zermatt ein beliebter Gast

Als er 1858, 17jährig, erstmals in Zermatt bei Alexander Seiler einquartiert war, zog er die Bewunderung des Hoteliers auf sich. Seine Streifzüge auf die umliegenden Höhen liessen ihn ermessen, dass das Matterhorn nicht unbesteigbar ist. Wie ein Magnet zog der Berg ihn an. Mit sicherem Blick erkannte er schon damals, dass als einzige allfällige Besteigungsmöglichkeit der Nordostgrat (Hörnligrat) in Frage käme. In seinem jugendlichen Alter erkannte er, was andere englische Matterhornaspiranten, Tyndall, Macdonald und Whymper, nicht einsahen. Sie befassten sich hauptsächlich mit der Matterhornsüdseite. Nur Hudson und die Brüder Parker wussten von dieser einzigen Möglichkeit der Besteigung. Nationalstolz verbot Carrel, eine Besteigung seiner «becca» von der Schweizer Seite her auszuführen. Wie Sig. Giordano am 15. Juli 1865 von Breuil aus an den italienischen Finanzminister Quinto Sella schrieb, «hielt Carrel einen Aufstieg von Norden (Zermatt) aus sogar für ausgeschlossen».

Kennedy mit F. F. Tucket am Lyskamm

Im Sommer 1860, also zwei Jahre nach seinem ersten Besuch, erschien der sprachenkundige Kennedy wieder in Zermatt. Die Verständigung auf deutsch oder französisch war für ihn im Ge-

gensatz zu andern Engländern kein Problem, da er einen Teil seiner Jugend in Feldkirch und in Genf zugebracht hatte. Diesmal befand er sich in Begleitung des weit herumgekommenen, im Club angesehenen Alpenforschers F. F. Tucket (Erstbesteiger des Aletschhorns, 1859). Tucket hatte es jedoch nicht aufs Matterhorn, sondern auf den auch noch unbestiegenen Lyskamm* (4527 m) abgesehen.

Seit eh und je steht er da, der Lyskamm, seit der letzten Alpenfaltung und -hebung. Vom Gornergrat aus gesehen stellt der zweigipfelige Koloss die eindrücklichste Berggestalt dar. Er ist die graue Eminenz in der Reihe der Zermatter Eishäupter. Sein Ostgipfel überbietet das Matterhorn um 50 Meter. Vom Gornergrat gesehen sieht der höhere Monte Rosa daneben aus der Sicht von P. Beck, SAC, wie ein «verdrückter Pudding» aus. Diesem Vergleich können sich aber wohl kaum die vielen Monte-Rosa-Bewunderer anschliessen.

Noch hatte der eisgepanzerte Unnahbare nie menschliche Tritte auf seinem Haupt verspürt, doch die Jahrmillionen der alpinen Jungfräulichkeit schienen zu Ende zu gehen.

Die Tucket-Kennedysche Partie, geführt von Tuckets permanentem Leibführer, Jean Teirraz aus Chamonix, und Peter Taugwalder als zweiter Führer, näherte sich vom Felixjoch her dem Lyskamm-Westgipfel. Ein stockdichter Nebel machte jedoch jedes Weitertappen im weissen Einerlei aussichtslos. Absteigen in die tückische Tiefe war alles, was verblieb. Unversehrt in Zermatt unten angekommen, hatte die erfolglose Neutour das übliche Nachspiel: Wohlgemeinte Ratschläge britischer Hotelgäste und spitze Bemerkungen einheimischer Führer. Der Lyskamm konnte das Omen seiner Unbestiegenheit bewahren — allerdings nur noch für diese Saison, dann wurde der eisumklammerte Ostgipfel des Berges von einer englischen Pionierequipe erreicht und mit dem Union Jack markiert. Führer war Peter Perren, der die Gruppe so selbständig und uneingeschränkt leitete, dass ihm dieser Erfolg den vielsagenden Beinamen «Lyskamm-Peter» eintrug. Tucket und Kennedy, der eine unterwegs in den Ostalpen, der andere zu Hause in Leeds (England), hatten das Nachsehen. Ihr gegenseitiges Versprechen, die erlittene Scharte am Lyskamm bei nächster Gelegenheit auszuwetzen, erschien ihnen nun nicht mehr wichtig.

Kennedy mit Taugwalder Vater und Sohn
an der Dent Blanche

Beim Winterversuch am Matterhorn hatte Kennedy rechter Hand stets die Dent Blanche (4357 m) vor Augen gehabt. Wie ein riesiger Grenzstein entsteigt dieser scharfkantige Berg den hintersten Gletschergründen dreier Täler: Eringer-, Eifisch- und Zmuttal. Von welcher Seite man sich der Blanche auch nähert, immer beherrscht sie unsere Sinne durch ihre strenge Schönheit der Gestalt und machtvolle Grösse. Das Bewusstsein, dass die Besteigung dieser vierkantigen Pyramide möglicherweise ebenso grosse Anforderungen wie das Matterhorn stellen könnte, veranlasste Kennedy, noch im gleichen Jahr (Sommer 1862) nach Zermatt zu reisen, um sich an diesem unberührten Hochalpengipfel zu versuchen. Von seinen beiden Führern, Taugwalder und Perren, stand ihm nur Taugwalder zur Verfügung, denn Perren war mit dem Allroundalpinisten Tucket im Val Louise (Savoyer Alpen) unterwegs. Dafür nahm Taugwalder seinen 19jährigen Sohn Peter mit. Man beschloss, die Blanche von Westen her anzugehen. Deshalb überschritt die Dreierpartie den Col d'Hérens und verbrachte dann in der primitiven Alphütte von Bricola zwei langweilige Schlechtwettertage. Ein am 12. Juli unternommener Besteigungsversuch über die Westflanke gelang bis auf den Südgrat, musste dann aber, wegen der grossen Schwierigkeiten, zirka eine Stunde unterhalb des Gipfels abgebrochen werden. Wieder in Zermatt, traf Kennedy die beiden Herren Wigram, welche soeben von Grindelwald her die Strahlegg überstiegen hatten. Am 18. Juli war es dann soweit. Die Dent Blanche vermochte dem Drängen John Bulls nicht mehr zu widerstehen. Nach einem gefahrenreichen 10stündigen Aufstieg von Bricola aus gelang es der Partie Kennedy und Rev. W. Wigram, mit dem Führer Jean Baptiste Croz (Bruder von Michel Croz) aus Chamonix und dem jungen Träger Joseph Kronig aus Zermatt, die «übergwächtete» Gipfelschneide zu erreichen. (Studer ** 190).

Das goldene Zeitalter des Bergsteigens

«Golden Age»

Das goldene Zeitalter (Golden Age) der Erschliessung der Alpen begann mit Alfred Wills' Wetterhornbesteigung 1854 und endete mit der Erstbesteigung des Matterhorns 1865. In diesem

Englische Alpinisten vor dem Hotel Monte Rosa, 1864.
Seil, Pickel und Alpenstock verliehen Bergsteigerromantik.

Zeitraum von 12 Jahren bestiegen hauptsächlich prominente Mitglieder des Alpine Club (Sitz in London) die meisten alpinen Hochgipfel. Ihre Berichterstattungen in «Peaks, Passes and Glaciers» (drei Bände, 1859 und 1862) und ab 1863 in ihrem Cluborgan, dem «Alpine Journal», wurden vielfach im trockenen Humor britischer «understatements» (Untertreibungen) abgefasst. Aber hinter diesen Zeilen steckte ein verbissener Prestigekampf, der dem heutigen Konkurrenzkampf im Hochleistungssport kaum nachsteht. Was damals, im Zeitalter der «open air biwaks», an Durchhaltevermögen und Kraftanstrengung durchgestanden wurde, können wir uns heute kaum noch vorstellen.

Was aber in diesen britischen Berichten nicht gebührend gewürdigt wurde, waren die Leistungen der Führer und Träger, denn diese, und nicht ihre «Herren», waren sehr oft die eigentlichen Pioniere, die die schwerste Arbeit ausführten: vorauskletterten, Stufen schlugen, sicherten ... und all die «nebensächlichen Handreichungen» verrichteten, wie das Tragen der schweren Rucksäcke, des Brennholzes und der Zelte für die Nachtlager unter freiem Himmel.

Das neumodische Wort «sport»

Die Alpenpioniere des Goldenen Zeitalters waren beseelt von einem Abenteuergeist, der in den Worten des Haslitaler Bergführers und Schriftstellers Johann Fischer bescheiden zum Ausdruck kommt: «Ein bisschen Mut und Tatendrang gehört dazu.» Die Professoren Forbes und Tyndall tarnten ihre Bergbegeisterung mit wissenschaftlichen Motiven. Ihr Statussymbol war das fast ein Meter hohe Quecksilberbarometer, das auf allen Touren mitgetragen werden musste. Die unbeschäftigten Söhne der gehobenen englischen Gesellschaft erkannten im Hochalpinismus eine Gelegenheit, der heuchlerischen Vornehmheit und lähmenden Langeweile ihres Standes zu entfliehen und sich in der noch kaum erschlossenen Hochgebirgswelt herumzutreiben und Lorbeeren zu ernten. Ihr Statussymbol war frei von Vorwand und Tarnung der übergrosse Eispickel. Ihr alpines Tun, das die englischen Gazetten zwar ablehnten, aber dennoch bewunderten, bezeichneten sie mit dem neumodischen Wörtchen «sport». Jeder Collegeschüler (Eton, Oxford, Cambridge…) wusste, was damit gemeint war: Grosse körperliche Anstrengung in einer weiten, wilden, hohen und unerforschten Fels- und Eislandschaft, ein Abenteuer, zu dem die meisten von ihnen nur in ihren Träumen Zugang hatten. Whymper selbst schrieb in seinen «Scrambles amongst the Alps» VII, er betrachte seine Touren als «sport» − «and nothing more». Auch die anglikanische Geistlichkeit, die Reverends, sind aus der Geschichte des Frühalpinismus nicht wegzudenken. Die meisten von ihnen stammten aus wohlhabenden Familien. Viele verbanden ihr Theologiestudium mit naturwissenschaftlichen Fächern; ihre Alpenwanderungen betrachteten sie somit als «Teil ihrer Ausbildung».

Charles Hudson, Pfarrer und Alpenpionier

Der wohl grösste und geschätzteste britische Bergsteiger dieser heroischen Zeitspanne war Reverend Charles Hudson (1828 bis 1865).

Rev. Charles Hudson

Als tiefgläubigem Christ bedeutete ihm die Eis- und Gletscherwelt eine Offenbarung Gottes. Seine mutigen Exkursionen führten ihn bis in die höchsten und unbetretenen Gefilde der Alpen. Die alpinen Erfolge und seine bescheidene, zuvorkommende Wesensart brachten ihm den Respekt seiner Landsleute ein.

Als Schüler des St. John's College in Cambridge vollführte er, in gewöhnlichen Schuhen, Weitsprünge von über sechs Metern. (Gos 2, 128). Seine gute körperliche Konstitution erlaubte ihm wochenlange Wanderungen mit 60 und mehr Kilometern pro Tag. Während seines Aufenthaltes in Genf im Winter 1852/53 kundschaftete er die Montblanc-Berge aus. Er unterzog sich

33

einem harten Training, bestieg zum Beispiel im Januar den Dôle und übernachtete im Februar in einem Schlafsack bei minus 13 Grad F. auf einer Höhe von 7000 Fuss. Auf der Suche nach einem direkten Weg auf den Montblanc gelangte er im März 1853 bis in die Gipfelfelsen der Aiguille du Gouter (3843 m) – für diese Jahreszeit eine höchst erstaunliche Leistung.

Zurück in England, wurde er zum Vikar der Anglikanischen Hofkirche ordiniert. Im Krimkrieg war er als Feldgeistlicher tätig. Dort begab er sich von Sewastopol aus auf eine abenteuerliche Reise durch Armenien in die Nähe des biblischen Berges Ararat.

Das Pfarrhaus von Skillington

Im Frühjahr 1865 fanden im Pfarrhaus von Skillington rege Vorbereitungen für die kommende alpine Sommersaison statt.

Reverend Charles Hudson, Vikar der Kirchgemeinde Skillington in Lincolnshire, wurde in seiner «Rectory» oft von Bergsteigern aufgesucht, die ihn um Rat in alpinen Fragen baten.

Zu Ostern 1865 war auch Kennedy sein Gast. Beide kannten die zwei letzten «Probleme» der Alpen, die Aiguille Verte und das Matterhorn, und zwar nicht nur vom Tal aus und durchs Fernrohr, sondern durch eigene Besteigungsversuche. Sie beschlossen, die zwei «Unbesteigbaren» im Sommer zu bezwingen, die Verte über ihre Nordwestflanke und das Matterhorn über seine schwächste Verteidigungsstelle, den Nordostgrat (Hörnligrat). Dass das Matterhorn über den Hörnligrat zu ersteigen sei, erkannte Hudson schon vor 10 Jahren, als er als erster seinen Fuss auf die höchste Spitze des Monte Rosa setzte. Auch Kennedy war durch eigene Studien am Berg zum gleichen Schluss gekommen. Etwas später meldete sich noch Hudsons gleichaltriger Freund und Amtsbruder Reverend John M'Cormick, dem es gelungen war, von der englischen Hofkirche den Auftrag zu erhalten, die britischen Feriengäste in Grindelwald und in Zermatt kirchlich zu betreuen. Es galt, im Hotel Bär (bei Herrn Bohren) in Grindelwald und im Hotel Monte Rosa in Zermatt (bei Monsieur Seiler) abendliche Andachten zu halten. Dieser athletisch gebaute, bärenstarke und grossgewachsene Pfarrer unterhielt sich mit Hudson mehr über alpine als über kirchliche Belange, mehr über die Verte und das Matterhorn als über das Seelenheil der britischen Sommerfrischler in Switzerland. Hudson und M'Cormick hatten gemeinsam schon viele anspruchsvolle Besteigungen hinter sich. Nun beschlossen sie, die Verte und das Matterhorn mit Kennedy zusammen zu besteigen.

Schliesslich stiess noch ein junger distinguierter Herr zur Gruppe. Von ihm ahnte niemand, dass er als Schützling Hudsons schon über grosse Hochgebirgserfahrungen verfügte, abgesehen von einem 500-Meter-Sturz vom Bionassey-Grat auf den Miage-Gletscher hinunter. Der 23jährige John Birkbeck, Angestellter in der Bank seines Vaters, war noch nie in den Zermatter Bergen gewesen, aber die Verte kannte er, denn vor einem Jahr machte er unter der Führung von Michel Croz einen verwegenen Besteigungsversuch durch ein Eiscouloir, das noch heute nach ihm benannt wird. Wie vor einem Jahr hatte sich Birkbeck auch für die kommende Saison Michel Croz als Führer gesichert. Birkbeck hatte seine Alpenbegeisterung nicht gestohlen. Sein Vater, der Bankinhaber John Birkbeck, war ein versierter Alpinist. Er war Quäker, war religiös, was offenbar mit seiner erwerbsmässigen Tätigkeit mit Devisen, Wertschriften und Zinsgeschäften in Einklang zu bringen war.

Am 31. Juli 1855 bestiegen Birkbeck senior mit Hudson und den Brüdern Ch. und G. Smyth zum ersten Mal die höchste Spitze der Schweizer Alpen, die Dufourspitze. Ihr Hauptführer war Ulrich Lauener aus Lauterbrunnen.

Ebenfalls mit den Gebrüdern Smyth, Kennedy und Charles Ainslie gelang schon am 14. August 1855 Rev. Hudson die führerlose Besteigung des Montblanc von St. Gervais aus über die Aiguille und den Dôme du Goûte.

Diese Tour hatte nicht nur in London Aufsehen erregt, sondern auch das Missfallen der Chamonix-Bergführer. Leichtgläubigen Touristen in Chamonix wurde erklärt, die Besteigung des Montblanc ohne Führer sei unmöglich. Die Spur, die man im Fernrohr sehe, sei eine optische Täuschung, und die fünf Engländer seien Aufschneider.

Grosse Pläne und das dramatische Ende

Die Aiguille Verte (4122 m) und das Matterhorn (4144 m) waren die im Alpine Club am meisten diskutierten Alpengipfel, denn sie waren noch immer, wie vor Jahrmillionen, unbetreten. Jetzt war der Zeitpunkt gekommen, wo die im Pfarrhaus von Skillington getroffenen Vereinbarungen zur Ausführung kommen sollten: zuerst die Aiguille, dann das Horn.

Reverend Hudson, der in seinem Rucksack neben dem Sextanten auch immer das anglikanische Gebetsbuch mitführte, sah sich als taktischer «Captain» einer Vierergruppe, die bezüglich Hochgebirgstüchtigkeit nicht besser sein konnte. Mit Gottes Schutz und Segen müsste das geplante Vorhaben ohne Schaden an Leib und Seele gelingen. Darin lag Hudsons Zuversicht und Gottvertrauen.

Es war vorgesehen, dass sich die vier Männer: Kennedy, Birkbeck, M'Cormick und der Leader Hudson, in der Auberge du Cerf, dem kleinen und gemütlichen Hotel in Argentière, treffen würden. Das vom Chamonix-Fremdenrummel verschonte Argentière befindet sich zwei Wegstunden von Chamonix taleinwärts, direkt am Nordwestfuss der berühmten Aiguille. Von dort aus wollte man der grüngesteinigen Aiguille zu Leibe rücken. Im Anschluss an dieses Unternehmen, dann dem Wahrzeichen Zermatts seine Referenz erweisen, indem man ihm die Krone der Unbestiegenheit nehmen wollte. So war das «Programm» vorgesehen. Doch es kam − wie so oft − anders. Die Abwicklung der Geschehnisse lässt sich nicht voraussehen. Das Schicksal geht eigene Wege.

Berg- und Gletscherfahrten

Hochzeitstour auf die Monarchin (Monte Rosa)

Nur zu gut erinnerten sich die Zermatter an den jungen Engländer, der vor drei Jahren, mitten im Winter, auf «ds Horu» (Matterhorn) wollte. «Ds Geppi» (Peter Taugwalder) und der «Lyskammpeter» waren mit dabei und mussten den Einheimischen alle Einzelheiten erzählen. Jetzt, 1865, schon Mitte Juni, erschien Kennedy wieder in Zermatt. Mit sichtlichem Stolz stellte er Monsieur Seiler seine Neuvermählte vor: Lady Clara, geborene Thornton, von Canterbury. Kaum im Hotel einquartiert, verliess Kennedy dieses und eilte ins Unterdorf in die Schreiner-Boutique. Noch bevor der «Lyskamm-Peter» die Hobelspäne von der Schürze wischen konnte, sagte Kennedy: «I'm on honeymoon, we go on the Rosa, Clara and I ... with you, Peter!»

Transport einer Lady mit ihrem Gepäck.

Am Dienstag, 20. Juni, wusste es in Zermatt jedermann. Eine Lady hat die Dufourspitze bestiegen. Wohl schon hundertmal

37

war der Monte Rosa bestiegen worden, aber die Frauen*, die diese Tour vollbracht hatten, liessen sich an den Fingern einer Hand abzählen. Nun gehörte Lady Clara Kennedy zu ihnen.

---

* *Die erste Frau auf dem Monte Rosa war die 16jährige Miss Forman, die 1856 mit ihrem Vater den Gipfel betrat. Vorher war sie mit ihrem Bruder auf dem Montblanc. (AJ 57, 462). Die zwei anderen waren Lucy Walker und Marie Cathrein, die Schwägerin von Monsieur Seiler. Diese zwei bestiegen die höchste Spitze gleichentags, aber unabhängig voneinander.*

Dass auch Frau Kennedys Schosshündchen auf den Gipfel mitgenommen wurde, hätte niemand geglaubt, wenn dies nicht von Peter Perren ausdrücklich bestätigt worden wäre.

Begegnung: Kennedy mit Whymper

Am Tag vor der Monte-Rosa-Besteigung traf Kennedy im Seilerschen Hotel einen jungen Engländer mit blutunterlaufenem Gesicht, geschwollenen Lippen und verbundenen Fingern: Es war Edward Whymper: «Sag, Edward, bist du dem Matterhorn zu nahe gekommen?»

«Nein, wir kommen von der Dent Blanche. Gerieten in Schneesturm und Kälte. Ich sah dein Steinmännchen!»

«Nein, das hast du nicht gesehen», lacht Kennedy.

«Wie meinst du das?»

«Ich habe gar keinen ‹stoneman› gebaut!»

«So, aber ich sah doch einen?»

«Dann kann der nur von dem Mann sein, der letztes Jahr mit Lauener* und Zurflüh* oben war.»

---

* *Mr. John Finlaison und die Führer Christian Lauener von Lauterbrunnen und Franz Zurflüh von Hasli bestiegen die Dent Blanche im September 1864 − in der Meinung, eine Erstbesteigung auszuführen. (AJ 2, 292).*

Die zwei Matterhornaspiranten trennten sich, ohne eine Andeutung darüber zu machen, dass jeder von ihnen gelegentlich das Matterhorn zu besteigen beabsichtige. Allerdings erfuhr

Edward Whymper.

Whymper, dass Kennedys Hochzeitsreise auch Chamonix mit-
einbezog, um mit Rev. Hudson Touren zu machen. Er beging die
Unvorsichtigkeit zu erwähnen, dass man es auf die Aiguille
Verte abgesehen habe, was schwerwiegende Folgen hatte.
(AJ 1, 33).

Goodby Mr. Seiler

Nachdem die Kennedys der «Monarchin» (Monte Rosa) gebührenden Respekt erwiesen hatten, war ihr vorläufiges «Programm» in Zermatt erfüllt. Sie schüttelten dem geschäftstüchtigen Hotelier die Hand. «Goodby, dear Mr. Seiler, — in drei Wochen sind wir wieder da! Übrigens, halten Sie doch auf diesen Zeitpunkt hin das Alpine-Club-Zimmer für drei AC-Mitglieder bereit.» Der erstaunte und neugierige Hotelier hätte gerne mehr erfahren, doch Kennedy begab sich zum Saumpferd, das Peter Perren mit dem Reisegepäck beladen hatte.

Perren hätte es jetzt vorgezogen, den Treibstock eines Säumers mit dem Pickel eines Führers auszuwechseln. Aber als saison-engagierter Führer hatte er nun von seinem Kathrinli, geborene Schaller von Randa, und seinem zweijährigen Töchterchen Klarili Abschied zu nehmen. Seine Aufgabe bestand darin, das Ehepaar Kennedy auf ihrer Reise zu begleiten, den Gepäcktransport und die Tierfütterung zu besorgen, kurz, die Obliegenheiten eines «man-servant» zu übernehmen. Zu diesen Pflichten gehörte auch die Betreuung und Besorgung von Mrs. Kennedys schwarzem Dackel. Dieses verwöhnte Wesen, das sich noch nicht von den Monte-Rosa-Strapazen erholt hatte, befand sich in einem Tragkorb, der auf dem Bast des Saumpferdes aufgebunden war. Monsieur Seiler sah dem wegziehenden Fuhrwerk gedankenversunken nach. «Wird ‹ds Horu› dieses Jahr dem aufdringlichen Werben der Engländer noch standhalten können? Oder wird es vielleicht schon in drei Wochen vor Kennedys Mut und Entschlossenheit kapitulieren? Würde dann nicht auch das Hotel Monte Rosa in allen Gazetten der Weltpresse an erster Stelle erscheinen? Welch eine Reklame wäre das für mein Etablissement!»

St. Niklaus nach dem grossen Beben

St. Niklaus, der Hauptort im Mattertal, war die vom Erdbeben von 1855 am schwersten heimgesuchte Ortschaft. Jedes Gebäude wies bauliche Schäden auf. Getreidestädel, von ihren Stelzen herabgeschüttelt, lagen noch nach Jahren auf den Matten herum. Der Kirchturmhelm wurde durch das Zittern und Be-

Bergführer Peter Perren, genannt «Lyskamm-Peter».

ben, man zählte 49 Stösse, um seine eigene Achse gedreht und zeigte wie ein Mahnfinger Gottes korkenzieherartig zum Himmel, als wolle er von dort Hilfe erflehen.

Beim Wiederaufbau des Dorfes entstanden drei Gasthäuser: Das «Weisse Kreuz», die «Sonne» und das «St. Nicolas». Sie alle hatten die Ehre, im Ball'schen Reisehandbuch 1863 (292) in die Liste der empfehlenswerten Übernachtungsstätten aufgenommen zu werden. Das Attribut «clean beds» bezog sich nicht nur auf die Bettwäsche, sondern auch auf die Abwesenheit der überall auflauernden nächtlichen Quälgeister, die Flöhe. Am Sonntag, den 25. Juni 1865, trafen die Kennedys im Hotel St. Nicolas einen alleinreisenden, hochgewachsenen Jüngling, dessen gewählte Aussprache ihn als blaublütigen schottischen Edelmann verriet: Lord Francis Douglas.

Erster Übernachtungsort

Nach dem Wegzug von Zermatt war St. Niklaus die erste Etappe der Reise, der erste Übernachtungsort der Kennedys. Das Umschlagen des Post-Saumzuges aus Visp war das tägliche Dorfereignis. Mit fröhlichem Gebimmel und umschwirrt von Fliegen und einer Staubwolke bewegte sich der Zug von zehn oder mehr beidseitig beladenen Maultieren durch die Dorfstrasse zur Suste. Das Umladen des Stückgutes lief nicht ohne Lärm und Getue ab. Perren, gegenwärtig vom Gletscherführer zum Säumer degradiert, befand sich ebenfalls in der Suste, wo er sein Tragpferd liebevoll abhalfterte und haberte und auch dem Dackel von Mrs. Kennedy das Futter reichte.

Eines der umgeschlagenen Güter erregte Perrens besonderes Interesse: Es war ein nach Zermatt destinierter Koffer. Nicht so sehr der vornehme Lederkoffer selbst, sondern die aufgebundenen Fusseisen, die kunstvoll gewundene Seilpuppe und ein langstieliger Eispickel stimmten Perren nachdenklich. Das konnte nur das Gepäck des jungen Gentleman sein, der mit seinem Führer raschen Schrittes von Visp heraufgekommen war und jetzt an der table d'hôte im «St. Nicolas» mit den Kennedys im eifrigen Gespräch war. Am liebsten wäre Perren gleich mit diesem athletisch-schlanken Jüngling und dessen Oberländer Führer in die Zermatter Berge zurückgekehrt und hätte sich mit ihnen an «ds Horu» gewagt. Wie sagte doch Pfarrer Ruden in seiner Benediktiner-Predigt: «Die Zeit wird kommen, wo die Herrschaften, welche die goldenen Dublonen und den fremden

Geist in unser Tal bringen, auch unser schrecklich schönes ‹Horu› besteigen werden. Gott möge sie strafen und unseren Führern verzeihen.»

Der junge Mann aus Schottland

Der sympathische und bescheidene junge Schottländer mit seinen 19 Jahren war glücklicherweise noch nicht der viktorianischen Hofetikette erlegen, und so nahm er sich die Freiheit, sich selber den Kennedys vorzustellen: «Lord Francis Douglas, from Queensbury, Scotland.» Nicht ohne Bewunderung lauschten die Kennedys seinen alpinen Erzählungen. Vor zwei Jahren sei er in Zinal gewesen, letztes Jahr in den Dolomiten und dann erstmals in den Zermatter Bergen, auf dem Breithorn und dem Adlerpass. Jetzt komme er von Grindelwald, wo er das Wetterhorn bestiegen habe. Der von den Touristen benutzte Übergang ins Wallis, die Gemmi, habe er rechts liegengelassen und sich für das Mönchsjoch und den Aletschgletscher entschieden; für den Höhenweg, von dem aus man immer wieder das Matterhorn vor Augen habe.

Sein Führer war der in Zermatt oft gesehene Grindelwaldner Peter Inäbnit*, «Schpisspeter» genannt.

---

* *Inäbnit war einer der Leibführer von Eduard von Fellenberg, Mitglied des SAC, Sektion Bern.*

Die Kennedys und Lord Francis trennten sich; sie gingen talabwärts, er talaufwärts. Sie wünschten sich Bergheil und hofften, einander zwei Wochen später in Zermatt wieder zu begegnen. Dass es das Schicksal anders wollte, dass sich die zwei Alpenpioniere, die so viele gemeinsame Charakterzüge aufwiesen, nie mehr sehen würden, konnten sie nicht ahnen.

Weiterreise nach Sixt

Anderntags bestieg die Dreier-Reisegesellschaft in Visp die Diligence* der kantonalen Postverwaltung.

Pferdekutsche im Rhonetal im Jahre 1855 (AJ 33, 259/Greg 1855). Die kantonale Diligence fuhr täglich zweimal die Strecke Brig-Villeneuve (ab 1860 nur noch bis Sitten).

Im Galopp ging es durch das romantische Tal des Rottens nach Sitten. Dort bestiegen die Reisenden die Eisenbahn* und erreichten nach vierstündiger Fahrt im schwülen Plüsch-Coupé den Landungssteg am grossen See.

Seit fünf Jahren war Sitten mit der Dampfschiff-Endstation Bouveret durch eine Eisenbahn verbunden. Diese Linie wurde später (1878) bis nach Brig weitergeführt. Schon damals bestand die Absicht, zwischen dem Rhonetal und Italien eine Eisenbahnverbindung herzustellen, nämlich über den Simplon. Das kühne Unternehmen lag in den Händen einer Aktiengesellschaft, die hauptsächlich mit französischen Geldmitteln finanziert wurde.

Die Weiterreise auf dem Raddampfer «Suisse», von Bouveret nach Genf, liess das Hochgebirge allmählich in die Ferne rücken. Die nächste Etappe war eine fröhliche Fahrt im Zweispänner durch das hochsavoyische Giffre-Tal hinauf in die Sommerfrische von Sixt.

Eagle's Nest

Auf einer aussichtsreichen Anhöhe oberhalb des Dorfes Sixt befand sich ein grosses, vornehmes Ferienhaus mit gepflegter viktorianischer Innenausstattung. Allen echten «mountaineers» britischen Blutes stand es unentgeltlich offen.

Alles, was im Alpin Club Rang und Namen hatte, traf sich von Zeit zu Zeit im «Club Room» des Hauses zu kameradschaftlichen Gesprächen und vertraulichen Mitteilungen. Ein «must» für alle, die etwas auf sich hielten. Man redete viel über «sport» und meinte damit Bergsteigen schlechthin, davon ausgenommen war das naturwissenschaftlich motivierte Bergsteigen.

44

Besitzer des «Eagle's Nest» war der hochangesehene Gerichtspräsident und Londoner Magistrat Alfred Wills. Mit seiner grossen Familie und den unnötig vielen Bediensteten verbrachte er die Sommermonate jeweils in dieser heilen Welt*.

Der Gedanke, dass der müssige Lebensstil der begüterten englischen Gesellschaftsklasse nur auf Kosten der armen und hart arbeitenden «working class» möglich war, wurde bei den englischen Ferienreisenden bewusst oder unbewusst verdrängt. Es galt als «unbecoming», über diese soziale Kluft zu diskutieren. Ein Mensch, der die Annehmlichkeiten eines feudalen Lebens nicht in Anspruch nehmen konnte, hatte in ihren Augen einen niederen Stellenwert. Schon die Erwähnung des Wortes «money» galt als ein Verstoss gegen die guten Sitten und war unfein.

Ritualgemäss wurde nun auch eine Lady in den Club aufgenommen, Mrs. Kennedy, die ihre Bergtüchtigkeit mit der Besteigung des zweithöchsten Alpengipfels unter Beweis gestellt hatte. Sie zählte nun auch zu den wenigen Vertreterinnen des «gentle sex», welche die Hochgipfel nicht nur von der Hotelterrasse aus bewunderten.

Peter Perren, ein echter Sohn der Berge, war erstmals von so zahlreicher englischer «Noblesse» umgeben, für die der Broterwerb unnötige Nebensache war, dagegen Beschaulichkeit, Müssiggang und «sport» den Alltag prägten.

Nach Argentière

Auf dem Pfad, den die Kennedys und der Lyskamm-Peter über den 2300 Meter hohen Anterne-Pass ins Tal von Chamonix nach Argentière gewählt hatten, galt es immer wieder Gegensteigungen zu überwinden. Auf der Anterne-Passhöhe trat das Schneehütchen der Aiguille Verte ins Blickfeld. Vor dem heiligen «Hotel du Cerf» wurde das übermüdete Saumtier von Peter abgehalftert und gehabert.

Am andern Tag traf, zuverlässig und plangemäss, Pfarrer Hudson ein. Er hatte zwei junge Engländer als Begleiter mitgebracht, Hadow und Chapman, denen er die Schönheiten der Alpenwelt zeigen wollte. Mrs. Kennedy war bereit, mit ihnen leichte Bergtouren zu unternehmen. Kennedy und Hudson hatten anspruchsvolle Besteigungen vor, und der Hotelier wünschte, Gott möge sie behüten und dafür sorgen, dass ihnen in den eisigen Regionen nichts zustosse. «Le seigneur soit avec vous!»

Versuch, die Verte zu besteigen

Schon am folgenden Tag machten sich Hudson, Kennedy und Perren an der düsteren Nordflanke der Verte zu schaffen. Bei schlechtem Wetter kamen sie an der grünschiefrigen Aiguille genügend hoch hinauf, um einzusehen, dass die Nordflanke die «verkehrte» Seite des Berges sei. Sie gehörten nicht zu denjenigen, die ein besonderes Vergnügen darin fanden, den Berg von der «verkehrten» Seite anzupacken.

Nach Chamonix zurück

Im Einvernehmen mit Perren zogen sie die Konsequenzen. Am 30. Juni warteten zwei vollbesetzte Zweispänner vor dem «du Cerf». Mit dem «pourboire» drückte Hudson dem Concierge beim Abschied noch eine Notiz in die Hand. Der Concierge musste versprechen, diese den beiden später eintreffenden Herren namens Birkbeck und M'Cormick gewissenhaft auszuhändigen.

Inhalt der Notiz: Man beabsichtige, die Verte von Süden her anzugehen. Die Nordseite sei ungeeignet. Man werde sich im Hotel «du Montblanc» in Chamonix treffen.

Le Bureau des Guides

Die Montblanc-Kette zählt gegen zwanzig namhafte Gipfel, davon waren bis 1864 erstaunlicherweise nur deren drei bestiegen: Neben dem Montblanc die Aiguille du Midi und die Aiguille du Miage. Die Chamonix-Bergführer waren Montblanc-Führer, und die Zahl der Touristen, die sie auf den Montblanc hinauflotsten, mag bis zu jenem Jahr gegen die tausend betragen haben. Die Montblanc-Tour wurde für die Führer zur Routine. Der Umstand, dass so vielen Führern nur eine Tour zur Verfü-

Auf dem Weg zum Mont Blanc.

gung stand, weckte das Bedürfnis nach einer gewerkschaftlichen Organisation. Es entstand ein «Bureau des Guides». Diese straff reglementierte Berufsgilde liess dem berghungrigen Touristen keine Wahl. Die Zahl der Führer pro Partie war vorgeschrieben. Der Guide-Chef ging bei der Zuteilung der Führer nach einer Dienstrotation, die jedem Führer pro Saison ungefähr die gleiche Zahl von Arbeitstagen und damit auch das gleiche Einkommen sicherte. Der «übersetzte» Führertarif musste vor Antritt der Reise entrichtet werden. Wenn eine Tour wegen ungünstiger Witterung oder sonstigen Problemen vorzeitig abgebrochen werden musste, der Entscheid lag bei den Führern, so war der Betrag verfallen. Die Montblanc-Führer waren tüchtige, wetterfeste Männer. Aber das Chamonix-Bergführerreglement verleitete zur Ausbeutung und Erpressung der reichen Touristen. Die Ausnützung der prestigesüchtigen Montblanc-Touristen galt bald einmal als etwas Normales. Dies führte zu Unstimmigkeiten mit den Hoteliers, die aus geschäftlichen Gründen bestrebt waren, ihre bergbegeisterten Gäste zufrieden zu halten. Sie bemühten sich, ihnen Führer mit besserer Berufsethik zu vermitteln.

Die Verte als Lockvogel

Ehrgeizige Bergsteiger wurden in Chamonix auf die Aiguille Verte (4121 m) aufmerksam, denn diese himmelragende Pyramide war vom Glorienschein der Unberührtheit umwoben. Wohl gegen zwanzig Mal war dieser bergsteigerische Lockogel schon angegangen worden, doch er vermochte jedem Annäherungsversuch zu trotzen. Einige Besteigungen waren blosse Scheinversuche, zum Zweck, die Touristen um das Führergeld zu prellen. Dies geschah, indem eine Tour bei der geringsten Schwierigkeit abgebrochen wurde. Das offene Geheimnis der Führergilde lautete: «Eine unerstiegene Verte ist eine bessere Einnahmequelle als eine bestiegene.» In den Augen des Bureaus sollte die Verte bleiben, was sie war: «vierge».

Als Whymper mit Croz, Almer und Biner am 24. Juni 1865 die Grandes Jorasses erstbestieg, die 63 Meter höher ist als die Verte, nahm man in Chamonix kaum davon Kenntnis.

Edward Whymper

Ein erfolgreicher Sommer

Im Sommer 1865 hatte auch Whymper grosse Pläne. Er gehörte keiner Gruppe an, war ein Alleingänger, hatte Schwierigkeiten mit seinen Führern, die er wechselte wie kaum ein anderer Gast. Er war eigenwillig und ehrgeizig, stets in Eile und verfügte nicht über die Börse der übrigen englischen Gäste, denen das Geld lose in der Tasche lag. Er war von Beruf Holzschneider und bei seinen Bergfahrten auf eine gewisse Tätigkeit angewiesen. Seine Skizzen wurden nachträglich in seinem Atelier von ihm und seinen Leuten zu Gravouren verarbeitet, die breite Anerkennung fanden und von ihrer Aussagekraft auch heute noch nichts verloren haben.

Als arbeitender Bergsteiger und auch wegen seines eigenwilligen Charakters und provozierenden Benehmens, er erschien meistens im Pullover zur table d'hôte, fand er bei den eigenen Landsleuten nicht die Anerkennung und Aufnahme, die ihm als erfolgreichem Tourist zugestanden hätten.

Aber auch bei den Bergführern stiess er auf Abneigung, was nicht zuletzt seinen kritischen Bemerkungen zuzuschreiben war, die ihm leicht über die Lippen rollten, wenn über Bergführer gesprochen wurde.

Berge anzugehen, die schon von andern Touristen bestiegen worden waren, interessierte ihn nicht. Er brauchte Taten, die ihm bei der Nobelgesellschaft des Alpine Clubs Bewunderung und Ehre einbringen würden, um seinen niederen Stand zu übertünchen; deshalb stand bei ihm auch die Besteigung der Verte und des Matterhorns, der zwei noch unbesiegten Gipfel, auf dem Programm.

Die erfolgreiche Alpenfahrt von 1865 begann er am 11. Juni in Interlaken, von wo er nach dem 45tägigen «Siegeszug», der mit dem Blutzoll am Matterhorn endete, nach London zurückkehrte. In dieser Zeit begegnete er auf seiner Tournée zweimal der Hudson-Gruppe, zuerst in Chamonix beim Wettlauf um die Verte, dann in Zermatt beim Kampf ums Matterhorn.

Es ist bezeichnend, mit welcher Ruhelosigkeit er die Alpen durchwanderte. Aufbruch am 13. Juni von Interlaken mit seinem Landsmann Rev. W. H. Hawker (Botaniker) und den Führern Christen und Ueli Lauener, um das noch nie begangene Ebnefluhjoch (3700 m) zu überschreiten. Nach 14 Stunden harter Arbeit, am steilen Eishang des Breitlauigletschers, gab man die Überquerung auf. Nach 19 Stunden traf die Seilschaft unverrichteter Dinge wieder in Lauterbrunnen ein. Dies blieb Whympers einzige Tour nordseits des Rhonetales. (AJ 30, 300).

Am 14. Juni traf Whymper den bekannten Grindelwaldner Führer Christian Almer*.

Die Berner Klubisten nannten Almer, geboren 1826, wegen seines Gesichtsausdruckes «Isegrim», nach dem Wolf in Grimms «Rotkäppchen». Die Zermatter Führer kannten ihre Kollegen vom Oberland oft nur mit ihren Übernamen. In Unkenntnis der Fabel vom «Isegrim» nannten die Walliser den Almer «Isegrind» (Eisenkopf), was übrigens gar nicht so unpassend war.

Bergführer Christian Almer.

Mit Almer und Johann Tännler (geboren 1831, von Hasli) als «Zweiten» wurde der Petersgrat überschritten. (AJ 30, 300).

In Turtmann warteten Michel Croz* und Franz Biner** auf Whymper. Mit ihnen zusammen hatte er grosse Pläne.

Michel Croz (geboren 1830) wohnte in Le Tour im Chamonixtal und übte dort in der toten Saison den Beruf eines Schuhmachers aus: «The best cobbler in town».

**Franz Biner, «s'Biner Frängi», (geboren 1835) war mit Peter Perren, dem «Lyskamm-Peter», und auch mit dem jungen Peter Taugwalder, später «Matterhorn-Peter» genannt, eng befreundet. Biner erhielt später von den Engländern den Namen «Weisshorn-Biner».*

15. Juni: Mit Croz, Almer und Biner überquerte Whymper den Forcletta-Pass (2874 m) nach Zinal. In seinen «Scrambles amongst the Alps» (Seite 226) berichtet Whymper über seine Führer folgendes: «Es war kaum möglich, zwei Führer zu finden, die besser miteinander arbeiteten als Croz und Almer. Croz sprach nur französisch, Almer nicht viel mehr als deutsch. Biner sprach beides und war in dieser Hinsicht nützlich. Er war nur dann der erste am Seil, wenn die Arbeit leicht war. Seine Arbeit bestand mehr als Träger denn als Führer.» Whymper selbst konnte sich auf französisch einigermassen verständigen. Seine Deutsch-Kenntnisse beschränkten sich auf das Allernotwendigste. Almer verfügte über ein «Hotel-Englisch», mit dem er sich mit Whymper in alpinen Dingen verständigen konnte. Seine Führer waren von da an eine Zeitlang Croz, Almer und Biner.

Erstbesteigung des Grand Cornier

Am 16. Juni gelang der Gruppe die Erstbesteigung des Grand Cornier (3962 m). Der Abstieg erfolgte über die Alp Bricola, wo in einer primitiven und verrauchten Hütte übernachtet wurde. Clubhütten gab es zu dieser Zeit nur an vereinzelten Punkten. Die «Nobelgesellschaft» der englischen Bergsteiger musste mit ihren kleinen Zelten oder äusserst primitiven Alphütten vorlieb nehmen, die nur für anspruchslose Älpler für den kurzen Sommeraufenthalt erstellt wurden.

Whymper beschreibt eine solche Hütte in «Scrambles» mit köstlichem und bewundernswertem Humor.

«Wir stiegen über den Fuss des Zinalgletschers auf die Arpitetta-Alp, wo eine Sennhütte sein sollte, in der wir übernachten könnten. Wir fanden sie endlich, doch entsprach sie nicht unseren Erwartungen. Es war keines der schön gezimmerten Schweizer Häuschen mit weit vorspringendem Dachrande, in den fromme Sprüche unleserlich eingeschnitzt sind. Es war ein Schuppen, der aus der Breitseite herausgewachsen zu sein schien mit rohen Schieferplatten gedeckt, ohne Türe oder Fenster und von Mistpfützen und Unreinigkeiten aller Art umgeben.

Ein übelriechender Senn lud uns zum Eintritt ein. Drinnen war es finster, indessen gewöhnten sich unsere Augen an die Dunkelheit, und wir sahen nun, dass unser Palast 5 m breit und 7 m lang war, auf der einen Seite kaum 1,50 m und auf der anderen ungefähr 2 m hoch. An dieser Seite befand sich ein erhöhter und etwa 2 m breiter Raum, der mit schmutzigem Stroh und noch schmutzigeren Schaffellen belegt war. Dies war das Schlafzimmer. Was neben ihm von der Breite übrig blieb, war das Gesellschaftszimmer, und der übrige Raum war die Fabrik. Käse war der Artikel, der hier gemacht wurde, und der übelriechende Senn war der Fabrikant. Hinten hatte er sich den bekannten, einbeinigen Melkerstuhl angeschnallt, der ihm ein so sonderbares Aussehen verlieh, wenn er sich über seinen Kessel bückte und das Stuhlbein in der Luft stand. Beim Käsemachen musste er nämlich zehn Minuten hintereinander in die Masse blasen. Dann setzte er sich auf den Stuhl, um Luft zu schöpfen und einige Züge aus seiner kurzen Pfeife zu tun, worauf er wieder kräftiger als vorher blies. Man sagte uns, dass dieses Verfahren, welches uns sehr unappetitlich vorkam, notwendig sei. Vielleicht erklärt sich dadurch der Geruch, den gewisse Schweizer Käse haben.»

Um keine Zeit zu verlieren, machte sich Whymper mit seinen Führern schon am folgenden Tag an die Dent Blanche. Das Wetter spielte aber nicht mit. Ein heftiger Schneesturm zwang sie nach harter Arbeit, das Unternehmen abzubrechen. Mit Erfrierungen an Fingern und Ohren trafen sie wieder in Bricola ein.

Am Sonntag den 18. Juni wollten sie bei dichtem Nebel den Col d'Hérens (3462 m) überschreiten, fanden aber im Nebel den Übergang nicht und mussten nach Bricola zurück, um dort eine weitere Nacht zu verbringen. Am folgenden Tag gelang der Übergang. Gegen Abend trafen sie in Zermatt ein. Im Hotel Monte Rosa begegnete Whymper Mr. u. Mrs. Kennedy, die sich, wie uns bereits bekannt ist, auf ihrer Hochzeitsreise befanden.

Am 20. Juni ging Whymper mit seinen Führern über den Theodul nach Breuil und machte dabei einen Abstecher aufs Theodulhorn. Vom Gipfel aus studierte er das Furgg-Couloir und die Matterhorn-Ostwand. In Breuil wurde Luc Meynet als Zeltträger engagiert. Es folgten einige kleinere Touren, denen am 24. Juni von Courmayeur aus die Besteigung der damals noch unberührten Grandes Jorasses (4184 m), (pointe Whymper) folgte.

Nach der Erstbegehung des Col du Mont Talèfre stieg Whymper in Chamonix im Gasthaus des Monsieur Houris ab. Almer und Biner logierten in der Passantenherberge, und Croz wartete auf dem Postplatz auf seinen neuen Klienten, Mr. Birkbeck.

Erstbesteigung der Aiguille Verte

Schon am 29. Juni war Whymper wieder unterwegs und bezwang mit den Führern Almer und Biner die begehrte Aiguille Verte als Erstbesteigung. Die Verte stand auch bei Kennedy und seinen Bergkameraden auf der Wunschliste. Doch sie war «gefallen», bevor sich diese Seilschaft zum Angriff bereit fand.

Es handelte sich um «The most celebrated of the Chamonix-Aiguilles»: Am Abend waren in Chamonix Kanonenschüsse zu hören. Und es gab Tumulte.

Kennedys grosse Enttäuschung

Im Zweispänner, mit Perren als Fuhrmann, erreichten die Kennedys am gleichen Tag, von Argentière kommend, Chamonix. Im führenden Haus, im «de l'Union», stiegen sie ab. Kaum im Zimmer, meldete sich der Hotelier. Er übergab Kennedy eine Notiz von Mr. Birkbeck. Bevor Kennedy die Nachricht zur Kenntnis nehmen konnte, stürzte Perren ins Zimmer. Vor dem Hotel entstand ein Lärm. Kennedy fragte erstaunt: «What's wrong Peter? Was ist geschehen? Und wozu diese Knallerei vor dem Hotel?» Kleinlaut sagte Perren:

«Freudenschüsse, Sir, Siegesschüsse. – Die Verte ist gefallen. – Whymper hat sie bezwungen, mit dem Isegrind (Almer) und dem Biner Fränzi. – Ja, sie ist bestiegen, die Aiguille.»

Kennedy konnte seinen Ärger nicht verbergen. Mit den Nagelschuhen stampfte er auf den Holzboden: «Good gracious! Damned and once again damned! To hell with him! Wir sind die Verte von der verkehrten Seite angegangen, während dieser Schlaufuchs von Whymper sie von der richtigen Seite packte und sie uns wegschnappte.»

Im Rossall-College* hatte Kennedy zwar gelernt, sich von Gefühlsregungen nicht treiben zu lassen.

Den Herrensöhnchen in den englischen Noble-Colleges wurde eingebläut, sich in allen Situationen «gentlemanlike» zu verhalten: «Never rise your voice!» Stets gute Miene zum bösen Spiel zu machen, «and not give oneself away...»

Als neuvermählter Ehemann einer «Lady of distinction», und auch als Vertreter des Weltreiches seiner Majestät, der Queen, durfte er sich natürlich auch in Chamonix keine Blösse geben. Er musste jetzt das tun, was die hypokritische englische Noblesse von einem Gentleman erwartete: Er musste zu Whymper gehen und ihm gratulieren, obwohl er ihm lieber eine Ohrfeige verabreicht hätte.

Im Eilschritt ging Kennedy hinüber ins Hotel de Londres, wo Whymper kurz vorher sein Zimmer bezogen hatte. Nur schlecht gelang es Whymper, seine Schadenfreude zu verbergen. Selbstgefällig gab er Auskunft: «Ja, es stimmt — ich war oben, mit Almer und Biner — vom Couvercle aus über den Südosteishang und die Felsen auf den Grat hinauf und dann weiter bis aufs schneebedeckte Gipfelhütchen. Das Dumme an der Sache ist nur, dass wir die Besteigung ohne Chamonix-Führer gemacht haben. Das ‹Bureau› wird es mir übelnehmen.»

Innerlich immer noch kochend, eilte Kennedy zurück ins «de l'Union». Unterwegs traf er Almer und Biner. Sie traten aus einer Dorfkneipe und wurden von johlenden und gröhlenden Männern angepöbelt und ausgepfiffen — vermutlich einheimische Bergführer. Whympers Andeutung bestätigte sich. Die ehrenwerte Führer-Bruderschaft wertete diesen alpinen Handstreich auf ihre eigene Art: Ein Engländer sei in ihr Revier eingedrungen. Er habe sich erfrecht, ihre geheiligte Aiguille zu besteigen, ... ohne Absprache mit dem Bureau, ohne Begleitung einheimischer Führer, und damit, «ça va de soi», ohne Bezahlung des (übersetzten) Tarifs. «Quel filoutage!» Und das Schlimmste: Er habe zwei fremde Bergführer mitgenommen, Leute, die nicht einmal anständig französisch sprechen können. Schon deshalb sollte man sie verhaften, diese Halunken, diese «traîtres». «Was nicht sein darf, darf nicht sein.» Diese Besteigung der Verte sei zu annullieren, ja, die Besteigung habe gar nicht stattgefunden. Alles sei erlogen und erstunken. Sie, die Verte, sei noch immer «vierge». «Voilà, ça y est!»

Kennedys Heimweg führte durch die Rue du Pont. In einer Seitengasse, vor dem Führerlokal, staute sich eine Menschenmenge. Der Guide-Chef Zacharie Cachat* hatte das Wort.

---

* *Cachat war einst Hinchliffs Führer auf dessen Ersttouren in den westlichen Berner Alpen (Wildstrubel …) 1858.*

Laut redete er von Verrat und Betrug und heizte so die Stimmung in der Menge an. Für Kennedy bot sich die Gelegenheit, seine Französischkenntnisse anzuwenden und seine aufgestauten Gefühle abzureagieren. Er, dem auch savoyardische Kraftausdrücke geläufig waren, hatte er doch in Genf studiert, arbeitete sich mit den Ellbogen nach vorne. Mit heftigen Worten beteiligte er sich an der Auseinandersetzung. Bald wäre es zu Handgreiflichkeiten gekommen, wenn nicht drei uniformierte Polizisten erschienen wären. Grollend zerstreute sich die Menge, und die Führer verzogen sich in eine nahe Kneipe, wo sie ihren Ärgen im «eau de vie» ertränkten.

Michel Croz' Pläne erleiden Schiffbruch

Place de la Prieurie, Chamonix, Donnerstag, 29. Juni 1865.

Umständlich und mit lautem Getue entstiegen die neuen Gäste der sechsspännigen Postkutsche, welche Genf mit dem Weltkurort Chamonix verband. Alle Hotels von Rang waren auf dem Platz durch ihre livrierten Concierges vertreten. Diese behändigten das Reisegepäck und halfen den reifberockten Damen beim Hinaufsteigen auf die blumengeschmückten «chars à banc» und hochrädrigen Limousinen.

Schon der erste Kontakt mit den Arrivées erlaubte den Hotel-Bediensteten, zwischen «bonne main» und «pauvre main» zu unterscheiden und sich auf das zu erwartende Trinkgeld einzustellen. Auch Michel Croz, der Bergführer und Schuhmacher, war anwesend. Schon gestern und vorgestern wartete er auf dem Platz – neben dem uniformierten Bläserquartett, welches die ankommende «haute-volée» mit Musik willkommen zu heissen pflegte. Ungeduldig vertrat er sich die Beine. Jeden Moment würde die Blasmusik erneut zum Begrüssungsständchen ansetzen, und die misstönigen Trompetenstösse waren das letzte, was der wartende Führer noch ertragen konnte, nachdem er dieses Ritual schon an zwei Tagen über sich ergehen lassen musste.

«Warum lässt Mr. Birkbeck so lange auf sich warten? Jetzt, bei diesem Wetter, wäre in den Aiguilles so viel Neues zu machen. Und ich stehe hier und muss mir die lästigen Rossbremsen vom Halse halten und zusehen, wie meine Kollegen mit

Bergführer Michel-Auguste Croz, verunglückt am Matterhorn.

ihren Klienten bergwärts ziehen und ihnen oben an den Eishängen das Tanzen beibringen. Wo sind wohl jetzt meine Gefährten, Almer und Biner mit Whymper?»

«Bei Whymper weiss man nie, woran man ist. So wie er seine Führer nach eigenem Ermessen entschädigt und bei gefahrvollen Begehungen nur an seine eigene Sicherheit denkt, so lässt er die Führer auch über seine Absichten und Pläne im unklaren.» (Ch. Klucker)

«Warum nur lässt mich Birkbeck warten? Und wo sind dessen drei Gefährten? Er sagte doch, er wolle mit dem berühmten Hudson und zwei andern Bergsteigern auf die Verte. Diese vier wären bergtüchtig genug, die Aiguille auch ohne Führer zu besteigen? Vielleicht ohne mich? Merde!»

56

Nachdem der frustrierte Croz wieder umsonst gewartet hatte, entschloss er sich, in seine Schuhmacherwerkstatt zurückzugehen. In diesem Augenblick trabte ein Zweispänner vor. Ein Blick auf das Gepäckbrett verriet ihm, dass der Neuankömmling nicht ein Sommerfrischler, sondern ein echter Bergsteiger war: Sein Mr. Birkbeck. Aber wie hatte sich dieser verändert, seitdem sie sich an der Verte, vor einem Jahr, durch ein falsches Couloir hinaufgearbeitet hatten!

Noch im Wagen sagte Birkbeck, er sei nicht ganz in Form. In Paris habe ihn «la fièvre épistémique» gepackt, deshalb die Verspätung. Es gehe aber wieder aufwärts mit ihm. Croz betrachtete ihn aufmerksam. Er bemerkte, wie diese kurze Erklärung Birkbeck angestrengt hatte und wie er sich beim Aussteigen müde auf den Stock stützte.

Whympers Abreise

Sonntag, 2. Juli:

Im Hotel de Londres fanden sich zum Mittagessen besonders viele Gäste ein. Unter den 75 Leuten waren auch Pfarrer Hudson und der gesundheitlich noch keineswegs erstarkte Mr. Birkbeck. Er beabsichtigte, in einer Woche nach England zurückzukehren. Die Directrice des Hotels, Madame Tairraz, ergriff das Wort. Sie möchte eine grosse Départ bekanntgeben: Mr. Whymper, der grosse Bergsteiger, werde abreisen. Der Genannte befand sich oben am grossen Tisch und schien sich in der Rolle eines geachteten Mountaineers zu gefallen, aber über seine Reisepläne äusserte er sich nicht. «Wird er nun nach all seinen alpinen Erfolgen nach Old England zurückreisen?» Die Anwesenden nahmen dies an.

Whympers Kehrtwende: zurück zum Matterhorn

Reverend A. B. Girdlestone, von ihm stammt die Schrift «The High Alps without Guides», befand sich im Gasthaus auf dem Montenvers. Zu seiner Überraschung traf dort sein berühmter Landsmann Whymper ein. Whymper und Girdlestone beabsichtigten, am folgenden Tag die Montblanc-Kette zu überstei-

gen, um Courmayeur zu erreichen und dann nach Aosta wei-
terzureisen. Girdlestone mit seinem Schüler Hargaeve und zwei
Führern auf dem üblichen Weg
über den Col du Géant, Whymper mit Almer und Binder über
die noch nie begangene Gratein-
senke (3544 m) des Talèfre-Gletschers. In Chamonix nahm man
an, dass Whymper nach seinem
Misserfolg am Matterhorn und
seinem Erfolg an der Verte zufrieden in sein Holzschneide-
Studio nach Haslemere zurückkehren würde. Dem war aber
nicht so. Er hatte es wieder aufs
Matterhorn abgesehen. Ihm
stand für einen weiteren Versuch ungefähr eine Woche Zeit

Bergführer Franz Biner,
genannt «Weisshorn-Biner».

zur Verfügung, denn im Gespräch mit Kennedy war ihm nicht
entgangen, dass die Hudson-Gruppe (ohne Birkbeck) nicht vor
dem 12. Juli in Zermatt eintreffen würde.

Whymper, Almer und Biner nächtigten in Aosta, überschritten dann das Fenêtre de Durand (2805 m) nach Chanrion. Von
dieser primitiven Alphütte aus überstiegen sie anderntags die
Ruinette (3875 m). Whymper rühmte diesen erstmals bestiege-
nen Aussichtspunkt, von dem aus sich der benachbarte Grand
Combin (4314 m) besonders augenfällig zur Schau stellte. Der
Combin, die graue Eminenz in der penninischen Kette, hatte
schon eine über Jahre dauernde Besteigungsgeschichte hinter
sich. Der Blick von der Ruinette aus bestätigte Whymper, dass
an diesem Koloss keine Lorbeeren mehr zu holen waren. Nach
einigem Suchen wurde der Grenzkamm Schweiz-Italien über
den Col d'Oren (3262 m) überschritten und in Prarayer der
wunderschöne Talhintergrund des Valpelline erreicht. Nach
dem Übergang über den mühsamen Valcournera-Pass (3066 m)
befanden sich die drei wieder dort, wo sie vor zweieinhalb Wochen ihre Besteigungen begonnen hatten, im Gasthaus auf der
Alp Giomein, in Breuil, am Südfuss des Matterhorns.

Almer und Biner hatten vom Matterhorn genug

In Breuil, dem heutigen grossen Kurort Cervinia*, angekommen, wollten Almer und Biner vom Matterhorn nichts mehr wissen — genauer gesagt, sie hatten genug von Whympers Matterhornmanie.

---

* Wenn heute in Zermatt von einem «Goldgräberdorf» die Rede ist, so bezieht sich dies auch auf Cervinia: Beim allzu raschen Wachstum dieses Touristikzentrums konnte die Bauplanung nicht Schritt halten.

Biner wollte zu seiner Familie nach Zermatt, Almer in sein «Heimet d's Burgbühl» in Grindelwald. Wohl oder übel musste Whymper seine zwei Führer, mit denen er eine Höhendifferenz von insgesamt annähernd 30 000 Metern durchstiegen hatte, entlassen.

Eine kolorierte Federzeichnung aus der damaligen Zeit. Links Aiguille Verte, rechts Aiguille Dru. Die Bergsteiger waren damals vorwiegend an das Gehen in Schnee und Eis gewöhnt, die Felstechnik war noch sehr wenig entwickelt, deshalb waren die Verte und das Matterhorn noch unbestiegen gewesen.

Das Schicksal geht eigenen Weg

Die Verte im zweiten Anlauf

Nachdem der Hudson-Gruppe, kurz vor ihrem zweiten Versuch, die «Erstbesteigungs-Medaille» der Verte von Whymper weggeschnappt worden war, hätte man annehmen können, dass sich die Beteiligten möglichst rasch nach Zermatt begeben würden, um sich die Lorbeeren der Matterhornbesteigung zu sichern, was ja laut ihrem Programm vorgesehen war. Unverständlicherweise liessen sie sich aber von ihrem Vorhaben, die Verte doch noch zu besteigen, nicht abbringen. War es englische Willensstärke, einen gefassten Entschluss zu Ende zu führen, oder war es unverzeihliche sinnlose Sturheit, sich nicht vom eingeschlagenen Weg abbringen zu lassen? Zu berücksichtigen ist, dass Rev. M'Cormick verpflichtet war, am Sonntag den 9. Juli in Grindelwald im Hotel Bär für die englischen Gäste den Gottesdienst zu halten. Und Rev. M'Cormick gehörte zu der Gruppe, die gemeinsam das Matterhorn «bezwingen» wollte, so hatte man es in Skillington vereinbart. Also hielt man sich an den vorgesehenen Zeitplan und nahm noch einmal die Verte in Angriff. Hudsons Eintragung im Fremdenbuch des Hotels d'Angleterre in Chamonix berichtet darüber: (AJ 32.7) (Times 2.8.1865)

Am 4. Juli nachmittags verliessen Rev. George Hodkinson*, Rev. Charles Hudson und Mr. THomas Stuart Kennedy, begleitet von Michel Croz (Le Tour), Michel Ambroise Ducroz (Argentière) und Peter Perren (Zermatt) das Dorf Chamonix.

---

* *Die Teilnahme des 49jährigen Pfarrherrn G. Hodkinson und dessen Führer Ducroz (von Argentière) beruhte wohl auf einem zufälligen Zusammentreffen in Chamonix. Wie an anderer Stelle schon erwähnt, war Hodkinson Hudsons Begleiter anlässlich der führerlosen Montblanc-Besteigung von 1859, wo er laufend barometrische Höhenmessungen vornahm.*

Die Partie nächtigte auf dem Couvercle*, den sie am folgenden Morgen um 2.50 verliess, um die Aiguille Verte anzugreifen.

---

* Le Couvercle: Diese historische Biwakstelle befindet sich am Südfuss der Aiguille Verte und westlich des Talèfre-Gletschers, in einer Höhe von ca. 2700 m. Die Erstbesteiger, Whymper, Almer und Biner, nächtigten unter diesem Felsvorsprung aus Montblanc-Granit. Auch die Zweitbesteiger verbrachten hier die Nacht: Hudson, Hodkinson, Croz und Ducroz unter dem Fels, Kennedy, Perren und die zwei Träger über dem Fels, nämlich in Kennedys Zelt.
(AJ 3, 69) (Es stammt davon eine Skizze vom bekannten Astronomen Sir John Herschel, der 1821 das Chamonix-Tal besuchte.) (AJ 57, 302).

Der Morgen war klar und angenehm und die Schneehänge waren in ausgezeichneter Verfassung. Spalten, welche den Aufstieg hätten behindern können, waren nicht vorhanden, und nach zwei Stunden befand sich die Partie am Fuss des eigentlichen Berges. Statt das Couloir, das direkt zur Kammhöhe führt, zu begehen, wurde eine Route gewählt, welche sich auf der Westseite der Aiguille Verte befindet. Nach dem Verlassen des Gletschers ging es über Felsen, dann erschien rechterhand ein langes Couloir, welches bis oben hinaus durchstiegen wurde. Nach einer kurzen Felskletterei stand man auf dem Grat, welcher von der Verte zur Aiguille du Moine führt. Über diesen Gipfel hinweg war deutlich die Aiguille du Dru sichtbar. Es war nicht möglich, den Grat über seine Kammhöhe zu begehen. Die Partie war oft auf der einen, oft auch auf der anderen Seite des Kammes und gelegentlich auch direkt auf der Gratschneide. So wurde der Gipfel erst 12.50 betreten. Der Gipfel der Aiguille Verte hat dreieckförmige Gestalt, wobei die Seite von Argentière die steilste ist. Zwei Fahnen wurden so aufgestellt, dass man sie von La Flégère* und auch von andern Gegenden aus sehen konnte.

---

* Die Aiguille Verte ist von Chamonix aus nicht sichtbar. Deshalb bestiegen Mrs. Kennedy, Hadow und Campbell und auch der zu spät eingetroffene Rev. M'Cormick die Montagne de la Flégère (ob Chamonix), von wo sie die Fahne sahen. Als Anerkennungszeichen feuerten sie einige Böllerschüsse ab.

Im Montblanc-Führer (L. Kurz 1935, Seite 151) wird der von der Hudson-Partie eröffnete Weg auf die Verte (Moine-Route) als 15-stündige, schwere Tour aufgeführt («une succession de mauvais pas»).

Die prosaisch abgefasste Fremdenbuch-Eintragung von Hudson wird in Kennedys Bericht im Alpin Journal (Band 3, 1867) durch Einzelheiten ergänzt. Daraus geht hervor, dass es sich genaugenommen nicht um eine Sechser-, sondern um eine Siebnerpartie gehandelt hatte. Der von Hudson nicht erwähnte Teilnehmer war Mrs. Kennedys Dackel*.

«Tschingel», der Hund, der das Bergsteigen miterleben durfte.

---

* Kennedys Dackel war der Vorläufer des berühmten «Tschingel», dem armen Hundegeschöpf, das nach dem spleenigen Willen von Mrs. Brevoort und Mr. W. A. B. Coolidge auf über 30 Hochgipfel mitgenommen wurde.

Während die Herren und die Führer im Gipfelschnee der Verte vergeblich nach einem von Whymper zurückgelassenen Seil suchten, schlief der vierbeinige Hochtourist auf Kennedys sonnendurchwärmtem Rucksack den Schlaf des Gerechten, nicht ahnend, dass er alsbald um den Hals angeseilt und im Abstieg im steilen Eishang über klaffende Spalten geworfen würde.

Ruhetag in Chamonix

Am Donnerstag, 6. Juli, um 10 Uhr vormittags versammelten sich die Verte-Besteiger zusammen mit M'Cormick und Hadow im Salon des Hotels de l'Union. Das prächtige Sommerwetter veranlasste die Unersättlichen, für den nächsten Tag den Montblanc ins Auge zu fassen. Nur Hodkinson ging mit seinem Führer Ducroz eigene Wege. Die Montblanc-Anwärter begaben sich über die Mittagszeit zur Ruhe. Um vier Uhr brachen sie auf und erreichten noch bei Tageshelle die Unterkunft auf der Pierre Pointue (2038 m), auf der linken Seitenmoräne des Bossons-Gletschers.

Nach der Verte der Montblanc

Um Mitternacht war Tagwacht und um 01 Uhr Aufbruch, in zwei Seilschaften: Kennedy und Hadow mit dem Führer Perren, Hudson und M'Cormick mit dem Führer Croz. Um 4 Uhr erreichten sie die damals primitive Schutzhütte auf Grands Mulets* (3051 m).

---

* Albert Smith beschreibt die Hütte in «The Story of Mont Blanc (1854) wie folgt: Die Grand Mulets-Hütte besteht aus einem einzigen Raum, etwa viereinhalb Meter lang und etwas mehr als zwei Meter breit (S. 289). Wir waren gegen 50 Leute, die in diesem Raum übernachten wollten (S. 291). Wir waren wie die Insassen eines Sklavenschiffes zusammengepfercht. Dort wo man sich befand, musste man bleiben. Beweglichkeit war kaum mehr vorhanden. Die hinterste Reihe sass am Boden, mit dem Rücken an der Wand. Die nächste Reihe direkt davor, ... und so weiter bis zur Türe. Die Fenster wurden geschlossen, und die Führer legten ein wenig feuchtes Holz in den Ofen. Dann schlossen sie auch die Türe. Fast alle von uns rauchten so, dass die Luft in der Hütte bald unerträglich wurde, und wir verlangten, die Fenster wieder zu öffnen, − und das mit der Drohung, die Glasscheiben zu zerschlagen, wenn dem nicht Folge geleistet werde. Schlafen konnte natürlich niemand. Verzweifelter Humor, andauerndes Gelächter und geistlose Witze legten Zeugnis ab von unserer Gemütsverfassung.»

Schicksalshafte Begegnung auf 4800 Metern

Viereinhalb Stunden nach dem Verlassen der Hütte erreichten die drei Schnelläufer Perren, Kennedy und Hadow den höchsten Punkt der schneeigen Gipfelkuppe des Montblanc. Eine Zweierpartie, welche Grands Mulets zwei Stunden vor ihnen verlassen hatte, war nur wenige Minuten vorher oben angelangt.

Kennedy und Perren kannten den höchsten Punkt der Alpen von früheren Besteigungen*.

---

* Perren hatte den Montblanc schon 1861 mit den Herren Tuckett und Stephen bestiegen. Ebenfalls als Führer mit dabei waren damals Melchior Anderegg und J. J. Bennen.

Für den jungen Hadow war dies die erste Hochtour. Oben angekommen, lachte er, und Kennedy stellte verwundert fest, dass dessen Ausdauer und Kraft aussergewöhnlich waren.

Als nach einer halben Stunde auch Hudson, M'Cormick und Croz den Gipfel betraten, verkündete der schwache Widerhall eines Kanonenschusses, dass die Fernrohrgucker in Chamonix die Gipfelgesellschaft sahen. Die zuerst auf dem Gipfel angekommenen zwei Bergsteiger und die Neuankömmlinge begrüssten und beglückwünschten sich gegenseitig. Der Führer aus Chamonix, Frédéric Payot, reichte seinem Kollegen aus dem gleichen Tal, Michel Croz, den Becher. Bei den englischen Herren war die Begrüssung nie so einfach und unmittelbar wie bei

Hadow, verunglückt am Matterhorn.

den Führern. Die Verhaltensformen aus den Nobless-Colleges liessen sich auch auf 4800 Meter Höhe nicht spurlos abstreifen. Mit standesbewusster Steifheit reichte man sich die Hand und stellte sich gegenseitig vor: «How do you spell your name?» «B-R-O-W-N-E!» Der hochgewachsene, fremdsprachengewandte Engländer hiess F. A. Yeats Browne* und kam aus London. Er war Angestellter in der Bank seines Vaters, der «Bank of England».

Brownes Bergleidenschaft war ein Erbstück seines Vaters, denn dieser war es, der 1828 zusammen mit Frederick Slade den Versuch machte, die Jungfrau vom Rottal aus zu besteigen. Aber die Zeit für derartige Unternehmen war noch nicht reif. Die Trauben hingen zu hoch. Browne senior und Slade mussten im «Louitor-Couloir» umkehren, nicht zuletzt wegen der Unwilligkeit ihrer Lauterbrunner Führer (AJ 5, 374). Brownes Mutter war preussischer Abstammung. Ihr verdankte er seine Deutschkenntnisse. Die Jugendjahre verbrachte er in Genua, wo sein Vater britischer Konsul war. Daher sprach er auch gut italienisch. Alpine Erfahrungen sammelte er mit keinem Geringeren als dem blaublütigen Allround-Alpinisten F. F. Tuckett, der ihn vor einem Jahr auf den Monte della Disgrazia mitnahm. Von Brownes späteren alpinen Leistungen sei dessen Besteigung des höchsten Punktes der Grandes Jorasses (4208 m) (Zweitbesteigung der Pointe Walker) erwähnt.

Zurzeit unternahm Browne mit seinem Führer Payot Bergtouren in den Walliser Alpen.

Die Führer drängten zum Abstieg. Man nahm noch einen Schluck aus dem kreisenden Becher. «Hoch lebe die britische Königin, die Herrscherin über das von Gott bevorzugte Commonwealth, in dem die Sonne nie untergeht!» Zum Abschied wünschte man sich den in den Chamonix-Bergen üblichen «heureux retour!» − nicht ahnend, dass man sich in acht Tagen unter sehr traurigen Umständen wieder treffen würde. Zuerst am Fusse des Matterhorns und dann am Riffelhorn − die einen als Bergungsmannschaft der anderen.

Gleicher Weg − gleiches Ziel

Der eigentliche Ausgangspunkt der High-Level-Route ist das Dörfchen Argentière. Im «du Cerf» traf Mr. Browne drei andere englische Touristen, die das gleiche Reiseziel über den anspruchsvollen Gletscherweg hatten, über die Haute Route nach Zermatt. Es handelte sich um Rev. James Robertson (29)*, Thimothy S. Philpotts* und Mr. Knyvett Wilson (27): alle drei Lehrer an der Rugby-Nobelschule.

Robertson und Philpotts kannten das Hochgebirge nicht nur von der Hotelterrasse aus. 1863 waren sie zusammen auf der Jungfrau. Später, im Jahre 1870, bestieg Robertson das damals noch sehr gefürchtete Schreckhorn (4076 m). Dabei zog er sich so schwere Erfrierungen zu, dass er das Bergsteigen aufgeben musste. Philpotts' spätere alpine Laufbahn beschränkte sich auf die Penninischen Alpen. 1872 überschritt er als erster das Zinaljoch (CD 2, 77). 1875 bestiegen er und seine Frau den höchsten Gipfel der damals noch kaum bekannten Bergkette zwischen Arolla und Ferpècle: die Dent de Veivisi (Erstbesteigung) (CD 2, 51).

Die drei Engländer begegneten in Chamonix dem berühmten Saaser Bergführer Franz Andenmatten*, den sie für die Haute Route verpflichten konnten.

Andenmatten galt als «der starke Mann von Saas». Er war kaum des Schreibens kundig und besass mit Pfarrer J. Imseng zusammen das Mattmark-Hotel zuoberst im Saastal. Er gehörte zu den Erstbesteigern des Nadelhorns (4331 m) im Jahre 1858.

Andenmatten war mit einer andern Partie über den High-Level-Weg von Zermatt her gekommen. Nun bot sich ihm die Möglichkeit, den Rückweg mit neuer Kundschaft anzutreten.

Browne und die drei Rugby-Lehrer waren sich rasch einig, die berühmte Hochgebirgswanderung gemeinsam anzutreten. Auch die Führer Payot und Andenmatten zeigten sich erfreut. Kräftig schüttelten sie sich die Hände, die ihnen als Ausdrucksmittel dienten, da der sprachlichen Verständigung Grenzen gesetzt waren. Browne engagierte noch einen zweiten Führer, Jean Tairraz, der sich vor allem des Reisegepäcks annahm. Das Gepäck musste schliesslich das Auf und Ab des ganzen Himmelsweges mitmachen.

Anderntags überschritt die siebenköpfige Partie den ersten der vier Haute-Route-Pässe:* den Col d'Argentière (3552 m). Dann ging es von Bourg St. Pierre, im Tal des Grossen St. Bernhard, über den Col du Sonadon (3504 m), (in südlicher Umgehung des Grand Combin) zu der Alp Chermontagne, zuoberst im Bagnes-Tal. Von dort über den Otemme-Gletscher und die Reuse d'Arolla (heute Col d'Oren genannt, 3262 m) zu den Alphütten von Prarayer, zuhinterst im Valpelline-Tal, am Südfuss der Dent d'Hérens. Schliesslich über den Valpelline-Pass (3568 m) und den Zan-Gletscher, der damals fast bis vor Prarayer reichte, ins Tal von Zmutt, also über Stockje, Tiefmatten- und Zmuttgletscher nach Zermatt.

Die klassische Haute Route (Strada dei Giganti) ist nicht eine Erfindung der Neuzeit. Sie wurde schon in den fünfziger Jahren des letzten Jahrhunderts begangen, natürlich damals nur im Sommer. Es gab noch keine detaillierten topographischen Karten, die Bergnomenklatur war unvollkommen und Klubhütten waren nicht vorhanden. Im Herbst konnte es vorkommen, dass man auf der ganzen Reise keinen einzigen Menschen antraf. Dem bergsteigenden Publikum wurde die Route erstmals in «Peaks, Passes and Glaciers» 1862 vorgestellt. Die Koautoren der «High level Route» waren prominente englische «Mountaineers».

Ein «stoneman» auf dem Matterhorn

Am Samstag, 15. Juli, gegen Mittag, betraten die vier Herren und ihre drei Führer die Valpelline-Passhöhe. Vor ihnen tauchte das Matterhorn in seiner ganzen abweisenden Grösse auf, gestochen scharf, zum Greifen nahe. Wie ein zweischneidiges Schwert keilte es in den felsigen Gipfel auf. Die staunenden Engländer glaubten, oben auf dem Grat einen «stoneman» (ein Steinmännchen) zu sehen. «Ds Franzje», der starke Mann von Saas, wusste es jedoch besser. Schliesslich befand er sich hier in seinen Bergen. «Oh, no, Sir, das ist nicht möglich. Das Matterhorn ist unbesteigbar. Das, was sie sehen, ist ein Felszacken. Viele andere Gipfel haben auch einen solchen Zacken – zum Beispiel der Monte Rosa*.

Die Punta Gnifetti hiess 1865 noch Signalkuppe, weil sich an deren höchster Stelle ein Felszahn befand, der vom Tal aus wie ein Steinmännchen aussah. Beim Bau der Margerita-Hütte wurde er weggesprengt.

Religion und Alpinismus

Kehren wir zu den zwei Dreierpartien zurück, die auf dem Montblanc-Gipfel mit Browne und Payot zusammentrafen. Fünf Stunden später waren Kennedy, Hadow und Perren schon wieder in Chamonix. Die einheimischen Bergführer horchten auf: Was sind das für Engländer? Vorgestern Verte, heute Montblanc, und dies in einer Zeit, die kaum für möglich gehalten wurde. Hudson, M'Cormick und Croz trafen zwei Stunden nach ihnen ein. Die beiden Pfarrherren hatten sich während des Abstieges mehrmals in den Schnee gesetzt und einen Psalm gelesen oder ein Gebet verrichtet. Der arme Croz, der englischen Sprache nicht mächtig, musste geduldig warten. Der Schuhmacher und Bergführer aus Le Tour war zurzeit der meist begehrte Führer des Chamonixtales und hatte die Ehre, nun auch Hudson zu führen.

Der junge, athletisch gebaute M'Cormick bewunderte seinen älteren Amtsbruder. Seit vier Tagen hatte Hudson keine richtige Mahlzeit mehr zu sich genommen, und immer noch war er voller Kraft und Leistungsfähigkeit. Er bewunderte nicht nur seine physische Stärke, sondern auch dessen Bescheidenheit und Gottvertrauen. Später, nach Hudsons Tod, erinnerte er sich an ein Gebet, das Hudson beim Abstieg vom Montblanc gesprochen hatte: «Heiliger Vater! Du spendest uns Kraft und Ausdauer. Steh' uns bei und hilf uns, dass die Besteigung, die wir vorhaben, gelingt. Wir möchten dauernd in Deinen Händen bleiben und nur dorthin gehen, wo es Dir gefällt!» (Gos 89) (Dieses Gebet bezog sich zweifelsohne auf die bevorstehende Matterhornbesteigung.)

M'Cormicks Abschied

Nach der Montblanc-Besteigung blieb M'Cormick die wohlverdiente Nachtruhe in einem Hotelbett versagt. Es war Freitagabend, und die kirchliche Pflicht rief ihn nach Grindelwald, wo er am Sonntag im Hotel Bär für die englischen Gäste den Gottesdienst zu halten hatte. Ein Maultier schaukelte ihn in der Nacht über den «Tête Noire» nach Martigny. Er sass schon auf dem Tier, als er seinem Freund Hudson noch die Hand reichte und seiner Freude Ausdruck gab, dass man sich in vier Tagen, am 11. Juli, in Visp wieder treffen werde, um gemeinsam nach Zermatt zu reisen. Die beiden ahnten nicht, dass diese Begegnung nicht mehr zustande kommen würde ..., dass dies der letzte Händedruck war.

Geschäftlicher Rückruf Kennedys

Mr. und Mrs. Kennedy, gefolgt von Perren, überschritten gerade die Hotelschwelle des «de l'Union», als ihnen der Direktor entgegeneilte und mit wichtiger Miene ein Telegramm übergab. Nach einem tiefen Atemzug sagte Kennedy zu seiner Frau: «Bad luck, honey», dann zu Perren gewandt, «that's destiny», und dann mit starrem Blick auf das zerknüllte Papierchen des Telegraphenamtes, «go to hell, Fairbairn!» Absender des Telegramms war die «Fairbairn, Kennedy & Naylor, Wellington Foundry» in Leeds, England. Sie forderte ihren Aussenvertreter, T. S. Kennedy, auf, aus wichtigen geschäftlichen Gründen so rasch als möglich nach Leeds zurückzukommen. «Immediately, by unforseen circumstances». Kein Wunder, dass ihn die Nachricht verärgerte. Die Verte wurde ihm von Whymper weggeschnappt, und nun sollte aus dem Matterhorn vermutlich auch nichts werden! Das war zuviel des Guten. «Damned.» Wortlos reichte er seiner Frau die Hand, drehte sich auf der Schwelle um und ging grimmigen Schrittes auf die Rue du Pont, dem Hotel Savoy zu, wo Hudson logierte. Perren, der keine Ahnung vom Inhalt des Telegramms hatte, folgte ihm kopfschüttelnd. Noch immer trug er Kennedys Rucksack am Rücken, den er eigentlich im «de l'Union» deponieren wollte. Bevor er zum «Savoy» kam, zweigte Kennedy in eine kleine Gaststätte ab. Perren folgte ihm. Unter vier Augen, bemüht, die Selbstbeherrschung nicht zu verlieren, eröffnete Kennedy seinem geschätzten Leibführer, dass er seine Reisepläne ändern müsse. Er benötige seine Dienste im Augenblick nicht mehr, denn in drei Tagen müsse er der Maschinenfabrik in Leeds zur Verfügung stehen. Perren nickte und schluckte schwer. Jetzt wo es interessant geworden wäre, musste er seinen Dienst bei Kennedy quittieren. In einer Ecke der Gaststätte wurde er von Kennedy ausbezahlt — und mit einem grosszügigen «pourboire» entlassen. Man reichte sich die Hände.

Perren überlegte seine nächsten Schritte. Hier, im Revier des «Bureau des Guides», hatte er nichts mehr zu suchen. Also, zurück in sein geliebtes Zermatt, und dann gleich aufs Riffel hinauf zum Seilerschen Berghotel. Jetzt, in der Saison, stauten sich dort die Touristen, die bereit waren, den Monte Rosa zu besteigen.

«Bonne main»

Unter dem Hotelpersonal breitete sich wie ein Lauffeuer das Bekanntwerden der Kennedy-Départ aus. Am Samstag, den 8. Juli, frühmorgens war es im «de l'Union» soweit. Der galante Hudson fuhr im Einspänner vor. Mr. und Mrs. Kennedy bestiegen das Gefährt. Unnötig viele Hoteldiener schnürten das Reisegepäck auf die Kofferlade. Dann warteten sie mit offenen Händen hoffnungsvoll vor dem Trittbrett. Auch Hände von Angestellten, welche die Kennedys beim Abschied zum ersten Mal sahen. Aber Mrs. Kennedy hatte vorgesorgt. Jede hohle Hand, ob zaghaft oder aufdringlich vorgestreckt, erhielt einen Obolus. Diese Sitte war im Weltkurort Chamonix zur Routine geworden. Die Gäste selber hatten diese Mode eingeführt. Unter ihnen geisterte der Aberglaube, dass man sich nicht mit den Verwünschungen eines enttäuschten Hotelpersonals belasten solle.

Das fröhlich trabende Rösslein zog den Wagen mit den drei nachdenklichen Insassen hinunter zur Posthaltestelle in Les Ouches. Dort verabschiedete sich Kennedy von Hudson. Die beiden Bergfreunde hatten Mühe, sich zu trennen, als ob sie ahnten, dass es kein Wiedersehen mehr geben würde.

Psalmwort

Auf dem Rückweg nach Chamonix überliess Hudson die Zügel dem Pferd. Es kannte den Weg zur Sust und ging gemächlichen Schrittes. Hudson konnte seinen Gedanken freien Lauf lassen. Er hatte dem dienstuenden Amtsbruder der anglikanischen

Kirche in Chamonix versprochen, ihn am Sonntag zu vertreten. Der Bibeltext für die Predigt war ihm freigestellt. Beim Betrachten der sonnengleissenden Eisströme, die vom Montblanc fast bis zum Fahrsträsschen herunter reichten, fiel ihm der tröstende Bibeltext ein: «Die Wege des Herrn sind wunderbar und von lauter Güte und Wahrheit.» Dieses Psalmwort verscheuchte die dunklen Gedanken, die ihn nach Kennedys Abreise befallen hatten und liessen den Zweifel am Gelingen der Matterhornbesteigung vergessen. M'Cormick würde ja am 11. Juli in Visp eintreffen, und mit ihm und den beiden Führern Croz und Perren und der Hilfe Gottes würden sie das Matterhorn besteigen. «Gott wird seine gütige Hand über uns halten und uns beschützen. Wenn wir bescheiden bleiben, wird er uns bei unserem gewagten Vorhaben beistehen und seinen Segen geben. Wie kleinmütig von mir, an Gottes Güte zu zweifeln!»

Von Chamonix nach Zermatt

Croz hatte eine ahnende Abneigung gegen eine Matterhornbesteigung. «N'importe quelle montagne, mais pas le Cervin.» Whymper gegenüber hatte er diese Ansicht deutlich zum Ausdruck gebracht. Nun, da er bei Hudson als Führer engagiert war, änderte er offenbar seine Meinung. So ganz bei der Sache war er aber trotzdem nicht. Ausgerechnet jetzt, wo sich in Chamonix die zahlungskräftigen Montblanc-Touristen um ihn rissen, reiste er ab. Wie Perren, verliess auch er mit den Gästen Hudson und Hadow Chamonix, um auf dem kürzesten Weg nach Zermatt zu gelangen: Über den Montets, die Tête Noire und den Forclaz nach Martigny, dann auf der Poststrasse durchs Rhonetal nach Visp, wo am 11. Juli M'Cormick mit ihm zusammentreffen würde. Dann wird es gemeinsam auf dem Säumerweg durchs Tal hinauf zum Matterhorndorf gehen, um dem König der Berge auf den Leib zu rücken.

Zermatt

Zermatt im Wandel der Zeit

Zermatt war auch in früheren Jahrhunderten nicht so, wie man sich ein Bergdorf gemeinhin vorstellt und wie es auch einige alte Romanschriftsteller gesehen haben wollen! Ein einsames, von der Welt abgeschiedenes Bergdörflein, dessen Walserhäuser, Speicher, Stadel und Ställe sich eng um die Pfarrkirche scharten. Zermatt war seit eh und je ein Säumerdorf, in dem sich ein reger Verkehr über den Theodul ins Augsttal abspielte. Wenn der lange Winterschlaf den wärmenden Sonnenstrahlen wich, meldeten sich die Säumer aus dem Augsttal. Sie kamen mit schwer beladenen Maultieren vom Tournanche-Tal über den Theodul-Pass und brachten Wein aus Aosta ins Rhonetal. Auf dem Rückweg säumten sie Textilien, Tabak und Kaffee

Zermatt im Jahr 1865.

nach Italien. Es kamen auch viele Panoramazeichner, Botaniker, Geologen und Mineraliensammler, sogenannte Geognosten. Man sprach von einem malerischen Dorf, das auch von interessierten Studenten und abenteuerlustigen Gesellen besucht wurde. Man bewunderte das «schöne aber schreckliche» Gebirge und war vom Matterhorn fasziniert. Seit der Erstbesteigung des Monte Rosa, von dem man glaubte, er sei höher als der Montblanc, erfuhr das Säumerdorf einen steten Zuwachs von Sommertouristen. Es wurde zu einem begehrten Ferienort.

Die Gäste waren vor allem Engländer, welche die Seilerschen Unternehmen, das Monte-Rosa-Hotel und das Riffelhaus, in den gehobenen Kreisen der Londoner Gesellschaft rühmten und bekannt machten. Die englischen Ferienreisenden des Viktorianischen Zeitalters waren wohlhabende Leute. Sie fühlten sich als die Vertreter des Kolonialreiches. Es war ihnen nicht daran gelegen, auf die Sitten, Bräuche und die Mentalität der Bergbewohner einzugehen. Sie bewunderten die Grossartigkeit der Alpenwelt – man denke an Schriftsteller wie Byron, Ruskin und Shelly. In den Bergen erwarteten sie jedoch die gleichen Kommoditäten vorzufinden wie zu Hause. Sie wünschten «britisch» zu leben. Sie erwarteten in unseren Alpentälern eine ähnliche Bedienung wie in ihrem kolonialreichen Homeland. Dabei war ihnen nicht nur das leibliche Wohl sehr wichtig, sondern auch das geistige: Die «Colonial and Continental Church Society» (CCS) baute deshalb in Chamonix, Grindelwald, Zermatt und an weiteren Orten eigene Kapellen. Wegen dieses Anglikanismus wurden die englischen Sommerfrischler von der einheimischen Bevölkerung nicht immer mit offenen Armen empfangen. Der heutige Trend, fremde Länder, Menschen und Sitten kennenzulernen, wurde im allgemeinen von den Touristen des 19. Jahrhunderts noch nicht gesucht.

Alexander Seiler, ein weitsichtiger und mächtiger Hotelbesitzer

Die Direktoren der erfolgreichen Hotels waren Leute, die die Wünsche der englischen Clientèle zu erraten und erfüllen wussten. Der touristische Aufschwung Zermatts war nicht nur dem Matterhorn allein zuzuschreiben, sondern auch der Ge-

Alexander Seiler begleitete seine Gäste zu einem Picknick.

schäftstüchtigkeit der Familie Seiler. Mit Alexander Seilers*
Übernahme des «Mont Cervin» wurde er zum alleinigen Besitzer der Hotelliegenschaften in Zermatt und auf dem Riffel. Da-
durch gewann er an Macht und konnte es sich leisten, in der
Burgergemeinde und gar gegenüber dem Pfarrer einen eigenen
Standpunkt zu vertreten. Sein eigenwilliges Vorgehen in der
Vermittlung von Bergführern und der Missachtung alter Bur-
gerrechte brachten ihn ins Spannungsfeld der Dorfpolitik und
der Geistlichkeit. Seine Einbürgerung führte zu Streitigkeiten
und Demütigung der alten Burgerfamilien. Darüber berichtet
Werner Kämpfen ausführlich und sachbezogen in seinem Buch
«Ein Burgerrechtsstreit im Wallis».
Seiler prägte aber auch das neue Dorfbild der Vorkriegszei-
ten, die zergliederte Bauweise mit den erholsamen Parkanla-

75

gen. Gegenüber den heutigen Hotels Walliserhof und Pollux hatte es eine parkähnliche Grünfläche, und am Bahnhof stand das Hotel Viktoria in einem grossen Garten mit Bäumen. Leider wurden diese Grundstücke in späteren Jahren veräussert und bis an den Rand der Marchungen verbaut, was zur heutigen Verkehrsmisere beiträgt. Geblieben sind noch der Garten des «Mont Cervin», in dem einst grosse Kapellen zum Nachmittagstee klassische Weisen spielten, sowie die Anlagen des Burgerhotels Zermatterhof, dessen Entstehung den Anregungen Pfarrer Rudens zu verdanken ist. Der damalige botanische Garten, das Alpine Museum, die englische Kirche und die stellenweise breitangelegte Bahnhofstrasse waren Anliegen der weitsichtigen und mächtigen Seiler-Dynastie.

---

* Alexander Seiler, 1819—1891, Gründer der Seilerschen Hoteldynastie (Zermatt, Eggishorn, Furka, Fafleralp ...) entstammt einer kinderreichen Bauernfamilie von Blitzingen (Goms). Als Seifenfabrikant in Sitten etabliert, besuchte er Zermatt erstmals 1851. Sein Bruder Joseph, der dort als Kaplan wirkte, erkannte als erster die touristischen Möglichkeiten dieses abgelegenen Bergdorfes. Er veranlasste Alexander, die Seifenfabrikation nur während der Winterzeit zu betreiben und den Sommer als Pächter des Lauberschen Gasthauses in Zermatt zuzubringen. Auch beim Kauf der Alpgrundstücke am Eggishorn und am Rhonegletscher befolgte Alexander den Rat seines Bruders.

Auf dem Alpgrundstück am Rhonegletscher baute er später das «Hotel Glacier du Rhône» (auf der ersten Dufourkarte «in Gletsch») und das Hotel «Belvédère» (oben an der Furkastrasse). Der Rhonegletscher reichte damals bis 300 Meter an das Hotel «Glacier du Rhône» heran.

Kaplan Joseph Seiler wurde ans Kollegium in Brig berufen, dessen Vorsteher er später wurde. Man fand ihn eines Tages tot, zusammengebrochen im Garten des Kollegiums, vermutlich durch Herzversagen. Seine Grabstätte wurde neuerdings entdeckt.

Offenbar hatte Alexander Seiler seine Geschäftstüchtigkeit und seinen Pioniergeist der moralischen Unterstützung seines geistlichen Bruders zu verdanken, denn diesem verbat ja seine klerikale Berufung derartige weltliche Geschäfte.

Dr. Roland Fleiner, Redaktor an der NZZ, und Xaver Imfeld, Ing. Topograph (in Bern), von dem auch die Bergreliefe im Zermatter Museum stammen, waren Schwiegersöhne von Alexander und Catharina Seiler-Cathrein. Nach Ruden (St. Kronig) hatte Seiler 18 Kinder.

Die Zermatter Bergführer

1865 gab es in Zermatt gegen zehn gut ausgewiesene Führer. Ihre Kundschaft waren nicht nur Engländer, sondern auch Schweizer, Deutsche und Franzosen. Routinemässig führten sie ihre «Herren» auf den Monte Rosa und andere Gipfel. Der Doyen war Peter Taugwalder, der mit seinen 44 Jahren schon gegen 90 mal auf dem Monte Rosa war. Gleichzeitig aber wartete er auf die Gelegenheit, dem Matterhorn den Nimbus der Unbesteigbarkeit zu nehmen. Der Zweite in der Rangliste der Monte-Rosa-Führer war Mathäus Zumtaugwald, genannt «Mâthee», 40 Jahre alt. Er war mit Ueli Lauener bei der Erstbesteigung des Monte Rosa im Jahre 1855 dabei und war seither schon 40 mal oben. Als sogenannter Dorfältester stand er dem Dorfpfarrer Joseph Ruden sehr nahe.

Überall wo Menschen zusammen leben, bilden sich Cliquen. Das galt besonders auch für das Dorf Zermatt, wo sich durch den jährlichen Zustrom von Touristen verschiedene Interessengemeinschaften bildeten. Die wachsende Macht des Seiler'schen Unternehmens rüttelte an der bis anhin unangefochtenen Macht der Kirche und an den Rechten der Burger und ihrem Brauchtum. Hochwürden Ruden, der grossen Einfluss auch auf die nichtkirchlichen Belange der Gemeinde hatte, sah sich zunehmend in seinem Wirkungskreis eingeengt. Dem Hotelbetrieb sah er mit Skepsis entgegen. Einen bergsteigerischen Angriff aufs Matterhorn lehnte er entschieden ab. Was Pfarrer Ruden sagte, war auch für die Führer hoch und heilig. Damit waren Taugwalder und seine Freunde innerhalb der Führer-Bruderschaft am kürzeren Hebel, was dann vor allem nach den dramatischen Ereignissen am Matterhorn offen zum Vorschein kam.

Die Namen der anderen Führer, man findet sie in vielen alten Klubführern, sind alte Zermatter Geschlechter: Peter Perren war zu dieser Zeit der am weitesten gereiste und kundigste Zermatter Führer. Er galt unter seinen Kollegen als Obmann. Mit seinen 31 Jahren verfügte er über ein stolzes Tourenverzeichnis. (SACJ 2, 534)

Der 30jährige Franz Biner, genannt «ds Wiishoru-Frängi» oder «Weisshorn-Biner», war schon viermal auf dem gefürchteten Weisshorn, aber noch nie auf dem Monte Rosa. Er war der einzige Zermatter Führer, der von Whymper engagiert wurde.

Johann und Stephan Zumtaugwald waren die zwei jüngeren Brüder vom «Mâthee». Johann war der Dom-Spezialist, und Stephan konnte sich als Schüler am Priesterseminar in Brig mit den englischen Reverends auch auf lateinisch verständigen.

Der 30jährige Johann Kronig kannte sich im Montblanc-Gebiet aus. Den Höhenweg nach Chamonix, die «high level route», hatte er schon zehnmal zurückgelegt.

Zermatt, das Eldorado der Bergsteiger

Der erste Präsident des Alpin Club war der vielgereiste Naturforscher und Botaniker John Ball. In seinem Reisehandbuch «Guide to the Western and Central Alps, 1863» äusserte er sich wie folgt: «Zermatt ist das Eldorado des wahren Bergsteigers» (S. 294). Die schwere Zugänglichkeit Zermatts erachtete er als Vorteil. Die lange Postkutschenfahrt durchs Rhonetal und die Strapazen der siebenstündigen Fusswanderung durchs Mattertal hinauf brachten automatisch eine Selektionierung der Gäste mit sich. Von Visp bis Zermatt schlängelte sich ein 25 Meilen langer, mühsamer Maultierpfad. So wundert es nicht, dass die Sorte der trägen, unbeholfenen und dennoch anspruchsvollen Touristen, welche die Gasthäuser in Chamonix und Grindelwald überfüllten, in Zermatt nicht anzutreffen war. Für die bergtüchtigen Touristen wies Zermatt gegenüber Chamonix einen anderen Vorteil auf. Hier gab es keine monopolistische Führergewerkschaft, die den Führern und Touristen jegliche Entscheidungsfreiheit unterband. Die auf noch unbestiegene Berge erpichten Engländer konnten mit den Zermatter Führern selber einig werden.

Der Kampf ums Matterhorn

Die Beteiligten

Der ereignisreiche Sommer 1865 stand vor der Tür. Der Gipfel des Matterhorns war noch immer unberührt wie vor Millionen Jahren. Das ehemalige Säumerdorf diesseits des Theoduls er-

Gruppenbild von 1870, mit Alexander Seiler in der Mitte.

lebte aber, wegen seines attraktiven Berges, unerhörten Aufschwung. Die zwei grossen Gasthäuser, das «Monte Rosa» von Herrn Seiler und das «Mont Cervin» des Herrn Clemenz, beherbergten vor allem jüngere Männer der gehobenen angelsächsischen Gesellschaft, die in ihrer Freizeit dem «sport» huldigten. Sport bedeutete damals in England nichts anderes als «mountaineering», nämlich das Besteigen der höchsten Gipfel der Alpen: «The highest and loveliest alpine crags». Auch Botaniker, Geognostiker, Topographen und sonstige Bergenthusiasten, die ihren Bergaufenthalt wissenschaftlich begründeten, fanden Unterkunft in den gepflegten Häusern.

Im Frühsommer 1865 wurde immer mehr am Attribut «unersteigbar» gerüttelt, wenn von dem stolzen Fels- und Eisobelisk die Rede war. Unter den Führern waren jedoch Peter Taugwalder*, «ds Geppi», und Peter Perren*, «Lyskamm-Peter», die einzigen, welche bereit gewesen wären, mit einem standsicheren Klienten das Wagnis einer Besteigung einzugehen — und das, wohlverstanden, nur über den Hörnligrat.

---

* Whymper bezeichnete Taugwalder als «sturdy» (kräftig) und Perren als «stout» (stark).

Im Laufe des Sommers 1865 beabsichtigten vier unabhängige Partien, das Matterhorn zu besteigen und ihm den Nimbus seiner Unbezwingbarkeit zu entreissen. Sie kannten einander kaum und verheimlichten ihr Vorhaben nach Möglichkeit. Die einen wussten nicht, was die andern zu unternehmen beabsichtigten, sie durften es auch nicht wissen; das Zeitalter der Telekommunikation war noch nicht angebrochen. Man war in den Bergtälern auf die Maultierpost angewiesen.

Wer waren die vier Partien?

1. Lord Francis Douglas, 18jährig, und Führer Peter Taugwalder, 45jährig. Sie wollten die ersten auf dem Matterhorn sein. Der Hotelier Seiler unterstützte sie kräftig in diesem Entschluss. Einer Aufforderung Douglas' folgend war Taugwalder an einem der letzten Tage oben am Hörnligrat. Jetzt wusste er bestimmt, dass Zermatts Hausberg über diesen Grat besteigbar war. Das «Horu» würde ihm und einem zweiten Führer, mit Douglas, erliegen. Peter Taugwalder hatte auch schon mit Kennedy eine Winterbesteigung aufs Matterhorn versucht. Er betrachtete «ds Horu» als so etwas wie sein Eigentum, wenn auch nicht ihm allein, so doch den Zermattern gehörend.

Weshalb der junge Lord nicht gleich mit einem zweiten Führer, beispielsweise dem Sohn Peter Taugwalder oder dem mutigen Peter Perren den Berg angegangen ist, bleibt ein Rätsel. Statt die Besteigung in Angriff zu nehmen entschloss er sich, am 11. Juli über den Theodulpass nach Breuil zu wandern. Joseph Taugwalder, Sohn von Peter, begleitete ihn dabei. Dadurch erfuhr die Erstbesteigung eine Wende, den Beginn einer Reihe verketteter Zufälle, die zur Katastrophe führten.

Seiler hatte ihn gewarnt, keine Zeit zu verlieren und die Besteigung gleich zu unternehmen. Hätte Douglas diesen Rat befolgt, hätte sie mit grösster Wahrscheinlichkeit kein Menschenleben gefordert, und Lord Francis Douglas wäre mit Peter Taugwalder und seinem Sohn oder einem andern tüchtigen Zermatter Bergführer – vielleicht Peter Perren – als Erstbesteiger gefeiert worden. Whymper wäre uns mit seinen herrlichen Gravouren erhalten geblieben, aber als ehrgeiziger Verlierer im Kampf um die Erstbesteigung in Vergessenheit geraten. Aber im Leben macht das Schicksal stets nur einmal denselben Weg. Die Szenen lassen sich nicht, wie bei einer Theaterprobe, verändert wiederholen.

2. Reverend Charles Hudson, 36jährig, einer der grössten Pioniere der Alpen, «einem Führer ebenbürtig», mit seinen zwei Begleitern Hadow, 19, und Campbell, 15, und dem Führer Michel Croz, 35. Hudson wollte in Visp den Pfarrer M'Cormick treffen. Dieser hatte jedoch den Anschluss verpasst, und die Reisenden befanden sich deshalb schon auf dem Weg nach Zermatt. Sobald der Nachzügler in Zermatt eintreffen würde, wollten Hudson, M'Cormick und der Führer Croz aufs Matterhorn. Im Gepäck des Saumpferdes befanden sich ein Seil aus bestem Manilahanf und eine Stahldrahtleiter, die am Hörnligrat, wo dieser in die Gipfelpartie auskeilte, den Berg besteigbar machen sollte.

Am besten vorbereitet und am weitesten fortgeschritten für die Erstbesteigung war man auf der italienischen Seite:

3. Jean-Antoine Carrel, genannt «le Bersaglier» (Scharfschütze), 36jährig, aus dem Val Tournanche, mit italienischen Kollegen, «chasseurs de Valtournanche».

Diese Leute richteten am 11. Juli in der Hütte von Avuil bei Breuil im Auftrag von Ingenieur-Topograph Felice Giordano ihr Basislager ein. Giordano vertrat dabei den Staatsminister des Königreiches Italien, Quintino Sella. Zwei der Teilnehmer befanden sich schon oben am Berg, wo sie schwierige Stellen gangbar machten. Als eifriger Patriot und Verfechter des Risorgimento betrachtete Carrel die Südseite des Matterhorns als sein Eigentum. Er wollte den Berg nur von dieser Seite her und nur mit Italienern besteigen. Er und sechs andere Führer waren an jenem Morgen von den Hütten in Avuil aufgebrochen und befanden sich schon auf dem Weg.

4. Edward Whymper, 25jährig, und Rev. Girdlestone logierten im Favre'schen Gasthaus auf Giomein, ob Breuil. Whymper wollte von dort aus die Südostwand des Matterhorns noch einmal angehen, dort wo er vor drei Wochen mit Croz, Almer und Biner aufgeben musste. Da die Führer das riskante Projekt ablehnten und er sie aus seinem Dienst entlassen musste, war er nun allein. Verzweifelt suchte er in Breuil Führer. Warum hier keine Führer aufzutreiben waren, verstand er erst, als er erfuhr, dass hinter seinem Rücken eine grossangelegte «Expedition» der tüchtigsten Bergführer unterwegs war – mit der Absicht, die Erstbesteigung des «Cervin» den Italienern zu sichern. Die Enttäuschung, dass ihn Carrel hintergangen hatte, traf ihn hart, schenkte er ihm doch sein ganzes Vertrauen. Monsieur Favre, der aus Aosta stammende Wirt auf Giomein, vermochte sein schadenfreudiges Kichern nur schlecht zu verbergen. Whymper wusste nicht, dass die italienischen Matterhorn-Aspiranten dauernd im Auftrag von Staatsminister Sella handelten und alles, was hier oben passierte, von Signor Giordano verfolgt und rapportiert wurde. Giordano sorgte dafür, dass allfällige Anwärter wegfielen. «Ich habe ihm alle fähigen Männer weggenommen», schrieb er am 11. Juli in einem Brief an Sella.

Whymper ohne Führer und im Bewusstsein der Carrel-schen Expedition sah als allerletzte, verzweifelte Möglichkeit nur noch den Hörnligrat, den er unter normalen Umständen stets abgelehnt hatte. Er suchte einen Träger, um sein Gepäck, Zelt, Seile, Wolldecken nach Schwarzsee zu bringen und es dort in der Kapelle zu deponieren. Er hoffte, in Zermatt einen Führer zu finden, um über den Hörnligrat den Italienern vielleicht doch noch zuvorzukommen. Dass man sich auch in Zermatt für die Besteigung rüstete, wusste er freilich nicht.

Dies war die Zwischenbilanz der Vorbereitungen für die Erstbesteigung, wie sie sich am Dienstag, den 11. Juli, vormittags präsentierte. So wie die Dinge lagen, mussten sich die Konkurrenten zwangsläufig ins Gehege kommen. Es führte zu einem versteckten, aber um so grimmigeren Wettkampf. Fieberhafte Eile bestimmte das Vorgehen, und die Organisation litt darunter. Ein dramatischer Ausgang war zu befürchten.

Das Gasthaus jenseits des Theoduls

Im Gasthaus von Monsieur Favre, auf der Alp Giomein ob Breuil, logierten zurzeit drei Pensionäre: E. Whymper, Rev. A. G. Girdlestone und F. Giordano. Reverend Girdlestone war der englische Tourist, den Whymper schon im Gasthaus auf dem Montenvers bei Chamonix getroffen hatte. Er erkrankte dann auf der Hinreise nach Breuil und wurde in Chatillon von Whymper mit Medizin versorgt. (Wh 373) Der Ingenieur-Topograph F. Giordano war, was Whymper offenbar nicht wusste, der vom italienischen Staatsminister *Quintino Sella beauftragte taktische Leiter des Matterhornunternehmens.

Herr Favre, Gasthofbesitzer in Breuil.

---

* Quintino Sella war Finanzminister im ersten Kabinett des neugegründeten italienischen Königreiches (Viktor Emanuel I).

Am 11. Juli versteckte sich das Matterhorn hinter einer Nebelwand, so dass auch mit dem Fernrohr nichts zu sehen war. Signor Giordano hatte sich in seinem Zimmer eingeschlossen und schrieb einen Brief an den Minister Sella. Dieses französisch abgefasste Schriftstück ist nachstehend übersetzt und gekürzt wiedergegeben. Um aber den Zusammenhang besser zu verstehen, ist es nötig, vorgängig die Briefe zu kennen, die Giordano an den Finanzminister gesandt hatte:

Turin, den 7. Juli 1865

«Lieber Quintino! Der Tag der Abreise nach dem bewussten Orte ist da. Ich bin auf das beste ausgerüstet. Vorgestern schickte ich das erste Zelt, 300 m Seile und eiserne Haken und Klammern ab, ausserdem Mundvorrat für uns, einen Spirituskocher für Wasser, Tee usw. Alles das zusammen hat ein Gewicht von etwa 100 kg. Ich schickte auch 200 Lire an Car-

rel, damit er die Sachen in Chatillon übernimmt und sie sofort nach Valtournanche und nach Breuil bringt. Ich selbst werde morgen abend dort
sein, um alles zu überwachen. Mit mir nehme ich ein weiteres Zelt, drei
Barometer. Sowie ich an Ort und Stelle bin, schreibe ich Dir. Du brauchst
nur an Dich selbst zu denken, das heisst für Kapuze, zwei oder drei Dek-
ken usw. und für gute Zigarren zu sorgen; wenn möglich, bring auch
noch etwas guten Wein und etliches Kleingeld mit, denn ich konnte nur
zirka 3000 Lire mitnehmen.

Ziehen wir also zum Angriff auf diesen Teufelsberg aus, und wenn
uns Whymper nicht zuvorkommt, schauen wir, dass es uns gelingt.»

Im Gasthof zu Breuil am Fusse des Theodul, den 11. Juli abends

«Lieber Quintino! Es wird Zeit, dass ich Dir Nachricht gebe von hier. Ich
kam nach Valtournanche Samstag, den 8., nachmittag. Traf hier Carrel,
der gerade von einer Matterhorn-Erkundung, die er des schlechten Wet-
ters wegen aufgeben musste, zurückgekehrt war. Whymper war zwei
oder drei Tage früher angekommen; wie gewöhnlich wollte er hinauf
und hatte Carrel aufgenommen, der, weil er meine Briefe noch nicht erhalten hatte, einging, aber sich nur für ein paar Tage verpflichtete.

Glücklicherweise fiel schlechtes Wetter ein. Whymper konnte seinen
neuen Versuch nicht unternehmen, und Carrel machte sich frei und kam
zu mir, ebenso andere ausgesuchte Männer, die besten Führer des Tales.

So wurde rasch die vorbereitende Unternehmung mit Carrel als Leiter ausgerüstet. Um kein Aufsehen zu erregen, brachten wir die Seile
und die anderen Sachen in eine weit abgelegene Hütte unter dem Matterhorn (Avouil), und das soll unser unteres Hauptlager sein.

Von sechs Männern sollen vier oben arbeiten, zwei die ganze Zeit
über als Träger dienen, was ebenso schwer ist. Ich bin in diesem Augenblick in Breuil.

Das Wetter, unser gewaltiger Gott, von dem alles abhängt, war bis
jetzt äusserst veränderlich und eher schlecht; gestern morgens schneite
es auf dem Matterhorn, aber abends hat es sich dann aufgeheitert.

In der Nacht (10. bis 11.) gingen die Leute mit den Zelten ab, und ich
hoffe, dass sie zu dieser Stunde schon ziemlich hoch sind. Das Wetter indessen schlägt neuerdings zum Nebel um, und das Matterhorn ist noch
ganz bedeckt; ich hoffe, dass er sich verziehen wird. Sofern es das Wetter
zulässt, hoffe ich in drei oder vier Tagen genau zu wissen, was sich wird
machen lassen.

Carrel sagt mir, ich solle nicht hinauf, bevor er mir Nachricht schickt;
er will sich natürlich persönlich über die letzten Spitzen vergewissern.
Von hier aus gesehen, scheinen sie mir nicht völlig unzugänglich, aber
um das sagen zu können, muss man wohl erst droben sein; ausserdem
muss man auch sehen, ob sich nicht ein Biwak weit höher, als Whymper

das seine verlegt hatte, einrichten lässt. Sowie ich irgendwie günstige Nachricht habe, sende ich einen Eilboten nach St. Vincent mit einer kurzen Depesche; Du kommst dann sofort.

Sei so gut und antworte mir umgehend auf meinen Brief, nur zwei Zeilen, wie ich mich verhalten soll, denn ich befinde mich inmitten von Schwierigkeiten, welche sind: das Wetter, die Spesen und Whymper. Ich suchte alles geheimzuhalten, aber dieser Mensch, dessen ganzes Leben am Matterhorn zu hängen scheint, ist hier, argwöhnt und hat auf alles acht.

Ich habe ihm alle fähigen Männer abgenommen, aber er ist so auf den Berg erpicht, dass er imstande ist, mit anderen hinaufzugehen und uns einen Streich zu spielen. Er ist hier, in demselben Gasthof, aber ich weiche ihm aus, um nicht mit ihm sprechen zu müssen. In Summa: ich werde tun, was ich nur kann, denn die Sache geht gut, und ich hoffe. Wenn uns nur Äolus gnädig ist!…

Ich schreibe Dir nichts weiter in der Erwartung, Dir bald eine gute Zeitung senden zu können. Mögen Dich diese alpinen Nachrichten ein wenig der Schwüle Turins und des Ministeriums entrücken!

Dein Felice»

Was in den kommenden drei Tagen in Zermatt geschah, Jubel und dann grosse Trauer, hatte im Tornanche-Tal in abgeschwächtem Masse ein schicksalshaftes Ebenbild; Frohlocken und dann Ernüchterung. Wir greifen dem dramatischen Geschehen auf der Schweizer Seite vor, indem wir hier noch zwei weitere, an den Staatsminister gerichtete Briefe wiedergeben. Der dritte Brief trägt das historische Datum Breuil, den 14. Juli:

Breuil mit Matterhorn.

Im Gasthof zu Breuil, den 14. Juli

«Lieber Quintino! Mit einem Eilboten sende ich Dir eine Depesche nach St. Vincent, sieben Wegstunden von hier; unterdessen, um ganz sicher zu gehen, sende ich Dir auch diesen Brief.

Heute um 2 Uhr nachmittags sah ich mit einem guten Fernrohr Carrel und Genossen auf dem höchsten Punkt des Matterhorns, mit mir auch viele andere; demnach ist der Erfolg so gut wie gewiss, und das, obwohl vorgestern das Wetter äusserst schlecht war und der Berg ganz mit Schnee bedeckt wurde.

Komm also gleich hierher, wenn Du irgend kannst, oder telegraphiere mir nach St. Vincent. Denke Dir, ich weiss nicht einmal, ob Du in Turin bist! Seit acht Tagen habe ich auch nicht die geringste Nachricht von dort; ich schreibe daher aufs Geratewohl. Wenn Du bis morgen nicht kommmst oder nicht telegraphierst, steige ich selbst hinauf und pflanze als die erste unsere Flagge auf den Gipfel. Es ist eine sehr wichtige Sache. Werde jedoch mein möglichstes tun, um Deine eigene Ankunft abzuwarten.

Whymper ist abgezogen, um von der anderen Seite den Aufstieg zu versuchen, glaube aber umsonst.»

Der vierte Brief lässt die bittere Enttäuschung durchblikken, welche die Erstbesteigung des Matterhorns auch in den Regierungskreisen auslöste. Dass das erfolgreiche Zuvorgreifen von der Schweizer Seite her jedoch mit einem Drama endete, wusste man in Italien erst zwei Tage später.

Breuil, den 15. Juli

«Lieber Quintino! Gestern war ein übler Tag, und Whymper hat es endlich doch durchgesetzt gegen den unglücklichen Carrel.

Whymper hatte, wie ich Dir sagte, in Verzweiflung gebracht, als er Carrel den Aufstieg unternehmen sah, von der Zermatter Seite den Gipfel gewinnen wollen. Alle hielten den Aufstieg von dort aus für völlig unmöglich, und Carrel vor allem; darum beunruhigte man sich nicht. Am 11. arbeitet dieser auf dem Berge, und man bleibt bei einer gewissen Höhe stehen. In der Nacht vom 11. auf den 12. und den ganzen 12. herrscht das schrecklichste Wetter auf dem Matterhorn, und es schneit unaufhörlich; am 13. ging es an, und gestern, den 14., war es schön.

Am 13. wurde wenig gearbeitet, gestern aber hätte Carrel auf dem Gipfel sein können, und er war auch nur 150–200 m unterhalb, als er, ge-

86

gen 2 Uhr nachmittags, ganz unerwartet auf einmal Whymper mit den anderen schon auf dem Gipfel sah.

Whymper hatte wohl verschiedenen Schweizer Führern eine bedeutende Summe versprochen, wenn sie den Mut hätten, ihn hinaufzubringen, und da er einen aussergewöhnlichen Tag traf, war es ihm gelungen. Ich hatte noch Carrel von dem Versuche Whympers benachrichtigen lassen und dass er um jeden Preis hinauf solle, ohne Zeit zu verlieren, um den Weg gangbar zu machen, aber die Post kam nicht zur rechten Zeit an, *und übrigens hielt Carrel einen Aufstieg von Norden aus für ausgeschlossen.*

Ich habe Dir nun gestern, als ich Leute auf dem Matterhorn sah und mir von allen versichert wurde, dass es die unsrigen seien, das Telegramm gesendet, dass Du kommen möchtest.

Der arme Carrel war so bestürzt, als er sich zuvorgekommen sah, dass er von allen weiteren Arbeiten abstand und mit den Geräten und dem Gepäck zurückkam. Eben an diesem Morgen traf er ein, und ich sende Dir gleichzeitig einen anderen Eilboten mit einem Telegramm, dass Du bleiben sollst. Wie Du siehst, war es, obwohl alle ihre Schuldigkeit taten, eine verlorene Schlacht, und ich bin davon auf das schmerzlichste getroffen. Ich glaube aber, dass sich die Scharte wieder auswetzen lässt, nämlich, wenn jemand alsbald den Aufstieg von unserer Seite unternimmt, damit man doch sieht, dass er auch von hier aus möglich ist; Carrel hält an der Möglichkeit des Aufstiegs zuversichtlich fest. Ich machte ihm Vorwürfe, dass er gleich mit Zelten und Seilen und allem übrigen, was mit so grosser Mühe fast schon bis auf die Spitze hinaufgebracht war, wieder herunterkam. Er gibt die Schuld seinen Leuten, die allen Mut verloren hätten, und will befürchtet haben, ich wolle nun weiter nichts mehr daran wenden.

Jean-Antoine Carrel.

Gleichwohl müssen wir, glaube ich, damit wir zum Schaden nicht auch noch den Spott bekommen, wenigstens unsere Fahne aufpflanzen lassen. Ich wollte sogleich ein neues Unternehmen vorbereiten, aber bis jetzt fand sich, mit Ausnahme Carrels und eines andern, niemand, der den Mut hätte und dem ich vertrauen könnte. Es würden sich vielleicht noch etliche bereitfinden lassen, wenn man das Geld nicht ansieht, aber ich möchte doch nicht zu solchen Ausgaben raten; und übrigens: fehlt ihnen der Mut, so ist der Erfolg nicht einmal sicher.

Darum will ich doch erst noch versuchen, einen neuen Angriff mit mässigem Kostenaufwand zustande zu bringen, gelingt mir aber das nicht, so verzichte ich eben; ich habe jetzt nicht einmal die Genugtuung mehr, dass ich selbst hinaufkommen werde, denn Carrel sagt, dass, um rasch zu machen und die wenige Zeit auszunutzen, kein Reisender mit dabei sein dürfe. Das Wetter droht in jedem Augenblick umzuschlagen.

Du siehst, wie es hier zugeht! Gestern war das Tournanchetal schon halb von Festjubel erfüllt, weil man annahm, die unsern hätten gesiegt; heute kam die Enttäuschung. Der arme Carrel ist wahrhaft zu bedauern, um so mehr, weil seine Ansicht, Whymper könne von Zermatt aus nicht hinaufkommen, nicht zum wenigsten die Verzögerung verschuldete.

Ich trachte es so zu machen wie Terentius Varro nach der Schlacht von Cannä.

P.S. Trotz allem, was vorgefallen ist, könntest Du noch immer als erster den Aufstieg von der italienischen Seite aus machen, wenn Du Zeit hast; aber bis jetzt hat mich Carrel noch nicht versichert, dass er auch ganz bis auf die Spitze kommen wird. Deshalb habe ich Dir auch nicht weiter telegraphiert, vielleicht komme ich in zwei Tagen nach Turin.»

Die Autorität der Kirche

Der Sonntag ist der Tag des Herrn! Das gestrenge Auge der Kirche wachte darüber, dass der Sonntag gebührend geheiligt wurde. In Zermatt waren es die Pfarrherren Joseph Ruden und Mathias Welschen, welche den Einfluss der Kirche auf das tägliche Leben geltend machten. Sonntags durfte keine Bergtour und auch keine Passwanderung durchgeführt werden. Bergführer Mathias Zumtaugwald war Dorfältester und hatte diesbezüglich die Aufsicht über seine Kollegen inne.

Am Sonntag war während der Saison immer eine Anzahl Touristen in Zermatt blockiert, weil sie keine Führer für ihre Weiterreise oder ihre Tour fanden. Am Montag war dann jeweils ein reger Verkehr, vor allem von den Reisenden, die mit ihren Zermatter Führern den Theodul nach Italien überschrit-

Die Kirche hatte das Sagen.

ten. Hinter dem Theodulpass, wo die gefährliche Schnee- und Eisregion hinter ihnen lag, überliessen die Führer oft die ihnen anvertrauten Gäste ihrem Schicksal und nahmen den Rückweg nach Zermatt unter die Füsse.

Am Montag, 10. Juli 1865, war der Theodul in Schnee und Nebel gehüllt. Die Übergänge mussten auf Dienstag verschoben werden.

Douglas auf dem Weg nach Breuil

Dienstag, 11. Juli, verzog sich der Nebel allmählich, und Whymper erkannte im Fernglas endlich zwei Passgänger. Sonderbar, die beiden trugen weder Rucksäcke noch Gepäck mit sich. Beim Näherkommen erkannte Whymper den einen: Es war Taugwalders Zweitältester, der Joseph*.

Der 20jährige Joseph war der mittlere der drei Taugwalder-Söhne. Zwei Jahre später ertrank er im Schwarzsee.

Whymper ging gleich auf den Herrn des jungen Taugwalder zu, um zu erfahren, ob er ihm den Führer als Träger abtreten könne. Der Herr erklärte, dass er am folgenden Tag mit dem jungen Mann über den Theodul nach Zermatt zurückkehren werde; da sie aber kein Gepäck mitgenommen hätten, sei er bereit, ihm den jungen Taugwalder als Träger zur Verfügung zu stellen. Die beiden Herren unterhielten sich eine Weile, und Whymper erfuhr, dass der Angesprochene kein anderer war als Lord Francis Douglas, der kurz zuvor das Gabelhorn bestiegen hatte. Und Lord Douglas vernahm, dass Carrel mit einer italienischen Seilschaft bereits am Matterhorn den Aufstieg von Breuil aus versuchte. Diese Nachricht beunruhigte auch Lord Douglas.

Der Grund, weshalb er mit einem Sohn des alten Taugwalder über den Theodulpass nach Breuil gewandert war, scheint nirgends festgehalten zu sein. Vielleicht wäre eine diesbezügliche Notiz in Douglas' Tagebuch zu finden. Möglich, dass er Carrel als zweiten Führer mit Peter Taugwalder für die Besteigung über den Hörnligrat zu gewinnen hoffte. Möglich aber auch, dass er auf der Wanderung über den Gletscher den Grat genauer besichtigen wollte, den Vater Taugwalder als gangbar ausgekundschaftet hatte. Vor vier Tagen vom Gabelhorngipfel aus sah Douglas das Matterhorn in seiner wahren, perspektivisch unverzerrten Form: Die abweisende Nordwand, die rechts durch den zackigen Zmuttgrat und links durch den bis zur Schulter fast linearen Hörnligrat begrenzt wird. Der Führer Taugwalder bestätigte Douglas, dass der Hörnligrat nicht halb so steil sei, wie dies von Zermatt aus den Anschein mache. Taugwalder betrachtete den Hörnligrat als den geeignetsten Anstiegsweg aufs Matterhorn. Kennedy und wohl auch Hudson wussten dies schon vor Jahren, und Whymper sah ein, dass der Hörnligrat seine letzte Erfolgschance war. Sein spätes Umdenken begründete er nachträglich wie folgt: «Ich fand heraus, dass die Ostwand ein grosser Betrüger ist. Sie erscheint beinahe senkrecht, während ihr Neigungswinkel* kaum 40 Grad beträgt.»

---

* *Stellen oberhalb der Schulter haben Neigungen von gegen 60 Grad.*

Betrachtet man das Matterhorn von Zermatt aus, sieht man es weder im Profil noch frontal. Deshalb erscheint die Ostwand steiler, als sie in Wirklichkeit ist. Die Mehrzahl derjenigen, die Zermatt besuchen, gehen auf den Riffelberg oder auf den Gornergrat. Von dort aus erscheint der Berg noch steiler, da man der Ostwand ziemlich frontal gegenübersteht. Wenn der Tourist weiter südwärts geht und den Theodulpass überschreitet, so passiert er eine Stelle, die sich genau gegenüber der Ostwand befindet. Von dort aus erscheint die Wand völlig senkrecht, während sich der Grat in die Länge zieht. Verhältnismässig wenige Berggänger vermögen diesen irreführenden Eindruck richtigzustellen. Es bleibt ihnen eine übertriebene Vorstellung von der Abschüssigkeit dieser Bergseite. Es bedurfte eines jahrelangen Prozesses, sich von diesen falschen Eindrükken zu lösen. So mag es auch Whymper ergangen sein.

Die Kapelle als Seildepot

Am folgenden Morgen, 12. Juli, befand sich eine fünfköpfige, schwerbepackte Gesellschaft auf dem Weg über den Theodulpass nach Schwarzsee. Es waren die Herren Douglas, Whymper und Girdlestone und die zwei Träger Joseph Taugwalder und ein nicht genannter Bediensteter von Monsieur Favre. In der Kapelle «Maria zum Schnee» wurde Whympers Gepäck deponiert: Wolldecken, Lebensmittel, ein Zelt und der Seilvorrat.

Aus Whympers Schriften zu schliessen, wurden bei der Besteigung des Matterhorns nur diese, seine Seile mitgenommen. Hudsons Vorrat blieb in Zermatt. Warum auch seine in London angefertigte Seildrahtleiter unten im Tal blieb, wissen wir nicht. Whymper hatte darüber nie etwas gesagt oder geschrieben, und Hudson hatte keine Gelegenheit mehr, uns dies zu erklären.

Wahrscheinlich sprachen Whymper und Douglas auf dieser Fusswanderung nicht viel miteinander, denn später, im gerichtlichen Verhör, erklärte Whymper, der Wohnort von Mr. Douglas sei ihm unbekannt (Antwort auf Frage Nr. 6 des Verhörs). Es scheint, dass die beiden auch während des Aufstieges keinen Zugang zueinander fanden. Reverend Girdlestone ging in Zermatt sogleich eigene Wege. Vom Matterhorn wollte er nichts wissen. Er stieg auf den Riffelberg, und anderntags bestieg er den Monte Rosa.

Whymper statt Peter Perren

In Zermatt angekommen, ging Douglas sogleich ins Haus auf dem Kirchplatz, wo Vater Taugwalder mit seiner Familie wohnte. Douglas erklärte seinem Führer den neuen Sachverhalt.

«Carrel ist mit den Tournanche-Führern am Matterhorn. Das Horn ist jedoch auch auf der Italiener Seite von dichten Wolken verdeckt. Wenn diese weichen, wird in den Felsen eine Schneeschicht liegen und den Aufstieg verzögern. Dies bietet uns die Gelegenheit, den Italienern vielleicht zuvorzukommen.»

Taugwalder runzelte die Stirne: «Ja, aber wir brauchen noch einen zweiten Führer!» In diesem Moment zeigte sich Whymper auf der Treppe. Taugwalder begriff, dass er statt mit einem zuverlässigen Führer mit Whymper vorlieb nehmen musste. Das entsprach weder seinen Plänen noch seinem Gutdünken.

Whymper, ein «mittelmässiger» Bergsteiger?

Peter Taugwalder teilte seine Kunden in gute, mittelmässige und schlechte Bergsteiger ein. Whymper bezeichnete er als «Mittelmässigen». Seinen Führerberuf fasste er «wörtlich» auf: Der Führer führt. Er trägt die Verantwortung für die ihm anvertrauten Kunden. Die Entscheidungsbefugnis liegt bei ihm. «Im Hotel befiehlt der Herr, in den Bergen der Führer!»

Whymper hegte eine andere Vorstellung vom Führerberuf. Für ihn waren die Führer nur Ausführende. Sie mussten den Anordnungen des Auftraggebers Folge leisten. Taugwalder liess sich jedoch von einem 20 Jahre jüngeren, forschen Engländer nicht wie ein Dienstmann herumkommandieren. Das entsprach auch nicht den örtlichen Gepflogenheiten. So kam es, dass sich zwischen ihm und Whymper nicht die beste Beziehung anbahnte.

Lord Douglas' alpine Leistungen

Lord Francis besass die anerzogene Gewohnheit, die täglichen Ereignisse noch am gleichen Abend festzuhalten. Diesen Tagebuchnotizen verdanken wir die Kenntnis seiner alpinen Leistungen während seines zweiwöchigen Zermatter Aufenthaltes.

Anlässlich ihres Zusammentreffens in St. Niklaus erfuhr Douglas von Kennedy, möglicherweise als Ablenkung, dass neben dem Matterhorn nur noch das Obergabelhorn auf eine englische Erstbesteigung wartete. Der abenteuerlustige und ehrgeizige Douglas liess sich das nicht zweimal sagen. Diese schöne, 4063 Meter hohe, vierkantige Felspyramide, welche den Zmuttgletscher überragt, wollte er deshalb erstbesteigen. Im Seilerschen Hotel stieg er ab. Am 5. Juli überschritt er mit Taugwalder und Spisspeter das Triftjoch nach Zinal. Sie ahnten nicht, dass das anvisierte Obergabelhorn am folgenden Tag von

Lord Francis Douglas.

Zermatt aus erstbestiegen würde: Durch die Herren A. W. Moore und Horace Walker mit dem Führer Jakob Anderegg, dem Schwager des berühmten Melchior Anderegg. Douglas' Eintragung im Fremdenbuch des Hotels «Durand» in Zinal lautet: «Zinal, 6. Juli 1865.

… Von Zermatt aus hatten wir zuerst das untere Gabelhorn erstiegen, aber dann wurde dieser Grat als ungangbar befunden… Der andere Gipfel* hat keinen Namen, doch kann ich nicht begreifen, weshalb, da er doch fast so hoch ist wie das Obergabelhorn. Auf dessen Gipfel befindet sich eine überhängende Eismauer von 15 Fuss Höhe, über die hinauf wir Stufen schlagen mussten. Von Zermatt aus kann man diese Stelle, über die wir hinaufkriechen mussten, mit dem Fernrohr gut sehen… Führer: Peter Inäbnit, Grindelwald und Peter Taugwalder, Zermatt.

Wir verlassen jetzt Zinal, um die Besteigung des Obergabelhorns zu versuchen.»

---

* *Douglas' Fremdenbuch-Eintragung beweist, dass die Dreierpartie am 5. Juli die Wellenkuppe, 3903 m, bestiegen hatte. Dieser schöne, von einem kleinen Schneedom gekrönte Gipfel wurde erst viel später, im Jahre 1881, von W. M. Conway (Lord Allington) getauft. Conway legte seinen Pickel und den Rucksack auf den höchsten Punkt des Gipfels und erklärte den Führern mit feierlicher Stimme: «So! Wir haben die Wellenkuppe bestiegen.» Diese Benennung trug man offiziell in die Landeskarte ein.*

Seine Besteigung des Obergabelhorns beschrieb Douglas als sehr schwierig und gefahrenvoll. Geführt von Peter Taugwalder und Joseph Vianin (von Ayer im Einfischtal), wurde von Zinal aus der vereiste Nordwestgrat bestiegen. Oben angekommen, löste sich plötzlich die Schneewächte des Gipfels, Douglas und Taugwalder fielen mit dem Schneeabbruch ins Seil, das Vianin zu halten vermochte. Auch der Abstieg auf der Zermatter Seite erforderte viel Stufenschlagen. Die 20stündige Traversierung des Obergabelhorns erwies sich als ein hart erkämpfter Sieg. In Zermatt notierte Douglas in sein Tagebuch: «Peter Taugwalder war grossartig («acted admirably») und erwies sich als Führer erster Klasse.» (AJ 2, 221, 222)

Hudson in Zermatt

Draussen vor dem Hotel Monte Rosa erklangen die Glöcklein der schwer beladenen Maultiere, welche für den Frachtverkehr mit der Aussenwelt, mit dem Rotten-Tal, besorgt waren. An diesem hochsommerlichen Schönwettertag hatten auch die Fussreisenden die siebenstündige Wanderung durchs Zermattertal gut überstanden. Monsieur und Madame Seiler standen im Entrée. Mit übertriebener Freude begrüssten sie ihren erwarteten Gast: Pfarrer Hudson. Sie kannten ihn seit 11 Jahren, seit seiner Erstbesteigung der Dufourspitze, und ihm verdankten sie einen grossen Teil ihrer britischen Clientèle.

Hudson kam gleich zur Sache. Nachdem er für sich und seine jungen Begleiter ein Zimmer bestellt hatte, richtete er einen Gruss von den Kennedys aus. Kennedy würde nicht kommen. Seine Firma hätte ihn nach England zurückgerufen. Bevor Mr. und Mrs. Kennedy Chamonix verliessen, hätten sie noch «great greetings to the Seilers» aufgegeben. Nur kurz betrat Hudson sein Zimmer, dann stieg er mit Hadow gleich hinter dem Hotel über steile Grasbörter zum «Hubel» hinauf, und von dort zum «Hohlicht». Das Hohlicht ist eine Schafweide, von der in Murrays Reisehandbuch gesagt wird, sie erlaube «the grandest view of the Matterhorn».

Michel Croz auf der historischen Mauer

Bevor Whymper mit Girdlestone ins «Monte Rosa» eintrat, warf er gewohnheitshalber einen Blick zurück auf die Mauer, auf der üblicherweise die Bergführer sassen und auf Kundschaft warteten. Zu seinem Erstaunen sah Whymper auf der Mauer jemanden, den er wohl am allerwenigsten in diesem Moment in Zermatt vermutet hatte: Michel Croz, seinen «guide-chief», der ihn in Chamonix verlassen hatte, um dort auf seinen neuen Herrn, Mr. Birkbeck, zu warten. Croz hatte ihm damals deutlich zu verstehen gegeben, dass er vom Matterhorn nichts mehr wissen wollte: «Warum, Sir, wollen Sie Besteigungen machen, die sich nicht machen lassen?» (Scrambles p. 299).

Nun war Croz hier in Zermatt… Was hatte das zu bedeuten? Nur schlecht vermochte Croz seine Verlegenheit vor Whymper zu verbergen. Zögernd erklärte er: «Wissen Sie, Sir, Mr. Birkbeck musste wegen Krankheit nach England zurückreisen, und Mr. Kennedy, der mich anschliessend engagierte, wurde ebenfalls aus geschäftlichen Gründen nach Leeds zurückberufen. Nun bin ich dem Mr. Hudson verpflichtet. Er ist übrigens gerade vor kurzem mit Mr. Hadow, seinem Begleiter, dort hinaufgestiegen. Man kann die beiden von hier aus noch sehen.»

Whymper trat zur Mauer und betrachtete die Hügel ob Zermatt. Auf der Höhe vom Herrbriggen erblickte er zwei Männer, einer trug einen langen Spiegel (ausziehbares Fernglas), der andere hielt einen Alpenstock in der Hand.

«Sie gehen aufs Hohlicht und wollen von dort aus den Hörnligrat studieren», bemerkte Croz.

Whymper staunte: «Ach so, sie wollen auch den Berg besteigen?»

Hudsons Zweifel (12. Juli)

Hudson verstand seinen Gott, den Allmächtigen, nicht mehr. Wie konnte er es zulassen, dass von den vier Verabredeten nur er allein in Zermatt ankam und er nun ausgerechnet wieder mit diesem Whymper zusammentreffen musste, der ihnen schon die Verte weggeschnappt hatte? Warum wurde Birkbeck krank und Kennedy von seiner Firma zurückgerufen, und wieso musste M'Cormick, sein Amtsbruder, ausgerechnet den Anschluss in Visp verpassen? (11. Juli) Die Italiener befanden sich bereits am Südwestgrat. Whymper und der junge schottische Lord mit Taugwalder würden bestimmt morgen schon unterwegs zum Hörnligrat sein. War dies ein Zeichen von oben, dass er die Palme des Sieges ein weiteres Mal andern überlassen sollte? War es denn damals nicht eine Fügung Gottes gewesen, dass die drei bergbesten jungen Landsleute ihn unabhängig voneinander in Skillington aufgesucht hatten, um ihm ihre Absichten kundzutun, die zwei letzten jungfräulichen Gipfel zu besteigen?

Hudsons Gebet

Reverend Hudson griff nach der Bibel. Er blickte durchs Fenster zum Matterhorn. Die sonnenscheue Nordwand erschien jetzt von der Abendsonne hell bestrahlt, und die Zmuttzacken am Nordwestgrat blitzten auf wie scharfe Klingen.

«Allmächtiger Gott, lass mich nicht in ein Geschehen hineindrängen, das nicht deiner Absicht entspricht. Sollte unser Leib oder unsere Seele Schaden nehmen, so sorge dafür, dass diese Bergtour unterbleibt. Dein Wille erscheint mir in dieser Angelegenheit so undurchsichtig, dass mir eine Entscheidung sehr schwer fällt. Gib mir, o Herr, das Licht, Deinen Willen zu erkennen!»

Dinner Time (12. Juli)

An der fast ausschliesslich englisch parlierenden «table d'hôte» im «salle à manger» des «Monte Rosa» sassen drei Herren beieinander: Douglas, Hudson und Whymper. Was sie Wichtiges zu besprechen hatten, kann man sich leicht vorstellen. Was aber in den drei Köpfen vorging, lässt sich nur vermuten. Drei Männer und eine gemeinsame Absicht. Drei Männer ohne verbindende Freundschaft. Man darf annehmen, dass jeder von ihnen das Horn lieber allein mit seinem Führer bestiegen hätte: Douglas mit Taugwalder, Hudson mit Croz und Whymper mit…? Ja, mit wem nun, nachdem er seine Führer Almer und Biner entlassen hatte, weil sie vom Matterhorn nichts wissen wollten, nachdem er von Carrel hintergangen worden war und nachdem er schlussendlich auch von Croz einen Korb erhalten hatte? Es bliebe noch Perren! Dieser hatte oft genug seine Absicht kundgetan, bei der Erstbesteigung des Horns mit dabei sein zu wollen. Doch der ahnungslose Peter Perren war mit Touristen auf dem Monte Rosa und konnte nicht herbeigezaubert werden.

Die vorprogrammierte Katastrophe

Der Umstand, dass zur gleichen Zeit zwei Seilschaften in übertriebener Eile das Matterhorn über den Hörnligrat besteigen wollten, denen sich auch Whymper, ohne Führer und Begleiter, anschliessen durfte, wie Whymper selbst schilderte, als «fortuitously member», schaffte Probleme. (Scrambles 6th.edn. p. 226) Die Besteigung von verschiedenen Seilschaften am glei-

Ein Gruppenbild der grossen Seilschaft der Matterhorn-Erstbesteiger.

97

chen Tag über den Hörnligrat hätte zu einem Wettrennen geführt und wäre von den ehrenwerten Mitgliedern des Alpine
Club als «unbecoming» gerügt worden. Die Herren kamen zu
dem «Gentlemen's Agreement», gemeinsam als eine Partie den
Aufstieg zu unternehmen. Ein Entschluss, der wohl im Speise-
saal des Hotels Monte Rosa die Probleme löste, nicht aber die
Gefahren, denen eine Seilschaft von sieben Gefährten auf dem
abschüssigen Plattenfels zwischen Schulter und Gipfel ausge-
setzt war. Es wurde unterlassen, eine Person zu bestimmen, der
die Leitung der Partie anvertraut wurde, deshalb die vielen
nachträglichen Unzulänglichkeiten.

Whymper rühmte sich zwar in «Scrambles», er und Hudson
hätten die Entscheidungen, die sich anlässlich der Besteigung
gestellt hätten, getroffen.

Am Anfang des Aufstieges waren die Teilnehmer auch nicht
angeseilt: «Auf dem grössten Teil des Weges hatten wir das Seil
nicht nötig, und bald ging Hudson voran, und bald ich... Eine
kleine Strecke weit stiegen wir auf dem Schnee des Grates weiter, der nach Zermatt hinunterführt, und wendeten uns dann in
gemeinschaftlicher Übereinstimmung der nördlichen Seite zu.
Ehe wir das taten, veränderten wir die Reihenfolge...»

Dem Bericht zu entnehmen, hatten Whymper und Hudson
das Sagen. Die Ansichten der Führer waren kaum gefragt. Obwohl Croz mit dem jungen Taugwalder am Vortag ein Stück
weit den Weg ausgekundschaftet hatte, gingen zu Beginn bald
Whymper bald Hudson unangeseilt voran. −

Der Führerberuf steckte noch in den Anfängen, aber schon
seit 1857 bestand ein Polizeireglement über das Bergführerwe-
sen, herausgegeben vom Staatsrat des Kantons Wallis.
Die Führer wurden anfänglich in drei Gruppen eingeteilt:
1. Führer für die Berge, Gletscher oder Pässe.
2. Maultierführer, die sich verpflichteten, Reisende in die Täler zu bringen.
3. Träger von Personen (auf Tragsesseln) oder deren Gepäck.

Die Aspiranten der Bergsteigerführer mussten ein Examen
ablegen und erhielten dann ein Patent.

Taglöhne von Fr. 6.− für Führer, Fr. 4.− für Träger und Fr.
10.− für Gletscherführer waren vorgesehen. 1858 gründete Zermatt einen der ersten Bergführervereine mit eigenen Tarifen
für die Pässe und Berge rings um Zermatt. Über Rechte und

Pflichten der Führer fehlten noch die nötigen Erfahrungen und Bestimmungen. Die «Herren» mit dem Geld in der Tasche sagten meistens, was zu machen war, wie es besonders bei Whymper der Fall war.

Weniger ehrgeizige Touristen vertrauten sich aber ihrem Führer an, der als Gemsjäger und Wildheuer über die grössere Bergerfahrung, Trittsicherheit und Kletterfähigkeit verfügte und die örtlichen Gefahren kannte. Es entstanden auch viele echte Freundschaften zwischen dem Touristen und seinem Führer, die oft Jahrzehnte lang dauerten. Die Touristen kleideten sich meistens sehr ähnlich wie ihre Führer, so dass sie nur ihr Benehmen und die fundierte Bildung von ihren Führerfreunden unterschied, nicht aber Tabakdose und Weinflasche.

Den Erstbesteigern fehlte diese vertraute Bindung, hatte sie doch nur der Zufall zu einer Seilschaft zusammengeführt.

Die Besteigung

Aufstieg

Aus dem Brief*, den Whymper am 26. Juli 1865 an Edmund von Fellenberg (Mitglied der Sektion Bern des Schweizerischen Alpenclubs) gesandt hatte, erfahren wir:

---

* Dieser Brief als allererste Whympersche Darstellung des Matterhorndramas ist vermutlich nirgends veröffentlicht worden. Der Brief ist Eigentum der SAC-Sektion Bern.

«Wir brachen am Donnerstag um 5.35 Uhr morgens auf, und das nicht in der Absicht, an diesem Tag eine grosse Höhe zu erreichen, sondern anzuhalten, wenn wir eine günstige Stelle für das Aufrichten des Zeltes finden würden. Wir nahmen Proviant mit für drei Tage — dies für den Fall, dass der Aufstieg länger als vorgesehen dauern würde. Um 11.50 Uhr fanden wir eine annehmbare Stelle für das Zelt und hielten dort an — auf einer Höhe von 11 000 englischen Fuss (3380 Meter). Croz und Taugwalders Ältesten sandten wir zum Auskundschaften weiter hinauf — in der Absicht, am Morgen, beim Weitersteigen, Zeit sparen zu können. Die übrigen blieben zurück und errichteten die

Jules Gourdault, Aufstieg zum Matterhorn.

Plattform, auf der wir die Nacht zubringen wollten. Als diese Arbeit getan war, berichteten die zwei zurückkommenden Männer, sie hätten nur Gutes gesehen, und sagten triumphierend, dass wir, wenn wir mit ihnen gegangen wären, den Berg bestiegen hätten und mit Leichtigkeit wieder zum Zelt zurückgekommen wären. Gut gelaunt begaben wir uns wieder in unsere Wolldecken — Lord F. Douglas, ich und die Taugwalder im Zelt, die andern draussen. Aber der Schlaf, dessen wir uns sonst erfreut hätten, wurde durch das Schnarchen der Taugwalder vertrieben, — und lange vor Tagesanbruch standen wir auf, frühstückten und waren für den Aufbruch bereit. Am Freitag brachen wir um 3.50 Uhr morgens auf. Den jüngsten Taugwalder-Sohn* liessen wir zurück.

Friedrich, 15jährig (Alpin Journal 1917, 338).

Leicht und rasch erreichten wir um 6.20 Uhr die Höhe von 12 800 Fuss (3900 Meter), wo wir eine halbe Stunde hielten. Dann ging es ohne Halt weiter bis zum nächsten Halt, um 9.55 Uhr, wo wir 50 Minuten verweilten. Hier befanden wir uns an der Stelle, die von Zermatt aus senkrecht oder überhängend erscheint. In Wirklichkeit ist sie weder das eine noch das andere, obgleich sie äusserst abschüssig ist.

Bis jetzt stiegen wir stets auf der Nordost-Wand und hatten dort keine einzige Schwierigkeit angetroffen. Aber von hier an konnten wir nicht mehr so weitergehen. Folglich gingen wir hinüber auf die Nordwest-Seite (Nordwand). Während der nächsten zwei- bis dreihundert Fuss war der Aufstieg schwierig und verlangte Vorsicht. Aber als wir uns dem Gipfel näherten, wurde es leichter und zuletzt so einfach, dass sich Croz und ich von den andern losbanden und gegen den höchsten Punkt rannten, den wir um 1.40 Uhr nachmittags erreichten — und die andern ungefähr 10 Minuten nach uns.»

(Soweit der Auszug aus Whympers Brief, den er am 26. Juli im «Schlössli» (Peter Obers Gasthaus in Interlaken) schrieb und Reverend W. H. Hawker übergab zuhanden von Edmund von Fellenberg.)

Es existiert aber noch eine wesentlich andere Version von diesem «Kopf-an-Kopf-Rennen», wie Whymper es im «Scrambles» beschrieb. Sie war auch Arnold Lunn bekannt. In seinem Buch «Zermatt and the Valais» berichtet er:

«Ich hörte diese Geschichte schon als Knabe. Im Jahre 1949 wurde sie von einem Mitglied des Alpine Club genau gleich erzählt, wie ich sie schon vor 40 Jahren gehört hatte. Es war Whymper selber, welcher nach einem guten Essen A. E. W. Mason das Folgende berichtet hatte: «Wenn ich darüber nachdenke, so glaube ich, dass ich tatsächlich das Seil hinter mir zerschnitten habe, damit ich mit Croz besser zum Gipfel rennen konnte.»

Ist das vielleicht die Erklärung, weshalb das Seil nicht mehr lang genug war, als sich der alte Taugwalder für den Abstieg hinter Croz, Hadow, Hudson und Douglas anbinden wollte und hiefür ein anderes Seil nehmen musste, eben dieses schwächere Seil, von dem nachher so viel die Rede war?

Diese Angelegenheit ist von grösster Wichtigkeit bezüglich der Wahl der Seile vor dem Abstieg. Da inhaltlich der gleiche Bericht auch im Alpin Journal 19, Seite 485, erwähnt wird, für den D. F. O. Dangar* zeichnet, ist er nachstehend in der Originalfassung abgedruckt:

The late G. E. Howard was told by A. E. W. Mason that the latter had Whymper to dine with him one evening and, after tongues became loosened, Whymper remarked that he had cut the rope himself. It would seem that this was meant to refer to time when he and Croz were unroping before racing to the summit, and even if true, would have no direct bearing on the accident, except that it might have reduced the length of sound rope available for the descent, hence Old Taugwalder using the weak rope between himself and Douglas. G. E. Howard himself told this story to T. S. Blakeney; and see C. Gos, *Le Cervin*, I, p. 192; Arnold Lunn, Zermatt and the Valais, p. 40; A. J. 57, 106.

The first ascent of the Matterhorn by D. F. O. Dangar and T. S. Blakeney

---

Michel Croz wurde von Rev. Hudson als Führer bestellt und Peter Taugwalder von Douglas engagiert.

Es ist sehr befremdend, dass Croz, der doch Hudson verpflichtet war, sich mit Whymper zusammen von der Seilschaft trennte und in einem «Kopf-an-Kopf-Wettrennen» dem Gipfel zueilte, während die Seilgefährten noch den letzten Schneehang vor dem Gipfel, das sogenannte «Dach», zu durchsteigen

Gustave Doré, auf dem Gipfel.

Isidor Perren.

hatten. Dieses letzte Stück ist nicht ganz ungefährlich und hat in späteren Jahren auch seine Opfer gefordert.* Whymper war ja ohne Führer oder Begleiter in Zermatt eingetroffen und konnte sich, entgegenkommender Weise, Douglas anschliessen. Es wäre ihm kaum möglich gewesen, am Tage seiner Ankunft noch schnell einen willigen Führer zu finden. Um so mehr überrascht diese Haltung.

Am 5. Aug. 1936 verunglückte Bergführer Isidor Perren mit seinem Gast in der Nähe des sogenannten «Daches». Perren fand man 1200 m weiter unten auf dem Matterhorngletscher, seinen Gast ob ihm in den Felsen. Der «Lyskamm-Peter» war sein Grossvater.

Auf dem Gipfel

Vor vier Tagen, vom Favreschen Gasthaus in Breuil aus, hatte Whymper die Italiener gesehen, wie sie sich am Südwestgrat zu schaffen machten. War ihnen der Aufstieg wohl gelungen? Whymper eilte auf dem 100 Meter langen Gipfelgrat zur Westspitze. Keine Fussspuren. Der Schnee war unberührt wie eh und je. Er neigte sich über eine Gipfelwächte und spähte hinunter in die Südflanke des Berges. «Croz, Croz, komm schnell! Dort unten auf dem Südwestgrat sind sie, bei der ‹Cravate›, sie befinden sich auf dem Aufstieg.» Ein triumphierender Siegestaumel überwältigte die beiden und erfüllte sie mit unwiderstehlichem Drang, sich bemerkbar zu machen. Sie schrien so laut sie konnten. Danach kollerten sie Steine in die Tiefe, natürlich in gebührendem Abstand von der italienischen Partie, aber auch das war nicht ungefährlich, wenn man weiss, wie in die Tiefe sausende Steine oft grosse seitliche Sprünge vollführen können. Die beiden Gipfelstürmer beobachteten nun, wie Carrel und seine Gefährten innehielten, eine Zeitlang verharrten und dann umkehrten. «Die steigen ja wieder ab — ja wirklich. — Hurrah, wir sind die Ersten!»

Alle standen nun auf der Kammlinie des Gipfels. «Jetzt werden uns die Fernrohrgucker in Zermatt sehen!» Jung-Peter, der zuvorderst stand, kreiste abmachungsgemäss die Arme. Vielleicht sah ihn jetzt seine Verlobte, die Barbara Salzgeber. Mit

Whymper, in heldenhafter Pose auf dem Gipfel.

einigen Steinen baute Croz einen «stoneman». Er steckte die Zeltstange, die er zu diesem Zweck mit hinaufgetragen hatte, in den Steinhaufen und befestigte daran seine blaue Savoyard-bluse, die er sich auf der Reise nach Zermatt in Martigny erstanden hatte. «Diese Flagge sieht man nun auch von Breuil!»

Der einstündige Gipfelaufenthalt zerrann viel zu rasch: «One crowded hour of glorious life.» Schon dachte man an den Abstieg. («Scrambles» p. 318)

Hotel Monte Rosa Zermatt, 14. Juli

Aus «Echo des Alpes» 1867 dem Bericht des Genfer Alpinisten Ch. Long entnommen.

Im «salle à manger» wurde gerade ein appetitliches Dessert von Bergerdbeeren und -himbeeren serviert, als Monsieur Seiler strahlend in den Saal trat und verkündete: «Meine Herren, man sieht sie! Sie sind auf der Schulter des Matterhorns.» Die noble Gesellschaft erhob sich, rannte mit flatternden Gewändern die Treppe hinunter zum Pavillon vor dem Hotel. Alle richteten ihren Blick zum Matterhorn — suchend —, aber sie sahen, wie gewöhnlich in solchen Fällen, nichts. Einzig einige erfahrene Führer mit ihren Sperberaugen glaubten schwarze Punkte auf der Schneefläche der «Schulter» zu erkennen, die sich langsam vorwärts bewegten. Es herrschte benommene Stille im Pavillon vor dem Hotel. Jeder fühlte die Gefahr, in der sich die Seilschaft befand. Aber wie sollte man sich mittels so primitiver Hilfsmittel wie Kartonröhren, die von den Führern herumgereicht wurden, Rechenschaft über die Gefährlichkeit der Lage geben? Seiler hätte in diesem Moment viel darum gegeben, im Besitze eines grossen Fernrohres zu sein. Diesbezüglich war Zermatt rückständiger als Chamonix, wo sich bei jedem Hotel ein ausgezeichnetes Fernrohr befand.

Um halb zwei Uhr erschien auf dem Grat die Silhouette einer menschlichen Gestalt, unmittelbar gefolgt von einer zweiten. Es tauchten noch weitere auf, bis im ganzen sieben zu zählen waren. Das Taschenfernglas von Moise Briquet war gut, aber nicht stark genug, um die Gestalten genau zu erkennen.

«Es sind alle heil hinaufgekommen!» Eine Zeitlang waren die Silhouetten noch zu sehen, dann verschwanden sie wieder. Nur die ganz Interessierten und die Angehörigen blieben noch auf der Strasse beim Pavillon, während die Hotelgesellschaft wieder in den Esssaal ging. Ein Sohn Taugwalders*, der die Spur seines Vaters und Bruders verfolgte, rief plötzlich nach einigen Minuten des Suchens: «Jii, eine Lawine!»

---

* *Es musste dies der Zweitälteste, der Joseph, gewesen sein, denn der Jüngste war mit der Partie zum Lagerplatz gegangen und befand sich in diesem Moment auf dem Rückweg mit dem Material.*

Seiler wurde blass und blickte besorgt zur Nordwand hinauf, dann sagte er zu dem Taugwalder-Jungen: «Das sieht man oft an heissen Sommertagen».

Vor dem Hotel

Auch durchs beglaste Ofenrohr auf dem wackligen Dreibein, das jemand herbeigeholt hatte, war nichts zu erkennen. Offenbar befanden sich die Erstbesteiger wieder im Abstieg, im obersten Teil der Nordwand. Von Zermatt aus wäre diese Stelle gut sichtbar, befände sich die Wand nicht fast ganztags im Schatten; auch im Hochsommer, wo sie nur am späten Nachmittag von Sonnenstrahlen beleuchtet wird. Selbst mit einem Fernrohr sind Bergsteiger vom grauen Einerlei des Felsreliefs kaum zu unterscheiden. Oben ist der Berghang nicht so steil wie weiter unten, in der eigentlichen Nordwand. Er ist aber ziemlich reliefarm. Schneedurchsetzte, abwärts geschieferte, plattige Felspartien wechseln mit «Ischblatre» (Eisblattern). Bergeigene Sicherungsmöglichkeiten sind kaum vorhanden. (Die Absturzstelle ist am besten beschrieben in «Alpen» 1929, (4/ S.159), vom Alpinisten G. E. Foster.)

Beim Klettern sieht man zwischen den Beinen, in gähnender Tiefe, 1500 Meter weiter unten auf dem Matterhorngletscher, die klaffenden Querspalten des abschüssigen Gletschers wie gierige Lippen, die auf Opfer warten. Dieser geheimnisumwitterte Ort, der im Glauben der alten Zermatter als Aufenthaltsort büssender Seelen galt, kam nun erstmals in seinem Jahrmillionen alten Dasein mit Menschen leibhaftig in Berührung.

Aufbruch vom Gipfel

Normalerweise bleiben die Bergsteiger auf dem Gipfel angeseilt. Das war bei den Erstbesteigern nicht der Fall. Begreiflich, in der Stimmung, in der sie sich nach dem geglückten Aufstieg befanden. Was jahrzehntelang nicht für möglich gehalten wurde, hatten sie erreicht!

In solchen Augenblicken wird man leicht übermütig und unvorsichtig. Zudem fehlte der Partie die Ernennung eines designierten Führers, dem aufgrund seiner Kenntnisse und Erfahrungen alles anvertraut worden wäre, alles zu überdenken, festzulegen und die Durchführung seiner Anweisungen zu kontrollieren. Und was noch schlimmer war, es fehlte die eingespielte Bergkameradschaft, das gegenseitige Vertrauen der Teilnehmer, sonst hätte das unkollegiale Kopf-an-Kopf-Rennen von einem Führer und einem eingeladenen Teilnehmer auf den Gipfel nicht stattgefunden. Es war doch eine Herausforderung an die übrigen «Bergkameraden». Dazu gesellten sich die Sprachschwierigkeiten. Den Engländern war nur ihr Englisch geläufig, Croz war französischer Zunge, und die Taugwalder kannten ein paar wenige Brocken von beiden Sprachen, die sie dem Umgang mit ihren Gästen zu verdanken hatten. Croz war für Whymper und Hudson ein Vertrauter und konnte sich mit ihnen am besten verständigen. Ihm wurde beim Aufstieg im oberen Teil des Berges die Führung anvertraut, denn Whymper und Hudson hatten das Sagen an sich gerissen, und der junge Lord schien dies zu akzeptieren, obwohl die Partie dank seiner Vorbereitungen am 13. Juli beginnen konnte, weil die übrigen Teilnehmer eigentlich dazu nicht vorbereitet waren und sich ihm überhastet anschliessen konnten. Whymper fehlte sein Führer, und Hudson hätte abmachungsgemäss auf M'Cormick warten müssen. Stattdessen nahm er den Bergneuling Hadow mit. Eine Ausgangslage mit schlechten Voraussetzungen.

Die allzulange Seilschaft

Whymper und Hudson berieten zusammen, wie die Reihenfolge der Teilnehmer für den Abstieg zu erfolgen hatte, um der grössten Sicherheit zu genügen («Scrambles» S. 319). Die Kenntnisse und Erfahrungen der Führer machten sie sich offenbar nicht zunutze. Wir dürfen annehmen, dass sie sich auch über die Verwendung der vorhandenen Seile unterhalten mussten, obwohl diesbezüglich keine Notizen vorliegen. Normalerweise bestimmen die Führer die Reihenfolge einer Partie beim Abstieg, insofern sich Umstellungen aufdrängen. Mit grosser Wahrscheinlichkeit hätten sich die erfahrenen Führer für eine andere Reihenfolge entschieden: Hudson, Croz, Whymper, Douglas, Taugwalder Sohn, Hadow und als Schlussmann

Vater Taugwalder. Diese Reihenfolge hätte mehr Sicherheit geboten, und der schwächste Teilnehmer, Hadow, der über keine Klettererfahrung verfügte, wäre zwischen zwei Führern abgestiegen und hätte von Vater Taugwalder die nötige Sicherung erhalten. Die beiden Taugwalder mussten sich ja beim Aufstieg um ihn kümmern, ihn über die schwierigen Stellen hieven, sie kannten seine Schwächen. So wie die beiden Herren es beschlossen hatten, musste Croz als erster absteigen, und er konnte für Hadow, der ihm folgte, nicht für die dringend nötige Sicherung sorgen. Diese Aufgabe wurde Hudson anvertraut, dem aber offenbar die Erfahrung der straffen Seilsicherung, wie es die Führer zu erlernen haben, fehlte.

Da über die Anwendung der vorhandenen Seile nur spärliche und unzuverlässige Andeutungen bestehen, ist es schwierig, sich ein klares Bild zu machen, wie sich das Anseilen vollzogen haben dürfte. Fest steht, dass ein intaktes und starkes Manilahanfseil von 30 Meter Länge zur Verfügung stand, das Croz verwendete, um Hadow, Hudson und Douglas an sich zu binden. Mit diesen vier Personen war das Seil ausgelastet. Für Vater Taugwalder reichte es nicht mehr, was er vor dem Untersuchungsrichter auf die Frage 28 «Warum nahm man zwischen Lord Douglas und Ihnen ein anderes Seil?» beantwortete mit: «Weil das andere Seil nicht mehr ausreichte, mich auch noch daran anzubinden.»

Es war noch ein zweites gleichstarkes Manilahanfseil vorhanden. Ursprünglich ebenfalls 30 Meter lang, doch war dieses, wie uns bekannt ist, von Whmyper bei seinem Kopf-an-Kopf-Rennen zerschnitten und dadurch gekürzt worden. Er wollte sich ja rascher von der Seilschaft lösen, um als Erster den unberührten Gipfel zu betreten. Wir erinnern uns bei dieser Gelegenheit an den Bergführer Maquignaz, der mit dem Herzog der Abruzzen den Mt. St. Elias erstbestiegen hatte und vor dem Gipfel seinem Gast den Vortritt gewährte, die jungfräuliche Spitze zu betreten, indem er sagte: «Monsieur, à vous la gloire!»

Dieses Einfühlungsvermögen schien Croz fremd zu sein. Whymper versuchte sein unbeherrschtes Benehmen mit der Neugierde zu entschuldigen, die ihn dazu getrieben habe, festzustellen, ob der Gipfel nicht etwa schon von den Italienern betreten worden sei, was eine kurze Zeitspanne später auch möglich gewesen wäre.

In den späteren Jahren, bei seinen Vorträgen, erwähnte er zwar gerne, dass er und Croz zehn Minuten vor den andern den Gipfel betreten hatten.

Beim Anseilen für den Abstieg bediente sich Whymper des zweiten guten Manilahanfseiles, das vermutlich ungefähr 13 Meter an Länge eingebüsst hatte. Er band sich mit Taugwalder Sohn zusammen. Die beiden blieben noch eine Weile auf dem Grat, weil Whymper vom Gipfel eine Skizze machen wollte und die Namen der Erstbesteiger auf einem Blatt Papier in einer leeren Flasche der Nachwelt zu hinterlassen gedachte.

Dieses 17 Meter lange Seil war mit zwei Personen nahezu ausgelastet. Woher das Seilende stammen mochte, das Whymper in heldenhafter Pose, wie in «Scrambles» verewigt, um die Brust geschlungen trug, ist nicht feststellbar. Sicher aber war vorgesehen, sich später an die vorausgegangenen Teilnehmer anzuseilen, falls die Umstände dies erfordern sollten. Die ca. 13 Meter am amputierten Seil fehlten aber Vater Taugwalder, um sich auch noch an dieses Seil zu binden. Er musste sich einer andern Möglichkeit bedienen. Es standen noch zwei weitere Seile zur Verfügung; ein 45 Meter langes Seil einer schweren Qualität und das 60 Meter lange schwächere Seil, das von Whymper vor der Einführung des offiziellen Clubseiles verwendet wurde und den Führern noch als «normales Seil» bekannt war.

Warum wurde kein Fixseil angebracht?

In «Scrambles» (Seite 320) bemerkt Whymper, dass er Hudson vorgeschlagen habe, an der schwierigen Stelle ein zusätzliches Seil zur Sicherung am Felsen festzumachen. Hudson schien damit einverstanden gewesen zu sein.

R. W. Clark berichtet in seinem Buch «Als das Seil riss» (Seite 174) über ein pikantes Detail, wobei er es leider unterlassen hat, die Quellenangabe zu erwähnen. Er schreibt, Croz habe, bevor er mit dem Anseilen seiner Gäste begonnen habe, das 45 Meter lange Seil an seine Traglast geschnallt. Wörtlich: «Das 45 Meter lange Seil aus schwerer Qualität diente als eine Art Reserve, und Croz fasste es fraglos als solche auf und schnallte es an seine Traglast.»

Das bestätigt die Vermutung, dass Hudson und Whymper auch über den Gebrauch der Seile gesprochen haben müssen. Dem führenden Croz wurde vermutlich vorgeschlagen, das 45 Meter lange Seil an den schwierigen Stellen als Fixseil an einer Felszacke, als zusätzliche Sicherung, zu verwenden.

Damit stand Vater Taugwalder kein anderes Seil zur Verfügung als dieses 60 Meter lange, schwächere Seil, das Verwendung fand, bevor das offizielle Clubseil eingeführt wurde. An dieser Tatsache hielt er sein Leben lang fest. Dem Untersuchungsrichter beantwortete er die Frage 57, wer ihm das betreffende Seil zur Verfügung gestellt habe, klar und deutlich mit: «Die Herren Touristen.»

Whymper spielte sich mit Hudson gerne als Leiter der Partie auf, lehnte aber nachträglich jegliche Verantwortung für die Folgen ab. Bevor die von Croz geführte Partie den Abstieg antrat, band sich Taugwalder mit diesem noch vorhandenen, schwächeren Seil an Douglas. Wie es bei den Führern üblich ist, wird er das reichlich lange Ende des Seils über die Brust gewunden haben. Dann stieg man übers «Dach» hinunter in die Felsen der Nordwand. Whymper mit Taugwalder Sohn folgten ihnen nach und holten sie dort ein, wo die Steilheit zunahm und die Gefahr eines Absturzes in Betracht gezogen werden musste. Bergführer Croz führte. Taugwalder muss sich gewundert haben, weshalb Croz jetzt nicht das Fixseil als zusätzliche Sicherung an einer Felszacke festmachte. Auf die Frage 53 des Untersuchungsrichters bestätigte Taugwalder, er habe zu Croz gesagt: «man solle ein Seil spannen (Fixseil), um mehr Sicherheit zu haben». Croz habe geantwortet, «dies sei nicht nötig».

Die Aussagen Taugwalders vor dem Untersuchungsgericht sind für die Eruierung des Sachverhaltes deshalb so wichtig, weil Ungereimtheiten durch eine Gegenüberstellung mit Whymper hätten überprüft werden können. Zusätzlich wurde die Befragung vor einem Christus-Kreuz gemacht, was allein schon Taugwalder veranlasst haben muss, sich strikte an die Wahrheit zu halten.

(Bergführer Hermann Schaller bemängelte, dass in «Scrambles» kein Hinweis zu lesen ist, weshalb sich Whymper zwischen die beiden Taugwalder angeseilt hatte, gehörte doch dieser Platz Douglas, der die beiden Führer engagiert habe.)

Hadow bekundete grosse Mühe beim Absteigen. Croz musste ihm öfters seine Füsse an standfeste Stellen plazieren, und auch Hudson versuchte, ihm die Hände an griffige Stellen des Felsens zu dirigieren. Diese mühsame Kletterei bedingte, dass Croz, Hudson und Hadow ihren Seilabstand nicht immer einhalten konnen und das Seil zwischen ihnen meistens durchhing.

(An dieser Stelle sei Melchior Anderegg zitiert, der wusste, wovon er sprach, wenn er sagte: «Lieber kein Seil als ein unkorrekt gehaltenes Seil.»)

Die Katastrophe

Francis Douglas realisierte, dass er sich in einer prekären Situation befand. Er spürte, dass die Vordermänner nicht zu halten wären, falls einer stürzen sollte, deshalb rief er Whymper zu, er möge aufschliessen und sich an den alten Taugwalder anbinden («Scrambles» 320). Dies wurde befolgt. Es ist möglich, dass sich Whymper vor dem Abstieg nicht an das Ende des amputierten Seiles gebunden hatte, sondern noch Seil frei behielt, um sich an Vater Taugwalder anzuseilen. Es ist aber auch denkbar, ja sogar eher möglich, dass Vater Taugwalder von seinem viel zu grossen Seilvorrat Whymper die nötige Länge zur Verfügung stellte, um sich anzubinden. Sollte dies der Fall gewesen sein, so musste Whymper erkannt haben, dass Taugwalder das schwächere Seil benützt hatte. Sein späteres Entsetzen über den Gebrauch des Seiles und die haltlosen Unterschiebungen würden dann ein äusserst trübes Licht auf ihn werfen.

Die Partie bestand nun wieder aus einer einzigen Seilschaft: Croz, Hadow, Hudson, Douglas, Taugwalder, Whymper und zuoberst der junge Peter Taugwalder.

Eine vielzählige Seilschaft bringt den Nachteil, dass gleichzeitig an einer schwierigen Stelle nur ein Teilnehmer absteigen darf. Die Seilschaft wird schwerfällig und langsam. Ausserdem ist es ein nachgewiesenes psychologisches Phänomen, dass mit zunehmender Teilnehmerzahl das Sicherheitsgefühl des einzelnen wächst und seine Aufmerksamkeit und Vorsicht abnimmt, obwohl das Gegenteil der Fall sein sollte. Der kleinste Fehltritt kann eine Kettenreaktion auslösen, die nicht mehr aufzuhalten ist. Die Seilzugkräfte addieren sich in kaum vorstellbarem Ausmass. Sie lassen sich mit menschlichen Gegenkräften kaum parieren.

Das Ankoppeln zu einer siebenköpfigen Seilschaft beim Abstieg war ein unüberlegter Fehler. Das Gebot der Stunde für die sieben Matterhornbesteiger wäre die Aufteilung in eine Dreierund zwei Zweierseilschaften gewesen: Jeweils der Bergtüchtigste zuletzt. Die Dreiermannschaft in der Reihenfolge Hudson – Whymper – Croz (zuoberst) und die Zweiermannschaften: Douglas mit Taugwalder Sohn und Hadow mit Taugwalder Vater. Diese Vorschläge sind das Ergebnis der heutigen Erfahrung und Seiltechnik. Wir müssen uns aber ins «goldene Zeitalter» zurückversetzen, als das Bergsteigen noch in den Anfängen steckte.

Der heutige Alpinist greift sich an den Kopf, wenn er liest oder auf alten bildlichen Darstellungen sieht, dass der Seilabstand oft kaum fünf Meter betrug, oder der Erste und der Letzte das Seil nur ums Handgelenk geschlungen hielten. Die alpine Literatur zeigt, dass viele Bergunfälle harmlos verlaufen wären, wenn es sich um kleine Seilschaften gehandelt hätte.

Die Schrecken des Unglücks

Was dann einige Minuten nach dem Seilzusammenschluss am Matterhorn geschah, konnten auch die drei Überlebenden nicht ganz genau nachvollziehen. Das Schicksal schlug blitzartig zu, im Bruchteil einer Sekunde. Whymper nahm an, es sei Hadow gewesen, der den Halt verloren habe, und dies in einem Moment, in dem auch Hudson keinen guten Stand gehabt habe. Croz, der Hadows Füsse plaziert hatte, drehte dem Berg den Rücken zu, um einen nächsten Schritt zu tun, als ihn plötzlich Hadows fallender Körper traf. Mit den Füssen voran stürzte dieser auf Croz' Rücken und riss ihn mit sich den Felsen hinunter. Der unerhörte Ruck des Seils traf Hudson und Douglas, und das Schicksal der siebenköpfigen Seilschaft schien besiegelt.

Taugwalder gelang es noch, das zwischen ihm und Whymper durchhängende Seil um einen Felszacken zu schlingen. Furchtbare Schläge der fallenden Männer trafen ihn und bewirkten, dass das schwache Seil zwischen ihm und Douglas un-

Gustave Doré, das Unglück.

gefähr in der Mitte riss. Die Schläge waren so heftig, dass er am Brustkorb und an den Händen erhebliche Verletzungen erlitt. Die Seilschlinge an seiner Hand, mit der er Douglas sicherte, schälte ihm die Haut vom Handrücken. Sein Sohn, dessen Standplatz ihm die Sicht der Ereignisse verwehrte, rief: «Vater, seid Ihr noch da?»

Whymper schilderte die Augenblicke nach dem Unglück in «Scrambles» (Seite 322). «Einige Sekunden lang sahen wir unsere unglücklichen Gefährten auf dem Rücken niedergleiten und mit ausgestreckten Händen nach einem Halt suchen. Noch unverletzt gerieten sie aus unserer Sicht, verschwanden einer nach dem andern und stürzten von Felswand zu Felswand auf den Matterhorngletscher in eine Tiefe von beinahe viertausend Fuss hinunter. Von dem Augenblick an, wo das Seil riss, war ihnen nicht mehr zu helfen. So starben unsere Gefährten. Wohl eine halbe Stunde lang blieben wir an Ort und Stelle, ohne einen einzigen Schritt zu tun. Die beiden Führer, vom Schreck gelähmt, weinten wie Kinder und weinten so, dass uns das Schicksal der andern drohte.»

Bergführer Peter Knubel.

Dass ein rettender Felszacken in Taugwalders unmittelbarer Nähe war, ist sicher einem Zufall zu verdanken. Die Absturzstelle* befindet sich auf einem plattigen, von Eis durchzogenen Hang. Erfahrene Bergsteiger sind sich einig, dass es an dieser steilen Wand zwei Alpinisten auch in guten Standflächen niemals möglich ist, den Schlag von vier fallenden Männern aufzuhalten. Nur eine Seilsicherung an einem Felszacken könnte sie möglicherweise auffangen.

116

* Über die Absturzstelle sagt Elliott im Alpine Journal 28, 287: «Als ich die Absturzstelle sah, und auch die Hoffnungslosigkeit, einen solchen Sturz aufhalten zu können, überlief mich ein Schaudern.» Knubel, in Zermatter Führerkreisen «ds Chnubi» genannt, wollte als junger Führer an dieser Stelle das Seil nur mit der Hand halten und sich nicht anbinden lassen.

August Julen, ein bekannter Bergführer der heutigen Führergilde, filmte mit seinen Brüdern «Whympers Way on the Matterhorn». Er hatte sich bei den alten Führerkollegen nach der Stelle erkundigt, an der sich das Unglück ereignet haben musste. Unter schwersten Bedingungen filmte er die Seilschaft beim Klettern an jenem Ort.

Ich erkundigte mich, ob er an dieser Stelle Felszacken bemerkt habe, die eine Sicherung mit einer Seilschlinge geboten hätten. Julen erwähnte, dass er beim Filmen sich selbst mehrmals in der Wand am Felsen sichern konnte, wobei er für die Aufnahmen den heutigen Weg gewählt habe, um die Kletterer von «Whympers Way» im Blickwinkel zu haben.

Rettete Taugwalders Geistesgegenwart Whympers Leben?

M'Cormick, dem sich Whymper nach seiner Rückkehr nach Zermatt, im Hotel Monte Rosa, als erstem anvertraut hatte, erstattete am 17. Juli 1865 der «Times» in einem Brief einen Bericht, dem wir folgendes entnehmen:

«Ein Aufschrei von Croz liess Whymper erschreckt zusammenfahren, und im nächsten Augenblick sah dieser Hadow und Croz in sausender Fahrt bergab rutschen. Das Gewicht der beiden abstürzenden Männer riss Hudson und Lord Francis Douglas um, so dass sie den Boden unter den Füssen verloren. Die beiden Taugwalder und Whymper, die eine oder zwei Sekunden vorher durch das Schreien von Croz alarmiert worden waren, stemmten sich so fest wie möglich gegen den Felsen, um den Sturz der Gefährten aufzuhalten. Die Belastung des Seils war zu stark. Es riss, und Croz, Hadow, Hudson und Lord Francis Douglas stürzten kopfüber den Steilhang hinunter, schossen

117

über einen fürchterlichen Abgrund hinaus und verschwanden in der Tiefe.»

Vor dem Untersuchungsrichter am 21. Juli 1865 schilderte Whymper den Hergang des Unglücks auf die Frage 11 noch folgendermassen: «Diese Augenblicke des Ausgleitens der Vier gaben uns drei Obenstehenden Zeit, festen Fuss zu fassen, so dass das Seil zwischen Lord Douglas und Taugwalder riss.»

Anders lautete die Antwort von Vater Taugwalder in der gleichen Angelegenheit (Frage 64). «Ich füge bei, dass ich, um mich fester halten zu können, mich gegen den Berg gedreht habe. Da das Seil zwischen Whymper und mir nicht gespannt war, konnte ich es glücklicherweise um einen Felsvorsprung rollen (schlingen). Das gab mir dann die nötige Kraft, mich zu retten. Das andere Seil (gemeint: das ihn mit den Abstürzenden verband) hatte mir durch den Sturz der andern derartige Schläge* gegeben, dass ich jetzt dort, wo dieses Seil meinen Körper umfasste, sehr leide.»

Taugwalder sprach von Schlägen, auf die wir später zurück kommen.

Dass Taugwalder die Geistesgegenwart besass, das Seil um einen Felsvorsprung zu legen, erschien schon am 16. Juli 1865, also zwei Tage nach dem Unglück, im «Journal de Genève» und auch im «Bund» (über telegrafische Übermittlung, wahrscheinlich von Brig aus).

Bergführer Peter Taugwalder, Vater.

Whymper muss dieser Bericht peinlich gewesen sein, bekundete er doch, dass Taugwalders Geistesgegenwart den drei Verbliebenen das Leben gerettet hatte. Zudem verriet es Whympers nachlässige und lose Seilhaltung. Das schmälerte sein Ansehen. Er versuchte, diese Informationen im Brief an E. von Fellenberg vom 26. Juli 1865, der sich im Besitz des SAC, Bern, befindet, zu korrigieren: «Als wir den Schreckensschrei von Croz hörten, verstemmten wir uns in den Felsen, so gut es ging. Das Seil zwischen uns war gespannt, und der Schlag traf uns beide, als wären wir ein Mann. Wir hielten aus, aber das Seil zwischen Taugwalder und Lord Francis riss halbwegs zwischen ihnen.»

Diese Schilderung über den entscheidenden Augenblick der Ereignisse übernahm Whymper im Jahre 1871 auch in seinem Buch «Scrambles amongst the Alps», das später auch in andere Sprachen übersetzt wurde. Vom König von Italien erhielt er für das Buch den Orden von St. Mauritius und St. Lazarus. Das Buch ist ein Meisterwerk, aber als historischer Bericht fehlt ihm die Objektivität. Wegen den recht eigenwilligen Darstellungen der Geschehnisse erweckt es beim Lesen oft falsche Eindrücke, so, zum Beispiel, habe sich Lord Francis Douglas nur deshalb dem Angriff auf den Berg angeschlossen, weil Whymper ihn mit Liebenswürdigkeiten dazu aufgefordert habe, *während in Wirklichkeit Whymper sich Douglas' Vorbereitungen zunutze machen konnte.

Wir werden auf weitere Ungereimtheiten noch zurückkommen.

Es ist kaum anzunehmen, dass sich die Verunglückten im Moment des Unglücks mit Whymper und den beiden Taugwalder in einer geraden Linie befanden.

Bei einer langen Seilschaft passt sich jeder den Gegebenheiten des Felsens an, befindet sich bald rechts oder links vom Vorder- oder Hintermann, eventuell sogar in einer leichten Senke oder einer Felswölbung. All das muss bei einem gespannten Seil und einem schweren Schlag die Beteiligten der Reihe nach aus der Standfläche werfen.

Die Kletterei führt heute nicht mehr an der gleichen Stelle vorbei, und Sicherheitsseile (Fixseile) am Berg erleichtern die Begehung. Die Absturzstelle ist übrigens weiter unten, in leichter Schräge zur Schulter, zu durchqueren.

Georges Grosjean, ein Kenner der Materie, schrieb im Quartalheft 2 «Die Alpen 1965» (S. 98): «Whymper und Taugwalder sagten übereinstimmend, dass das Seil nicht an einer scharfen Felskante durchgescheuert wurde, sondern in freier Luft riss. Dann klingt aber die Aussage Whympers etwas unwahrscheinlich, wonach im Augenblick des Sturzes er und Taugwalder sich nur gegen die Felsen gestemmt und angeklammert hätten. Eine Zugkraft, die so gross gewesen wäre, dass sie ein gutes, wenn auch etwas dünnes Seil hatte zum Reissen bringen können, hätte wahrscheinlich Taugwalder und Whymper aus ihrer Stellung werfen müssen ... Die Aussage von Vater Taugwalder, dass er Zeit gefunden habe, ein Stück des Seils, das zwischen ihm und Whymper nicht gestrafft war, um einen Felsen zu schlingen, klingt daher glaubwürdig, und es dürfte damit tatsächlich mit grosser Wahrscheinlichkeit angenommen werden, dass es die Geistesgegenwart Taugwalders war, welche den drei übrigen das Leben rettete.»

Die schweren Augenblicke

Nachdem die Verunglückten den Augen der drei Überlebenden entschwunden waren, verharrten diese noch eine Weile an Ort und Stelle. Alle drei litten unter einem Schock, Vater Taugwalder zusätzlich unter erheblichen Schmerzen wegen seiner Verletzungen. Der Ruck des Seiles der fallenden Körper hatte ihn deshalb so unheimlich stark getroffen, weil er das Seil nur hinter sich um den Felszacken legen konnte. Dazu kam, dass er eine Seilschlinge um die Hand gewunden hatte, um Douglas besser halten zu können. Der Schlag schälte ihm die Haut von der Hand. Es muss für ihn sehr betrüblich gewesen sein, zu erfahren, wie Whymper sein Handeln nach dem Unglück vermiest hatte «Scrambles» (S. 323).

«In den nächsten zwei Stunden glaubte ich stets, dass der nächste Augenblick mein letzter sein werde, denn die Taugwalder hatten allen Mut verloren und konnten mir nicht bloss keine Hilfe leisten, sondern befanden sich auch in einem solchen Zustand, dass sich jeden Augenblick ein Ausgleiten von ihnen erwarten liess. Nach einiger Zeit konnten wir tun, was von Anfang an hätte geschehen sollen, wir schlangen Seile um feste Felsblöcke, während wir zugleich aneinander gebunden blieben. Diese Seile wurden von Zeit zu Zeit abgeschnitten und zurückgelassen.» Eine Technik, die von Taugwalder praktiziert wurde. «Trotz der Vorsichtsmassregel gingen meine Führer mit grosser Furcht vorwärts, und mehrmals wandte sich der alte

Peter mit aschfahlem Gesicht und zitternden Gliedern zu mir um und sagte mit schrecklichem Nachdruck: «Ich kann nicht.» Sicherlich bekundete Vater Taugwalder Schwierigkeiten wegen des erlittenen Schocks und den Verletzungen an Händen und Brust, beim Weiterklettern über die Stelle hinweg, wo die andern Teilnehmer am Felsen abgestürzt waren. Der Verlust seines «Herrn», des jungen Douglas, der ihm das Vertrauen geschenkt hatte, muss er als das Schlimmste empfunden haben, was ihm zustossen konnte. Croz war der Führer der andern Herren, aber gegenüber Douglas fühlte sich Taugwalder besonders verpflichtet, und nun lag der junge Lord irgendwo in den Felsen der Nordwand, die kein Erbarmen kennt. An seiner Stelle fand sich Whymper am Seil, der Rivale der Verunglückten, und wenn sich die Blicke trafen, muss Taugwalder gefühlt haben, dass er von ihm nichts Gutes zu erwarten hatte.

«Langsam wechselte Vater Taugwalder den Standort und sicherte sich mit aller Umsicht. Dann begann sein Sohn vorsichtig abwärts zu klettern, ebenso Whymper, und bald darauf standen sie alle drei beieinander.» (Clark S. 183)

Der Sohn Taugwalder berichtete (D. F. O. Dangar, Seite 491):

«Whymper zitterte so heftig, dass er es kaum schaffen konnte, einen sicheren Schritt zu tun.»

So verschieden lesen sich die Berichte in der gleichen Angelegenheit, und immer wieder fragt man sich, wessen Aussage der Wahrheit näher liegt.

In seinem Bericht an die «Times» vom 8. August 1865 schrieb Whymper, dass sie beim Abstieg «immer wieder vergeblich nach Spuren der verunglückten Kameraden Ausschau gehalten hätten», während Taugwalder, allerdings Jahre später, erwähnt hatte, dass man die Verunglückten tief unten auf dem Gletscher hätte liegen sehen.

Wie weit sich aber Whymper in seiner Phantasie manchmal verstieg, verdeutlicht beim Abstieg die Geschichte von der Erscheinung der Kreuze («Scrambles», S. 324).

«Siehe! Da erschien ein mächtiger Bogen, der sich über dem Lyskamm hoch in den Himmel hinauf wölbte. Farblos, bleich und lautlos, aber vollkommen scharf und ausgeprägt, ausser dort, wo seine Konturen sich in den Wolken verloren, sah diese unirdische Erscheinung wie ein Traumbild (Vision) aus einer andern Welt aus, und beinahe erschrocken beobachteten wir mit höchstem Erstaunen, wie sich daraus allmählich zwei ungeheure Kreuze entwickelten, auf jeder Seite eines.»

Ein Autor geniesst eine gewisse Freiheit, seine Gefühle und Stimmungen anschaulich auszudrücken. Was aber bei Whymper immer wieder mit Befremdung auffällt, er legt zweifelhafte Aussagen stets einem «Zeugen» in den Mund: «Ich hätte meinen Augen nicht getraut, wenn die Taugwalder die Erscheinung nicht vor mir wahrgenommen hätten. Sie glaubten, sie stehe mit dem Unglück in Zusammenhang», schrieb er in «Scrambles».

Aber Peter Taugwalder Sohn erklärte D. F. O. Dangar: «Ich für meinen Teil sah überhaupt nichts von den Kreuzen.»

Mit der gleichen Vorsicht ist die Geistergeschichte auf dem Gipfel des Matterhorns zu geniessen. Da Whymper seine Texte bei Neuausgaben leicht veränderte oder ergänzte, ist seine nachstehende Bemerkung nicht in jeder Ausgabe zu finden: «Da haben wir es, sagten die Italiener, die alten Sagen sind wahr, es gibt oben auf dem Matterhorn böse Geister. Wir haben sie selbst gesehen, sie warfen mit Steinen nach uns!»

Guido Rey (Das Matterhorn) hatte aber von Carell folgendes gemeldet, als er nach Breuil zurückkehrte: «Wir waren noch etwa 150—200 m unterhalb des Gipfels, als ich gegen 2 Uhr nachmittags, ganz unerwartet, Whymper mit den andern schon auf dem Gipfel sah. Ich habe Whymper an seiner hellen Hose erkannt.»

Die Geister der alten Zermatter waren «arme Seelen», die auf Gletschern für ihre Sünden Busse leisten mussten. Man fürchtete sich, ihnen bei ihren Wanderungen («Gratzügen») in alten Gassen, Weidealpen oder dem Gletscher zu begegnen, aber nie auf Berggipfeln, die erst im Zeitalter des Tourismus bestiegen wurden. Die Gipfelgeister des Matterhorns sind der Angst und Phantasie der damaligen Bergsteiger entsprungen. Josef Guntern, der alte Sagen gesammelt hat und sie in dem faszinierenden Buch «Walliser Sagen» (Walter-Verlag) veröffentlichte, kennt keine einzige Sage aus dem Wallis, die von «armen Seelen» auf Bergspitzen zu berichten weiss.

Die unirdische Erscheinung (Vision) aus einer andern Welt.

Es ging um das liebe Geld

Whymper und die Taugwalder wurden beim Absteigen von der Dunkelheit eingeholt und mussten die Nacht auf dem Berg verbringen. Die Führer sorgten sich — vielleicht nicht zu unrecht —, wer sie nun wohl bezahlen werde, da sie ihren «Herrn» verloren hatten. Douglas hatte sie engagiert, und er war einer jener Gäste, die gut bezahlten. Mit ihm wurde der Betrag für die Besteigung vereinbart. Der Sohn erkundigte sich deshalb bei Whymper in seinem schlechten Französisch, wer sie nun wohl entlöhnen werde. Sei seien arme Leute und könnten auf das Geld nicht verzichten. Whymper, mit dessen Französischkenntnissen es nicht besser stand, muss gefunden haben, dass es jetzt nicht der rechte Moment sei, um über Geld zu sprechen. Schliesslich muss er etwas heftig gesagt haben: «Halt! (stop) Ich werd' euch bezahlen, als wäre ich euer Herr!» («Scrambles», S. 325). Aber mit dem Bezahlen allein war es nicht getan, die Führer wollten noch eine Eintragung in ihr Führerbuch haben, eine Empfehlung, wie es nach einer Besteigung üblich war. Als

Bergführer Peter Taugwalder, Sohn, genannt «Matterhorn-Taugwalder».

sich der Sohn um diese Eintragung erkundigte, muss es zu Missverständnissen und lauten Worten gekommen sein. So wie Whymper die Taugwalder verstanden haben will und wie er es später in seinem Buch schilderte, wird der Sinn der Auseinandersetzung nicht gewesen sein. Die Taugwalder waren einfache, harte Männer, keine Krämerseelen, zu denen sie Whymper herabwürdigte.

Whympers Äusserungen über die Taugwalder, unmittelbar nach der Besteigung, waren nicht besonders lobend, man mochte sich ja gegenseitig nicht, aber auch nicht gehässig gewesen.

In seinem Brief an E. von Fellenberg vom 16. Juli 1865 verbarg sich sogar eine Anerkennung: «Keinem der Führer kann ein Vorwurf gemacht werden. Sie erfüllten männlich ihre Pflicht, aber ich glaube, wäre das Seil zwischen denen, die verunglückten, so gespannt gewesen wie zwischen mir und Taugwalder, diese schreckliche Kalamität hätte vermieden werden können.»

Auch vor dem Untersuchungsrichter Clemenz berichtete er nichts Nachteiliges über Taugwalder. Das änderte sich aber mit der Zeit, denn Whymper geriet in der internationalen Presse unter Beschuss, und je unbequemer seine Lage wurde, je mehr versuchte er, die Verantwortung für das Unglück auf Taugwalder abzuwälzen. Das ging mit der Zeit so weit, dass er ihn mit Verdächtigungen belastete, oder, wie wir später sehen, ihm Worte in den Mund legte, die erwiesenermassen nicht von ihm stammten.

Arnold Lunn (Taugwalder and the Matterhorn, S. 294) beurteilte Whympers Fabulieren mit höflichen Worten: «Vor allen Dingen war Whymper ein ‹showman›, der von seinem Schreiben und seinen Vorträgen lebte. Er war nicht der erste und wird auch nicht der letzte Bergsteiger sein, der die Dinge auszuschmücken versteht.» Doch solche Bemerkungen genügten schon, um die Gefühle der ehrenwerten englischen Reverends zu verletzen. Sir Arnold Lunn sei «allergisch auf Whymper», wurde von ihnen behauptet (Dangar S. 487).

Whymper äusserte sich, wie es ihm nötig und zweckmässig erschien. Karl Egger erwähnt in seinem Buch «Pioniere der Alpen» (Seiten 185–188) ein Memorandum des Sekretärs des Alpine Club über eine Unterredung, bei der Whymper gesagt hatte: «... dass die Taugwalder die erbärmlichste Feigheit, einen vollkommenen Mangel an Haltung, äusserste und hilflose Verwirrung zeigten, dass der Jüngere in fürchterlichen Leichtsinn geriet, indem er die brutalste Gefühllosigkeit zeigte, ass, trank, rauchte, lachte, fluchte, dass ihm ihr Benehmen allmählich und fortgesetzt Gefühle von persönlicher Gefahr einflösste, dass sie ihn in der Nacht bedrängten, den weiteren Abstieg im Mondschein zu versuchen, dass sie ihn danach nötigten, sich niederzulegen, in einer so zudringlichen und drohenden Art, dass er sich veranlasst sah, sich mit dem Rücken gegen einen Felsen zu stellen und ihnen mit der Eisaxt in der Hand zu befehlen, sich in grösserer Entfernung von ihm zu halten, und dass er die Nacht in dieser Weise stehend verbracht und sich zu verteidigen trachtete.»

In jener Nacht, die die drei Überlebenden an einer sichern Stelle am Berg verbracht hatten, muss Whymper unter einem schweren Schock gelitten haben, was vermutlich bei ihm Angstzustände ausgelöst haben muss. Mordabsichten sind das Letzte, das man den Bewohnern der Talschaft unterschieben kann. Solange die Dorfgeschichte erforscht werden kann, hat sich nie ein Zermatter am Leben eines Mitmenschen vergriffen. Auch der Galgen auf der «Galgegga» musste nie für seinen Zweck verwendet werden.

Es lag in der damaligen Mentalität der «grossen Söhne» des britischen Weltreiches, in ihrem Selbstbewusstsein, dass Taten und Abenteuer auf überhebliche Art, oft bis an die Grenze des Lächerlichen, geschildert wurden. Im Buch «Mit Bradford in den Alpen» (S. 134) findet sich ein Beispiel: «Nur der Himmel weiss, wie dieser tapfere Engländer (Whymper) es fertigbrachte, seine Führer bis an den Fuss dieses gewaltigen Gipfels zu führen. Aber er schaffte es!»

Bei Tagesanbruch stiegen sie über den restlichen Teil des Hörnligrates hinunter. Nach Whympers Worten: «Wir eilten vom Hörnligrat zu den Sennhütten von Bühl (Staffelalp?) und nach Zermatt. Seiler begegnete mir an seiner Tür und folgte mir schweigend auf mein Zimmer. ‹Was ist geschehen?› − ‹Die Taugwalder und ich sind zurückgekehrt.› Er wusste genug und brach in Tränen aus, verlor aber keine Zeit mit unnützem Klagen und bot gleich das Dorf auf.»

Es ist sonst üblich, dass die Führer gleich nach einer Besteigung für ihre Dienste bezahlt werden, insofern nicht eine Abmachung besteht, die sie für eine längere Periode verpflichtet. Whymper schien sich nach der Rückkehr in sein Hotel nicht um die Bezahlung der Führer zu kümmern. Man hatte sich missverstanden und mit lauten Worten entzweit, und es bestand beidseitig kein Bedürfnis, sich zu begegnen. Auch die Taugwalder waren eigenwillige Leute. Während der aufregenden Tage nach dem schrecklichen Unglück, das die Gäste und die einheimische Bevölkerung aufgewühlt hatte, zwischen dem 14. Juli und dem 21. Juli 1865, trafen sich Whymper und die Taugwalder nicht.

Whymper wurde, nachdem er von der Untersuchungskommission am 21. Juli einvernommen worden war, freigestellt, Zermatt zu verlassen, und er verliess es schon am nächsten Tag, über Visp, den Gemmipass, Kandersteg nach Interlaken. Vor der Abreise hatte er die Taugwalder zu bezahlen. Vater Taugwalder erhielt Fr. 100.—, Sohn Peter Fr. 80.—. Der junge Joseph, der als Träger bis zum Biwak gekommen war, Fr. 20.—, und für seinen Weg über den Theodulpass und nach Zermatt zurück Fr. 15.—. Ferner wurde Vater Taugwalder ein Trinkgeld von Fr. 20.— in die Hand gedrückt (Clark «Als das Seil riss», S. 247).

Bevor Whymper von Interlaken nach London weiterreiste, erkundigte er sich bei M'Cormick, wie er am besten vorgehen müsse, um von der Walliser Kantonsregierung die Unkosten für seine unfreiwillige «Gefangenhaltung» in Zermatt zurückfordern zu können. Es sei für ihn kein Vergnügen gewesen, dort fast eine Woche bis zum Verhör verweilen zu müssen. Er sei der Ansicht, dass dies lediglich zum Gefallen des Monsieur Clemenz geschehen sei (Clark S. 249).

Die Seilfrage

Über den Gebrauch der Seile wurde nach dem Unglück landesweit diskutiert. Vor dem Untersuchungsrichter war es aber noch keine zentrale Frage. Es wurde vorwiegend abgeklärt, ob das Unglück durch irgendein Verschulden verursacht worden war. Das «schwächere Seil» kam nur am Rande der Verhandlung zur Sprache. Der Richter hatte keine Bergsteigererfahrung, und Whymper äusserte sich recht vorsichtig zu diesem Problem (Antwort Nr. 29):

«Zwischen Lord Douglas und Taugwalder Vater war das Seil weniger dick als zwischen Michel Croz und Lord Douglas einerseits und Taugwalder Vater und Taugwalder Sohn anderseits.»

Sein Bericht, der am 8.8.1865 von der «Times» publiziert wurde, enthielt erst ein heuchlerisches Entsetzen, aber noch keinen Vorwurf an Taugwalder: «Sobald wir zu einem sicheren Standplatz hinuntergeklettert waren, liess ich mir sofort das zerrissene Seil zeigen, und zu meiner Überraschung, ja zu meinem Entsetzen sah ich, dass es das schwächste der drei Seile war. Da sich die fünf ersten Männer angeseilt hatten, während ich zeichnete, hatte ich nicht darauf geachtet, welches Seil *sie* nahmen. Nun musste ich daraus schliessen, dass *sie* es für angebracht hielten, dieses Seil und nicht ein anderes zu nehmen. Man hat gesagt, das Seil habe sich am Felsen durchgescheuert. Das stimmt nicht. Es riss in der Luft und schien vorher keine Beschädigung erlitten zu haben.»

Bezeichnend ist, dass Whymper in diesem Bericht mit keinem Wort Taugwalder in irgendeiner Weise belastete. Mit dem *sie* ist niemand persönlich, sondern die ganze Seilschaft gemeint. Um so mehr überrascht, dass Whymper sechs Jahre später in «Scrambles» (Seite 323) Taugwalder diesbezüglich schwere Vorwürfe machte: «Nun stieg der junge Mann herab, und wir standen alle nebeneinander. Ich liess mir das zerrissene Seil geben und fand zu meinem Staunen, ja zu meinem Entsetzen, dass es das schwächste der drei Seile war. Zu diesem Zweck, welchem es gedient hatte, war es nicht bestimmt und hätte auch nie verwendet werden sollen. Es war ein altes und im Verhältnis zu den anderen schwaches Seil. Ich hatte es bloss für den Fall mitgenommen, dass wir viele Seile um die Felsen schlingen und zurücklassen müssten. Ich sagte mir sogleich, dass hier eine ernste Frage vorliege und liess mir das Ende geben. Es war in der Luft zerrissen und schien vorher keine Beschädigung erlitten zu haben.» ... «Das sah für Taugwalder sehr hässlich aus, denn es liess sich unmöglich annehmen, dass die andern die Verwendung eines weit schwächeren Seiles gebilligt hätten, da wir von den besseren Arten noch 250 Fuss benutzen konnten», aber er verschwieg, wo sich dieses Seil befunden haben könnte. Das hinderte ihn aber nicht, Taugwalder folgendes zu unterschieben («Scrambles», S. 330): «Wenn Taugwalder mit der Möglichkeit eines Absturzes der andern rechnete, so war es in seinem Interesse, mit dem schwachen Seil an sie gebunden zu sein.»

Das war eine grobe Verleumdung eines ehrbaren Menschen! Whymper wollte es nicht wahrhaben, dass Taugwalder für das Anseilen nur noch das schwache Seil verblieben war! Immerhin hätte das schwächere Seil auch Taugwalder und Whymper selbst zum Nachteil werden können, wenn bei einer anderen Situation den Vordermännern die Aufgabe des Sicherns zugefallen wäre, dann hätten die drei letzten Teilnehmer verunglükken können. Die Verdächtigung entbehrt einer gewissen Logik. Mit Bestimmtheit ist anzunehmen, dass Taugwalder das Leben des jungen Douglas, für den er als Führer verantwortlich war, weder absichtlich noch fahrlässig aufs Spiel setzen wollte. Wenn Taugwalder auf dieser Tour etwas zu sagen gehabt hätte, so wäre es ihm bestimmt lieber gewesen, wenn sich sein Schützling anstelle von Whymper in der sichersten Position, nämlich zwischen ihm und Jung-Peter, befunden hätte. Und vermutlich hätte man auch an der gefährlichen Unglücksstelle ein Fixseil angebracht. Aber auch Reserveseile sollten von einer Qualität sein, die dem Gewicht von ein paar Menschen standhalten.

Der Vorteil der heutigen Nylonseile gegenüber den Hanfseilen besteht in ihrer Geschmeidigkeit. Die Elastizität der synthetischen Kunstfaser vermag den kurzzeitigen Spitzenwert des Seilschnalles bis auf einen Viertel zu reduzieren.

War der Untersuchungsrichter überfordert

Im «goldenen Zeitalter» wurde in der Bergliteratur die Notwendigkeit oder Entbehrlichkeit des Anseilens auf dem Gletscher und am Steilhang eifrig diskutiert. Das Gebot, dass ein Seil zwischen den Bergsteigern straff gehalten werden müsste, galt aber schon damals als erforderlich. Der Alpenklub führte in den späteren Jahren Einführungskurse durch, um Berggänger mit der richtigen Anwendung und Handhabung eines Seils vertraut zu machen.

Der Untersuchungsrichter stellte Taugwalder bezüglich des Reserveseiles folgende Frage (29): «War Ihrer Ansicht nach das Seil zwischen Lord Douglas und Ihnen hinreichend stark?» Taugwalders Antwort: «Wenn ich gefunden hätte, dieses Seil sei nicht hinreichend stark, so hätte ich mich wohl gehütet, mich mit diesem an Lord Douglas zu binden, denn ich hätte weder ihn *noch mich* damit gefährden wollen. Wenn ich gefunden hätte, dieses Seil sei zu schwach, so hätte ich es schon vor der Matterhornbesteigung als solches erkannt und es refüsiert.» (Bemerkung: Nach Whympers massstabgetreuer Darstellung

[Foto] war das schwächere Seil im Durchmesser 90 % des Klubseils.) («Scrambles»: 403, GZ 173. Gs: Museum von Zermatt.)

1865 befand sich die Seiltechnik noch in den Kinderschuhen und war eine Ermessensfrage. Die Gerichtsbehörde, sonst mit kleinen Kriminalitäten wie Diebstahl, Erbstreitigkeiten und dergleichen beschäftigt, sah sich in der Beurteilung der Matterhornkatastrophe überfordert. Der Untersuchungsrichter hat sich seiner Sache zwar nicht so schlecht entledigt, doch glaubte er, indem er die Protokolle nicht veröffentlichen liess, zu verhindern, dass sich die Gemüter noch stärker erhitzen würden.

Whymper war mit seinen 25 Jahren bereits prominentes AC-Mitglied, einziger überlebender Herr der Partie. Er fühlte sich offenbar frei, das Vorgefallene nach eigenem Ermessen darzustellen und zu beurteilen. Die beiden andern Überlebenden waren einfache, einheimische Söhne der Berge. Sie sprachen ein Patois, das nicht nur für Französisch- und Englischsprechende, sondern auch den Gästen deutscher Zunge unverständlich war. Nur mit Mühe konnten sie ihre eigenen Namen schreiben. Was den sozialen Stand und die Bildung anbelangte, war das Gefälle zwischen ihnen und dem Vertreter der viktorianischen Weltmacht sehr gross.

Z8– Alte Häuser in Zermatt

Zermatt um 1850.

Die Suchaktion

Die Verunglückten auf dem Matterhorngletscher

Wie ein Lauffeuer breitete sich die Schreckensnachricht in Zermatt aus. Zermatts Hausberg war zwar dem Angriff der Pioniere erlegen; aber der Berg hatte Rache genommen. «Hängen die Abgestürzten in den Wandfelsen des Horns oder liegen sie unten auf dem Gletscher?» So lautete die Frage. Unten auf dem Eis würde man die Toten vom gegenüberliegenden Talhang aus mit dem «Spiegel» (Fernrohr) sehen. Der Matterhorngletscher, der sich direkt unter der Nordwand befindet, war noch nie von einem Menschen betreten worden.

Auf dem Dorfplatz vor der Kirche sammelten sich die Leute. Einige von ihnen, vorwiegend Bergführer, beschlossen, nach «Scheenbiel» zu gehen, um von dieser aussichtsreichen «Gemsweida» aus nach den Abgestürzten Ausschau zu halten. Dieser Entschluss wurde vermutlich durch den Gemeindevorsteher gefasst, nachdem ihn Whymper dazu aufgefordert hatte. Danach hatte man von Whymper nichts mehr gehört und gesehen. Er schloss sich in seinem Zimmer im «Monte Rosa» ein und verweigerte weitere Aussagen.

Begegnung mit der «High-Level-Party»

Auf dem Fussweg nach Schönbühl kreuzten die Bergführer eine siebenköpfige Partie: drei Führer und vier fremde Herren. Zu dieser Partie gehörten Browne, Robertson, Rev. Philpotts und Wilson mit den Bergführern Franz Andenmatten, Jean Tairraz und Frederic Payot. Sie befanden sich auf dem Rückweg von der Haute-Route. Nachdem sie den Col de Valpelline und den Zmuttgletscher überquert hatten, waren sie nun auf dem Weg nach Zermatt. Yeats Browne berichtete später, sie hätten am frühen Morgen durch die Ferngläser auf dem Matterhorngipfel etwas beobachtet, das auch die Führer noch nie gesehen hätten und wie ein Steinmann aussah. Doch weil das Matterhorn ja unbesteigbar sei, so hätten sie sich eingestehen müssen, dass dieses Gebilde bloss ein Felszahn (Signalkuppe) sein müsse.

Die düsterblickenden Zermatter Männer gingen wortlos an der «High-Level-Party» vorbei, bis einer von ihnen murmelte: «War das nicht der Mattmark-Franz? Ja doch! Ihm muss man es sagen!» Er eilte einige Schritte zurück und zog den Franz Andenmatten am Ärmel: «Franzje, weisst du es noch nicht? ‹Ds Horu› ist gestern bestiegen worden, aber beim Abstieg sind vier abgestürzt. Furchtbar, einfach furchtbar! Wahrscheinlich sehen wir sie vom ‹Scheenbiel› aus.»

Auf Schönbühl angekommen, erwies es sich, dass der Blick von dort auf den Matterhorngletscher nicht frei war. Deshalb kehrte man um und stieg von der «Arbu» durch die Grasnarben auf «ds Hohlicht»* hinauf, von wo aus sich die Nordseite des Horns mit dem Matterhorngletscher überblicken lässt.

Vier leblose Körper

Nicht nur im «Spiegel», sondern auch von blossem Auge erkannte man deutlich vier Körper auf dem Eis liegen, direkt in der Fallinie rechts der Matterhornschulter: Vier leblose, menschliche Körper — zwei unten und ein wenig weiter oben die zwei andern. — (St. Kronig 261.) Auf Sichtweite von einer Distanz von fünf Kilometern, vom Hohlicht bis zum Fuss der Matterhorn-Nordwand, ist mit dem «Spiegel», dem bei den Gemsjägern üblichen kleinen ausziehbaren Fernrohr, ein Mensch als solcher gut zu erkennen.

Die erste Bergungsaktion

M'Cormick, den auf Riffelberg eine Nachricht von Whymper erreichte, eilte sofort nach Zermatt. Hier suchte er an jenem Samstagnachmittag, als einige Zermatter Männer auf dem Hohlicht waren, Whymper in seinem Zimmer auf. M'Cormick war vermutlich der erste, dem sich Whymper anvertraute. Sie beschlossen, in der Nacht auf den Sonntag mit einigen Führern aufzubrechen und vom Hörnligrat aus auf den Matterhorngletscher hinüber zu traversieren. Aber sie rechneten nicht mit dem langen Arm der Geistlichkeit. Der Dorfpfarrer, Hochwürden Joseph Ruden, sah in dieser «Bergungsaktion» ein Übergreifen in seinen eigenen Befugnisbereich. Er verlangte von allen Zermatter Bergführern den Besuch der Sonntagsmesse. In ihrer Gewissensnot konnten diese dem kirchlichen Machtanspruch nicht widerstehen. Mit Tränen in den Augen erklärte Peter Perren, der gerade vom Gasthaus auf dem Riffelberg hinunter nach Zermatt kam, alles andere in der Welt könnte ihn nicht davon abhalten mitzukommen. So bildete sich denn eine improvisierte Bergungsmannschaft, an der keine Zermatter teilnahmen: Whymper und M'Cormick, Robertson und Philpotts mit ihrem Führer Franz Andenmatten aus Saas Almagell*; Brownes zwei Führer aus Chamonix, Payot und Tairraz, die gute Freunde von Michel Croz waren, und ausserdem noch zwei Führer von St. Niklaus, nämlich die Brüder Joseph-Marie und Alex Lochmatter*.

In «Scrambles» schreibt Whymper: Pfarrer Ruden habe den Führern mit Exkommunikation gedroht, falls sie an der Bergungsaktion ohne Messebesuch teilnehmen würden. Whymper irrte sich, diese Strafe kann nur die höchste kirchliche Instanz verhängen, was auch Ruden bekannt war. Er war übrigens kein Feind des Bergsteigens, nur von dessen Auswüchsen. Die Burgergemeinde verdankt ihm die Initiative zum Bau der Hotels Riffelberg und Zermatterhof.

Einige der Führer beteiligten sich freiwillig, das heisst ohne Bezahlung. Sie nahmen auch den Tadel ihrer Zermatter Kollegen in Kauf, an einer solch inoffiziellen Bergungsaktion teilzunehmen, was später, anlässlich eines sonntäglichen Gottesdienstes, ein Nachspiel hatte. Die neunköpfige Partie verliess Zermatt nachts um zwei, um halb neun Uhr kamen sie zu der Stelle auf dem Gletscher, von wo aus man die Abgestürzten aus der Nähe sehen konnte. Wortlos reichte einer dem andern das Fernglas. Die bleichgewordenen Gesichter der Führer verrieten genug. Nun wussten es auch Whymper und M'Cormick und alle, welche noch ein Fünkchen Hoffnung für die verunfallten Kameraden hegten. Dieser kleine Funken war ja auch der Antrieb zu dieser sofort eingesetzten Bergungs- oder Rettungsak-

Luftaufnahme der Nordwand (Photo Beat H. Perren). Kurz unterhalb des Gipfels fielen sie bis auf den Firn des Matterhorn-Gletschers hinunter.

tion. Der Anblick der zerstümmelten Körper vertrieb jede Hoffnung. Die Reihenfolge der Verunfallten war wie vor dem Absturz, zuunterst Croz, dann Hadow und ein Stück weiter oben Hudson. Aber von Douglas fehlte jede Spur. Befand sich sein Körper oben in den Felsen oder begraben im Schnee oder unten in einer Spalte? Merkwürdigerweise fand man unter den herumliegenden Gegenständen die Handschuhe, die Whymper angeblich Douglas geliehen hatte, und ebenso seinen Gürtel. Dies sagte Whymper im Verhör. Später schrieb Whymper, auch ein Schuh von Douglas sei aufgefunden worden und ein Ärmel. Diese Angaben sind leicht verwirrend.

Warum fehlte ausgerechnet Douglas? Hatten die Männer vom Hohlicht aus nicht ausdrücklich vier Körper gesehen — und zwar in der gleichen Anordnung: zwei unten und zwei weiter oben, je ziemlich nahe beieinander?

Das vermeintliche Verschwinden von Douglas sorgte, besonders bei jenen, die am Samstagnachmittag auf dem Hohlicht waren, für Gesprächsstoff, der sich als zählebig erwies. Dabei mögen die Leute auf dem Hohlicht wirklich einem Irrtum verfallen sein.

«Alle waren nackt, und wir hatten Mühe, sie zu identifizieren», schrieb Whymper später an einen Freund. «Ich vermochte nur Croz zu erkennen, und zwar an seinem Bart. Ein Teil des Unterkiefers war übriggeblieben, aber der obere Teil des Kopfes fehlte.» (Clark S. 212.)

Aus irgendeiner Quelle schöpfte Clark die Einzelheiten an der Stätte des Grauens (S. 213).

«Es war ein schauerlicher Anblick. Hier lag ein zertrümmerter Schädel, dort ein Unterarm, da eine Hand, die Payot an ihren Narben als die Hand seines alten Freundes Michel Croz wiedererkannte. An einer andern Stelle lagen ein Rumpf ohne Glieder und Teile einer langen Hose, die Croz gehört hatte. In ihrer Tasche steckten noch unversehrt sechs Goldmünzen. Daneben lagen die zerbrochenen Perlen seines Rosenkranzes. Das Kruzifix hatte sich in Croz' Unterkiefer eingegraben, und Robertson löste es mit Hilfe seines Federmessers heraus. Hudson wurde durch seine Brieftasche identifiziert sowie durch einen Brief von seiner Frau. Whymper nahm beides an sich und barg es in seiner Tasche. Ausserdem hob er einen von Hudsons Handschuhen auf, der im Schnee lag, und den breitrandigen engli-

schen Hut, den er erst vor kurzer Zeit Croz geschenkt hatte.»
Dies mag eine Erklärung dafür sein, dass die Männer am Vortag
vom Hohlicht aus sich geirrt hatten, was bei einem solchen Anblick leicht möglich gewesen war. Damit dürfte die «Legende»,
irgend jemand könnte sich in der kurzen Zeit auf diesen abgelegenen und schwer zugänglichen Gletscher begeben haben, um
sich des Geldes der Toten zu bemächtigen, dahinfallen. Es hätte
sich ja auch erübrigt, einen der Verunglückten verschwinden
zu lassen. Aus welchem Grund auch? Und ein Besuch hätte im
Firn Spuren hinterlassen.

Die drei Toten wurden nun in ein gemeinsames Schneegrab
gelegt. Die Führer standen im Umkreis der eisigen Grabstätte,
gestützt auf ihre Eispickel und Alpenstöcke. Andächtig lauschten sie den ihnen kaum verständlichen Worten M'Cormicks,
der aus Hudsons Gebetsbuch, das er auf dessen Körper vorge-
funden hatte, den neunzigsten Psalm vorlas und eine improvisierte Totenmesse hielt. (M'Cormick 23.)

Unruhige Nacht im «Monte Rosa»

Als die vier Herren Whymper, M'Cormick, Robertson und Philpotts am Sonntag endlich im «Monte Rosa» eintrafen, atmete
Monsieur Seiler erleichtert auf. Nur zu gut wusste er, dass der
Gang über den Matterhorngletscher, direkt unter der Nordwand, mit grossen Gefahren verbunden ist, konnte man doch
oft den Lärm der Steinniedergänge und Eislawinen bis ins Tal
hinunter hören. Neben den vier obgenannten Herren befanden
sich zurzeit noch andere englische Gäste in Seilers Etablissement. Es waren dies Browne, Wilson und Puller, der Londoner
Rechtsanwalt, der die Brüder Lochmatter für die Bergungsaktion freigab. Drei Tage zuvor überschritt er mit den zwei Führern den zweithöchsten Gipfel der Berner Alpen, das 4195 Meter hohe Aletschhorn. Die Gäste verbrachten vom 16. auf den
17. Juli eine unruhige Nacht im Hotel. Nach glaubwürdigen Berichten habe sich Whymper in sein Zimmer eingeschlossen und
habe dort die ganze Nacht getobt, so dass die andern kaum
schlafen konnten.

Am 21.7.1865 schrieb Rev. W. Prior an Konsul Mackenzie
nach Genf: «Er (Whymper) leidet unter entsetzlichen Seelen-

qualen. Der arme Kerl wird vor Verzweiflung noch ganz ausser sich geraten, wenn er nicht von Zermatt abreist.»

Und dem Bericht von Alfred Meissner vom 4. 8. 1865 («Neue Freie Presse», Wien) ist zu entnehmen: «Whymper ist in Interlaken eingetroffen. Leute, die ihn von früher kannten, wollen ihn ganz verstört und durch die Erinnerung jenes Tages wie geistig verwildert gefunden haben.»

Ferdinand Hodler: Abstürzende Bergsteiger der Seilschaft der Matterhornerstbesteiger.

Zweite Bergungsaktion

Erst am Mittwoch, den 21. Juli, fand die von der Kirche und der weltlichen Behörde geforderte Bergungsaktion statt. 21 Bergführer besorgten diese makabre Aufgabe. Nach Mitternacht verliessen sie Zermatt und folgten dann auf dem Eis dem Trasse ihrer Vorgänger vor drei Tagen. Wie wenn das Matterhorn seine Opfer behalten möchte, schlug es diesmal zu. Eine Eislawine aus der Nordwand und ein einstürzender Serak zeigten der Mannschaft in unmissverständlicher Weise, mit wem sie es zu tun hatte. Glücklicherweise wurde niemand getroffen.

Bei dieser Gelegenheit möchten wir den Lesern nicht vorenthalten, wie selbst Clark, dessen Buch 1965 bei Orell Füssli erschienen ist, seinen Landsmann als unerschrockenen Helden sah, während von der Nordwand Steine niederprasselten (S. 213):

«Während Whymper zwischen den Toten hin und her ging, ertönte aus der Reihe der Bergführer ein lauter Schrei, man vernahm plötzlich ein Krachen oben in den Felswänden und gleich danach ein Schrapnellfeuer von kleinen Steinen. Die Bergführer und die Engländer rannten in Deckung und suchten alle unter den Felsen Schutz. Das heisst, alle bis auf Whymper. Denn Whymper verschmähte es, von dem Steinschlag Notiz zu nehmen, und suchte weiter umher, ohne eine Miene zu verziehen. Noch immer bewahrte er seine eiserne Selbstbeherrschung, die weder die makabre Szene um ihn her noch der Hagel der herabpolternden Steine gebrochen hatten.»

Im Glimmschein glühender Arvenäste traf beim Einnachten der gespenstische Leichenzug in Zermatt ein. Die traurige Last wurde auf den Boden des Totenhäuschens gelegt. Die nächtliche Dunkelheit verbarg die Tränen der Umstehenden.

Letzte Ruhestätte

Der alte Friedhof von Zermatt lag am südlichen Ende des heutigen Dorfplatzes neben dem derzeitigen Gemeindehaus. Die Zermatter wollten ihre Toten mitten im Dorf haben, denn Tod und Leben reichten sich in der Abgeschiedenheit des wilden Tales die Hand. Die Erde des Gottesackers war gesegnet und

Steinschlag am Matterhorn.

durfte nur jenen Toten ewige Ruhe bieten, die der alleinselig-
machenden Kirche angehörten. Aus diesem Grunde konnte nur
Michel Croz unter den dumpfen Tönen der *Agathaglocke* beigesetzt werden. Ob seine Frau oder andere Leute aus Chamonix
anwesend waren, ist unbekannt.

Hadow und Rev. Hudson mussten ausserhalb des Friedhofs
auf dem Rasen nahe des nördlichen Mauerwerks der Kirche
beerdigt werden. Pfarrer M'Cormick* sprach die letzten Ge-
bete.

Die gesamte Bevölkerung von Zermatt sowie auch die anwesenden Touristen und Kurgäste waren von dem tragischen Unglück tief betroffen und nahmen am Begräbnis teil.

Im Museum von Zermatt finden wir den Rosenkranz von
Croz, der auf ihm gefunden wurde. Er war noch ganz, einzig das
Kreuz fehlte. Auf dem Gedenkstein über seiner Gruft sind nach
dem Wunsch von Whymper folgende Worte graviert worden:

A la Mémoire
de
MICHEL AUGUSTE CROZ
né à Le Tour (Vallée de Chamonix)
en témoignage de regret
à la perte d'un
homme brave et dévoué
—
aimié de ses compagnons
estimé des voyageurs
il périt non loin d'ici
en homme de cœur et guide fidèle.

---

* *Pfarrer M'Cormick versah in jenen Wochen in Zermatt den anglikanischen Sonntagsgottesdienst, der damals im Salon des «Monte Rosa» ab-
gehalten wurde. Die englische Kirche in Zermatt wurde 1870 gebaut, aber
die Kollekte für diesen Bau begann schon 1865 (M'Cormick 29). M'Cormicks Amtsantritt in Zermatt war gekennzeichnet durch die erste Bergungsaktion der Matterhorntoten, an der er teilnahm. Da er an jenem
Sonntag den kirchlichen Dienst nicht erfüllen konnte, wurde er durch die
Pfarrherren Warr und Sanders vertreten. M'Cormick war nicht nur ein*

treuer Freund Hudsons, sondern auch ein guter und überzeugter Pfarrer.
Einer der drei Brüder Parker, Alfred, befand sich am Sonntag, den 6. Au-
gust, unter M'Cormicks Predigtzuhörern. In einem begeisterten Brief an
seinen Vater in London rühmte er den anglikanischen Seelsorger. Die
drei Brüder Parker waren übrigens die ersten englischen Bergsteiger, die
sich ans Matterhorn wagten. Sie machten im Jahre 1860 einen Versuch
über den Hörnligrat, ohne Führer.

Auf eindrückliche Weise schilderte M'Cormick Hudsons
Charakter: «Junger Mann! Man sagt, gläubige Leute seien oft
unglücklich und melancholisch. Einer, dessen Körper sich hier
vor uns befindet, widerspricht dieser Behauptung. Hudson
war der glücklichste Mensch, dem ich je begegnet bin. Er war
mit Gott versöhnt und im Glauben an Gott führte er ein glück-
liches Leben.» An welche jungen Männer richteten sich diese
Worte des Vertreters der anglikanischen Hofkirche? Im beson-
dern wohl an Whymper und Browne, denn beide befanden sich
in einer seelischen Verfassung, die an Verzweiflung grenzte.

Die Grabsteine der verunglückten Erstbesteiger auf dem Friedhof von
Zermatt.

Browne litt unter der fixen Idee, mit seiner waghalsigen Riffel-hornkletterei seinen Freund Wilson zur Nachahmung verleitet und damit seinen Tod verschuldet zu haben. Und Whymper stand vorne, starrte hinunter ins offene Grab und fühlte ankla-gende Blicke auf sich gerichtet. Seine wirren, verzweifelten Ge-danken haderten mit dem vor ihm stehenden Ortsgeistlichen, Hochwürden Joseph Ruden, mit den anwesenden Bergführern und nicht zuletzt mit seinen eigenen Landsleuten.

Nicht nur seiner ganzen menschlichen Umwelt gegenüber war er feindlich gesinnt, sondern auch dem Dämon des Matter-horns, «the very ghost of the Matterhorn» (AJ 6, 69, 70), und na-türlich dem eigenen Schicksal gegenüber.

An der Nordseite der Kirche befand sich schon ein recht-eckiger Granitblock: Die Grabstätte des vor sechs Jahren in einer Spalte des Findelengletschers umgekommenen Eduard von Grote.

Dies war der erste tödliche Unfall eines Touristen in den Zermatter Bergen. Der Unfall beruhte auf Fahrlässigkeit der Führer. Während jener Gletscherfahrt des russischen Edel-mannes im Sommer 1859 befand sich das Seil im Rucksack ei-nes der beiden Führer. Vor und hinter Grote ging je ein Führer, als der Tourist plötzlich in einer einbrechenden Spalte ver-schwand. Die Führer sahen ihn weit unten, eingeklemmt zwi-schen den Wänden, kopfabwärts, mit dem noch freien rechten Arm nach Hilfe winkend. Das herabgelassene Seil reichte nicht bis in diese Tiefe. Die Führer rannten davon und wollten ein zweites Seil holen. Fünf Stunden vergingen, bis der nach Hilfe winkende Arm sich schliesslich nicht mehr bewegte und nach unten hing (aus «The Regular Swiss Round» von H. Jones, Lon-don 1865). Auch dieser auf solch tragische Weise umgekomme-ne russische Edelmann gehörte nicht der katholischen Kirche an und durfte deshalb nicht auf dem Gottesacker beigesetzt werden.

Das hartnäckige Gerücht

Vater Taugwalder hatte monatelang unter den durch die Schlä-ge des Seils erlittenen Verletzungen zu leiden. Zwei Monate nach dem Unglück kam der Berliner Dr. Paul Güssfeld nach Zer-matt und wollte das Matterhorn besteigen. Er suchte Taugwal-

der auf. Er schrieb (Carl Egger in «Pioniere der Alpen», S. 195):
«Dieser Mann hat auf der Spitze gestanden. Er kennt den Weg.
Als ich ihm mein Vorhaben mitteilte, erschrak er, suchte abzuraten und zeigte mir die Wundmale, die das Seil an seinem Körper hinterlassen hatte.»

Vor den einheimischen Kollegen entblösste Vater Taugwalder oft seine Brust und zeigte ihnen die «Brandmale», die das
Seilstück verursacht hatte, das er über Schulter und Brust gewunden hatte. Man nickte und staunte über Taugwalders Geistesgegenwart. Einer aus ihrer Gilde hatte drei Menschenleben
retten können. «In Gottes Namen»* leider nicht das Leben aller
Teilnehmer.

---

* *«In Gottsnâmû», ein schicksalsergebener Ausdruck der Zermatter.*

Da erschien plötzlich ein Bericht in den Zeitungen, der grosses Aufsehen erregte. Er entstammte der Feder des bekannten
und geachteten Schriftstellers und Dichters Alfred Meissner
(1822 bis 1885). Am 31. Juli 1865 schickte er folgende Nachricht
aus Interlaken an die «Neue Freie Presse», Wien, die am 4. Aug.
1865 in der Nr. 336 auf der Frontseite veröffentlicht wurde. Das
Wesentliche nachstehend:

... «Heiteren Sinnes kam ich abends vom Schwingfest in das
Hotel nach Interlaken zurück, doch da hatten sich inzwischen
Reisende aus Zermatt eingefunden, und ihre Erzählungen
brachten bald einen schneidend kalten Ernst ins Gemüt. Die
grässliche Katastrophe am Matterhorn ist noch immer Gesprächsstoff. Ich hörte sie eben jetzt zuerst in einer Version erzählen, die ihr eine fürchterliche Vertiefung gibt.»

Hier folgte die Schilderung der Erstbesteigung, die sich er-
staunlich gut mit den Tatsachen deckt, weshalb es sich erübrigt, sie zu wiederholen. Uns interessiert vor allem, was
Meissner über den Hergang des Unglücks Neues zu berichten
wusste:

«Die ganze Reihe rutschte und rollte nun mit entsetzlicher Schnellig-
keit vorwärts, aber die letzten Drei: Taugwald, Whymper und Taugwald
Sohn, hielten sich noch auf den Füssen, ja sie suchten mit eingeklemm-
ten Alpenstöcken eine feste Position zu gewinnen. Taugwald Vater hatte
die Geistesgegenwart nicht verloren. Mit den Knien sich an einen Felsvorsprung klammernd, gelang es ihm, das Seil zweimal um sein rechtes
Handgelenk zu schlingen. Whymper und Taugwald Sohn hielten gleich-

falls noch zurück. Inzwischen baumelten die vorderen Vier im leeren Raum und bemühten sich vergebens, mit Händen und Füssen genügende Haltpunkte zu finden. Sie rutschten weiter und tiefer und waren bald hinter einer Felskante vor den Augen der Zurückgebliebenen ganz verschwunden. So verging vielleicht eine ganze Minute, während welcher auch die Hintermänner wie auf einem steilen Thurmdach über der Tiefe schwebten. Dem Vater Taugwald, der die ganze Last von vier hängenden und ihre Gliedmassen wild herumwerfenden Menschen vom Sturz aufhielt, schnitt indess das Seil tief ins Gelenk und streifte ihm, allmälig vorwärts rutschend, die Haut mitsamt dem Fleische wie einen Handschuh, den man umstülpen will, herunter. Und noch immer gelang es jenen Verschwindenden nicht, sich aufzurichten und emporzuklimmen! Da — als dem Vater Taugwald die Kräfte immer mehr versagten und der Schmerz im zusammengeschnürten Arm ihn fast von Sinnen brachte, soll er gesagt haben: ‹Diese Vorderen reissen uns Alle mit sich — wir sind verloren.› In diesem Augenblick riss das Seil — oder hatte ein Messer, das hinter Taugwalds Rücken hervorgezogen ward, es durchschnitten? Kurz, die am vorderen Ende Hängenden, für die Übrigen unsichtbar gewordenen, stürzten in die Tiefe. Nur zwei wurden im Falle sichtbar. Sie schlugen manchmal auf einen Vorsprung auf, prallten wieder ab, fielen wieder. Endlich blieben sie auf einem Schneefeld, viertausend Fuss unter dem Orte, wo diese Scene spielt, liegen.

Die Drei waren gerettet. Sie setzten ihre furchtbare Reise fort, zum Theil dadurch, dass sie sich an Stücken des übriggelassenen Seil-Endes, an Felskanten befestigt, herabliessen. Abends, nach einem Übermass von Entsetzen, waren sie endlich in Sicherheit und konnten, wiewohl noch immer im Schnee, für die Dauer einer Nacht rasten.

Whymper hatte während dieser ganzen schrecklichen Zeit kein Wort gesprochen.

Ich wundere mich nicht, dass der Engländer die Sprache verlor über das, was er miterlebt und mitangesehen. Es mag wahr sein, *dass die im schrecklichen Moment eingetretene Selbsthilfe ein Recht und der Schnitt ins Seil nur eine Amputation war, welche das trennte, was bereits dem Tode verfallen war, und um diesen Preis das rettete, was noch auf den Füssen stand, jedenfalls aber bleibt die That eine furchtbare, und ihre Verantwortung vor dem Gewissen muss, denke ich, einen Menschen fast von Sinnen bringen können.* Nun das Anlangen in Zermatt und das Auffinden der Leichen. (Diese waren so zerfetzt, dass man sich gar nicht getraute, sie ins Dorf zu bringen.)

Am folgenden Morgen, gegen Elf, kamen die überlebenden Drei in Zermatt an. Nachforschungen nach den Leichen wurden angestellt, man fand die Verstümmelten, ein englischer Geistlicher der mitgegangen war, zog aus der Tasche des Bernard Hudson ein Gebetbuch, betete über die Todten den 90. Psalm und begrub sie, wo sie lagen. Die Leiche des jungen Douglas wurde nicht aufgefunden.

War der Riss des Seiles, — wie es jetzt heisst — kein Zufall — dann — doch dann kann der Engländer sagen: Was wollt ihr? Mir blieb keine Wahl! Ich habe wie ein Feldherr gehandelt. *Ich gab die auf, die uns sämmtlich in ihr eigenes Verderben rissen und habe durch eine That ruhiger Selbsthilfe noch zwei Leben ausser dem meinigen gerettet. Ich schenkte dem Vater den Sohn, dem Sohn den Vater. Was wollt ihr? Ohne mich lägen wir alle Sieben in der Tiefe.* Wohl, dass Hudson nicht sein Drahtseil mitgenommen!

Whymper ist in Interlaken eingetroffen. Leute, die ihn von früher kennen, wollen ihn ganz verstört und durch die Erinnerung jenes Tages wie geistig verwildert gefunden haben.

Die Schweizer Presse, die für die Führer einsteht, wird den Schnitt ins Seil leugnen und beim zufälligen Riss stehen bleiben. Jedenfalls ist diese Tragödie, die am Abgrund zwischen Schnee und Eis spielt, weit ausserhalb der Domäne eines menschlichen Richteramtes gerückt.

Alfred Meissner.»

Meissners Bericht in der «Neuen Freien Presse» fand auch in anderen Zeitungen ein Echo und wurde in zwei vielgelesenen Büchern der damaligen Zeit erwähnt.

Im «Das Schweizerland in Bild und Wort» (S. 742) äusserte sich Jakob Frey dazu: ... «Vielleicht, dass aus diesem ganz erklärlichen Körper- und Seelenzustande der Zurückgekehrten mannigfaltige schlimme Gerüchte entsprangen, die bei dem grossen Aufsehen, welches das traurige Ereignis in den weitesten Kreisen erregte, durch einen sonst hochgeachteten deutschen Schriftsteller einen bis zur schweren Anklage präzisen Ausdruck fanden. Der bekannte Alfred Meissner schrieb nämlich wenige Tage nachher von Interlaken aus in ein angesehenes deutsches Journal, Whymper habe im Augenblick der höchsten Gefahr das Seil zwischen Douglas und dem Taugwalder durchschnitten, um sein und seiner zwei Begleiter sonst unwiderruflich verlorenes Leben zu retten. Meissner selbst stellte eine solche Handlungsweise zudem als einen Akt moralisch berechtigter Notwehr dar ...»

«Die schweizerische Presse, speziell die von Abraham Roth, einem Mitbegründer des SAC, redigierte ‹Sonntagspost› und der ‹Anzeiger von Interlaken›, in einem anonymen Artikel, der wahrscheinlich von der Hand Peter Obers stammt, nahm sofort vehement Stellung gegen die Version vom Seilschnitt, wobei sich die schweizerische Presse auf den Originalbericht Whympers und auf die Aussagen der beiden Taugwalder stützte. Leider hat Whymper selbst der Bildung solcher Gerüchte Vorschub geleistet, einmal durch sein rücksichtslos-ichbezogenes Wesen und dann durch allerlei dunkle und verhüllte Verdächtigungen, die er selbst gegen die beiden Taugwalder in Umlauf setzte.» (Georges Grosjean «Die Alpen» 1965, S. 97.)

Es ist unwahrscheinlich, dass Whymper weder von Meissners Anschuldigungen in der «Neuen Freien Presse» noch vom Kommentar einer anderen Zeitung Kenntnis gehabt hatte, da doch die Berichte viel Staub aufgewirbelt haben. Ganz bestimmt muss er in späteren Jahren Guido Reys Buch begegnet sein, welches in alle Sprachen übersetzt wurde und zu den meistverbreiteten Büchern über das Matterhorn gezählt werden kann.

Sollte er wirklich nicht selbst auf Meissners Bericht gestossen sein, so wurde er bestimmt durch ein Konsulat, einen Freund oder Neider auf diese sträfliche Unterstellung aufmerksam gemacht.

Guido Rey schrieb dazu folgendes:

«Ein deutscher Schöngeist veröffentlichte einen Aufsatz, in dem Whymper beschuldigt wurde, das Seil zwischen Douglas und Taugwalder im letzten Augenblick zerschnitten zu haben, um sein eigenes Leben zu retten.» (8. Auflage, Seite 91, Bergverlag Rud. Rother, München.) Whymper war ein Mann der Tat und ein Mann der Feder. Man hätte von ihm erwartet, dass er mit Alfred Meissner gründlich abrechnen würde, aber nichts dergleichen geschah. Im Gegenteil, Whymper nahm von diesen Anschuldigungen keine Notiz. Er schwieg sich aus – und wie wir sehen, mit Erfolg. Zwar veröffentlichte er am 8. Aug. 1865 in der «Times» ein Schreiben, worin er in sachlicher Weise den Hergang des Unglücks schilderte. Alfred Meissners belastende Äusserungen erwähnte er dabei mit keinem Wort.

Statt einer Polemik in den Zeitungen oder einer Strafklage wegen Ehrverletzung gegen Alfred Meissner tat Whymper so, als hätte er davon nichts erfahren. Er rechnete mit der Vergesslichkeit der Menschen, und die Rechnung ging auf. Als 1871, sechs Jahre nach der «Matterhornkatastrophe», sein Buch «Scrambles amongst the Alps» (S. 329) erschien, erfolgte sein kluger Schachzug. Der Leser begegnete folgender Notiz:

«Der alte Peter Taugwalder hat unter einer unverdienten Anklage zu leiden. Trotz seines wiederholten Ableugnens bleiben selbst seine Gefährten und Nachbarn in Zermatt bei der Behauptung, dass er das Seil, das ihn mit Lord Francis Douglas verband, durchgeschnitten habe. Ich antworte auf diese schändliche Beschuldigung, dass er dies im Augenblick des Ausgleitens gar nicht tun konnte und dass das in meinen Händen befindliche Seilende beweist, dass er es auch vorher nicht getan hat. Die verdächtige Tatsache bleibt übrigens bestehen, dass das zerrissene Seil unser dünnstes und schwächstes war. Dies ist verdächtig, da keiner der vier Vordersten ein altes und schwaches Seil gewählt haben würde, da doch neues und stärkeres Seil im Überfluss vorhanden war, und weil Taugwalder, sollte er an einen Unfall gedacht haben, Interesse daran hatte, das schwächere Seil an dieser Stelle zu verwenden. Es sollte mich freuen zu vernehmen, dass die Antworten auf die ihm gestellten Fragen befriedigend lauten. Nicht allein war seine Tat im kritischen Moment wundervoll als Kraftleistung, sondern auch in ihrer Durchführung zur richtigen Zeit.» (Die folgenden, gehässigen Äusserungen wurden in den späteren «Scrambles-Ausgaben» unterdrückt): «Wie ich höre, ist er (Taugwalder) zur Arbeit unfähig, nicht gerade verrückt, aber geschwächten Geistes und fast irrsinnig. Das ist nicht verwunderlich, mag er sich nun wirklich einer Schlechtigkeit bewusst sein oder unter einem ungerechten Verdacht leiden».

Taugwalder wurde von den Dorfbewohnern nie der Tat des Seilzerschneidens verdächtigt. Er hatte seine zerschundene Hand vorzuweisen und entblösste vor seinen Kollegen in der Dorfpinte «Du Pont» seine Brust, um die «Striemen», die der Ruck des Seiles am Körper verursacht hatte, zu zeigen. Monate nach dem Unfall sollen die Verletzungen noch deutlich sichtbar gewesen sein. Zudem ereignete sich das Unglück an einer Stelle, an der man jeden Finger benötigt, um sich an den Felsen zu klammern. Die Leute, die täglich zur Nordwand hinaufblickten, wussten, dass es mehr als zwei Hände gebraucht hätte, um einem Führer in dieser Notlage eine Handlung zuzutrauen, die einfach nicht möglich war. Nur eine krankhafte oder böswillige Phantasie ist zu solchem fähig.

Wir zitieren Alt-Gemeindepräsident Stanislaus Kronig («Geschichtliches über Zermatt», S. 263): «Taugwalder wurde in seiner Ehre und seinem Beruf schwer beeinträchtigt. Die Zermatterleute betrachteten ihn allzeit für unschuldig.»

Nachdem «Scrambles» erschienen war, änderte sich die Sache. Es gab kaum einen Gast, der das Buch nicht in irgendeiner Übersetzung las und mit seinen Freunden oder mit Einheimischen darüber diskutierte. Vater Taugwalder erhielt den «schwarzen Peter» zugespielt, und da er sich gegen Äusserungen, die schwarz auf weiss im Buche standen, wie in der Heiligen Schrift, nicht zu wehren verstand und auch von niemandem Hilfe erwartete, blieb ihm nichts anderes übrig, als das Unrecht in sich hineinzuschlucken und sich zu grämen.

Wenn ihn aber jemand am Wirtshaustisch necken wollte, indem er fragte, was es eigentlich mit diesen Äusserungen von Whymper auf sich habe, so verstand er keinen Spass, sondern antwortete gleich mit seiner Muskelkraft, wobei ihm der Sohn Beihilfe leistete. Karl Lehner wusste von einer Wirtshaus-Rauferei in Chamonix und einer solchen in Zermatt zu berichten, die nach der Veröffentlichung von Whympers Buch stattgefunden haben, wobei am Ende einige «Spassvögel» vor dem Wirtshaus auf der Strasse geflucht haben sollen.

Jahrelang reiste Whymper als «Matterhornbezwinger» und Autor seines faszinierenden Buches umher und hielt seine Vorträge. Taugwalder hatte ja schweigsam aber verärgert die perfide Unterschiebung hingenommen. Wurde sie nur oberflächlich gelesen, ohne der Vorgeschichte zu kennen, konnte sie auch als «gutgemeinte» Whympersche Rechtfertigung zu Gunsten Taugwalders ausgelegt werden! Das war das Schlimme daran.

Carl Egger berichtet in seinem Buch «Pioniere der Alpen»: «Ich habe Whymper nur ein einziges Mal in einem Vortrag gehört, es war 1895 oder 1896 in Davos. Thema des Vortrages: Das Matterhornunglück. Inhalt: die reinste Verteidigungsrede. Damit reiste er von Ort zu Ort, nach Grindelwald, Zermatt und Chamonix. Damals habe ich mir das Gerede um die Führer näher angeschaut, denn Whymper kam mir als asozialer, harter Egoist vor.» Egger nahm öfters Stellung gegen die Unterschiebungen.

So ganz wohl schien es Whymper in seiner Haut auch wieder nicht gewesen zu sein. Es mehrten sich die Stimmen, selbst von namhaften englischen Alpinisten, die Whymper ein unehrenhaftes Verhalten Taugwalder gegenüber vorwarfen.

Leslie Stephen war der erste. Er schrieb im August 1871 in «Macmillan's»: «Man weiss, wie oft sich Sorglosigkeit an sol-

148

chen Gelegenheiten entfalten kann, wie Führer manchmal Vertrauen zu schwachen Seilen haben, und wenn man die vermutliche Aufregung der ganzen Seilschaft mitberücksichtigt, so ist ein solches Versehen erklärlich. Die Hypothese von Taugwalders vorsätzlichen Absichten ist deshalb in höchstem Grad unwahrscheinlich, denn es spricht auch nicht die kleinste Tatsache hierfür. Auch liegt die Wahrscheinlichkeit nahe, dass Croz ziemlich im gleichen Masse mitverantwortlich war. Auf alle Fälle sollten solche Anklagen auf mehr greifbaren Tatsachen beruhen als nur auf vagen Möglichkeiten.»

Sir Arnold Lunn stellte in seinem Buch «Taugwalder and the Matterhorn» eine Reihe Ungereimtheiten Whympers in Frage. Aber niemand aus dem Kreis der ehrenwerten Herren der Alpine Clubs wagte, Alfred Meissners Bericht auch nur mit einem Wort zu erwähnen, weil jeder befürchtete, das Grollen der Götter der Berge zu verursachen, und so blieb die Anschuldigung stumm und unbequem im Raum stehen.

Whymper sah ein, dass er sich um eine glaubwürdigere Aussage bemühen musste. Er griff zu seiner alten Taktik und legte Vater Taugwalder selber die Worte der eigenen Anklage in den Mund. Dabei unterlief Whymper eine Unachtsamkeit, die ihn der Lüge überführte. Er erinnerte sich plötzlich, nach vielen Jahren, einer Begebenheit, die er nie zuvor erwähnt hatte, weil sie nicht stattgefunden haben konnte.

«Am 16. Juli 1865, als wir mit den Leichen der Verunglückten vom Matterhorngletscher zurückkehrten, kam kurz vor dem Dorf», so berichtete Whymper in «The Graphic» (29. 9. 1894, S. 374), «der alte Taugwalder uns entgegen, näherte sich Rev. Robertson und richtete folgende Worte an ihn: Mr. Robertson, man behauptet, ich hätte das Seil durchschnitten. Sehen Sie sich meine Finger an! Und er hielt ihm seine Hände entgegen, die Finger gespreizt und die Handflächen nach oben gekehrt, damit alle sehen konnten, wie sich das Seil in seine Hände eingebrannt hatte.» Dabei vergass Whymper, dass er in «Scrambles» erwähnt hatte, nach dem Unglück «während den ganzen acht Tagen seines Zermatter Aufenthaltes zwischen dem 14. Juli und dem 21. Juli 1865 keinen der beiden Taugwalder je gesehen zu haben». Er irrte sich auch noch beim Datum, da die Leichen der Verunglückten am 19. Juli nach Zermatt gebracht wurden. Diese Begegnung aber müsste am 16. Juli stattgefunden haben! Ferner hatte Taugwalder keine Beziehung zu Rev. Robertson. Er hatte mit ihm nie Berge bestiegen und muss ihm fremd gewesen sein. Wir erinnern uns auch, dass Robertson erst am Tage nach dem Unglück mit seinem Führer sowie Yeats Browne und Philpott über die Haute Route nach Zermatt gekommen war. Selbst Whymper begegnete Robertson bei der Bergung der Verunglückten zum erstenmal (Dangar, S. 487).

Es ist auch undenkbar, dass der eigenwillige Taugwalder einem Leichenzug entgegenging und einem englischen Geistlichen, dessen Sprache er nicht mächtig war und der erst noch neben Whymper einhergegangen sein soll, sein Leid klagte.

Taugwalder wohnte neben der Kirche auf dem Dorfplatz. Das Pfarrhaus seines Geistlichen war nur ein paar Schritte davon entfernt. Wenn er sich schon zu rechtfertigen gehabt hätte, wäre der Dorfpfarrer Ruden dafür geeignet gewesen. Aber es ist kaum anzunehmen, dass Taugwalder diesen aufgesucht hat. Ruden hatte die Führer vor den Risiken einer Matterhornbesteigung gewarnt; und Taugwalder hatte zu seinen Kollegen in jeder Dorfpinte mehr Vertrauen als zu einem ihm fremden englischen Reverend.

Das Gerücht blieb aber an Vater Taugwalder hängen, besonders bei den Gästen bildete es für ihre Plauderstündchen willkommenen Gesprächsstoff. Aber auch Journalisten bedienten sich gerne und kritiklos Whympers Ansichten. Für Autoren und Filmer lag noch viel mehr drin. Und noch heute gibt es Autoren, die Whympers Unterschiebungen auf den Leim kriechen und Vater Taugwalder mit unbedachten Wiederholungen belasten. Es ist deshalb leider anzunehmen, dass die perfide Legende weiterlebt und sich auf blanken Buchseiten einem neuen Jubiläum entgegensonnen wird.

Unverständliches

Ein ungutes Gefühl beschleicht einen, wenn man an Menschen, denen man die Ruhe gönnen möchte, noch Fragen zu stellen hat, die sie selber aufgeworfen haben und sie nun uns zur Beantwortung überlassen, ohne unseren Überlegungen entgegentreten zu können. Und doch muss der Versuch gewagt werden, über Verdrängtes, Verschwiegenes oder Zurechtgeschobenes an das Mutmassliche heranzukommen.

Wie konnte Alfred Meissner, «hochgeachteter» österreichischer Schriftsteller der damaligen Zeit, eine solch gravierende Nachricht von Feriengästen, die von Zermatt nach Interlaken kamen, vertrauensvoll übernehmen? Ist es möglich, dass er sie wirklich unbesonnen auf der Frontseite einer bekannten Wiener Tageszeitung, in voller Verantwortung, veröffentlichen konnte, ohne sich vorher bei einer Vertrauensperson in Zermatt über den Wahrheitsgehalt zu erkundigen? Eine Beschuldigung dieses Ausmasses dürfte von einem gewissenhaften Autor auch nicht mit einer vagen Fragestellung wie: «— oder hatte ein Messer, das hinter Taugwalders Rücken hervorgezogen ward, es durchschnitten?» sowie der nachfolgenden klaren Tatverdächtigung Whymper angelastet werden. Für eine solche Anklage müsste man die Verhältnisse genau kennen, beweisen, wieso Whymper im Augenblick des Unglücks neben Vater Taugwalder stand, denn er hätte ja nur zwei bis drei Sekunden zur Verfügung gehabt, um eine solche Tat zu begehen. In «Scrambles» sagte er zwar, dass er sich zehn Minuten vor dem Unglück an Vater Taugwalder angeseilt habe. Aber so lange werden die beiden nicht nebeneinander gestanden haben, da die Teilnehmer im Begriffe waren, abzusteigen. Und Taugwalder müsste die Schläge der Verunglückten einen Augenblick aufgehalten haben können, bevor das Seil an einer Schwachstelle riss, und nicht auf die Art getrennt wurde, wie es Meissner zugeflüstert bekam.

Verwirrend aber ist Whympers Benehmen nach dem Unglück, das jedermann sich selbst zusammenreimen muss. Uns reizt der Versuch, Meissners Bericht mit den Äusserungen Vater Taugwalders vor dem Untersuchungsgericht zu vergleichen, um möglicherweise Verdrängtes auszuhorchen.

Vater Taugwalder beantwortete die Frage 30 folgendermassen: «Nachdem wir 200 bis 300 Meter vom Gipfel abgestiegen waren, erreichten wir die zweite der schwierigeren Stellen, wo der Berg nur glatte Felspartien aufweist und wo es sehr schwierig ist, Fuss zu fassen. Dort war es, wo Hadow ausrutschte und die Folgenden nachzog, *und diese dann auch Croz nachzogen*, nachdem das Seil zwischen Lord Douglas und mir zerrissen war.»

Auf die Frage 34 erwähnt Taugwalder *drei* und nicht vier fallende Körper, was die Möglichkeit offenlässt, dass Croz als letzter vom Felsen gerissen wurde. Frage 34: «Was halten Sie vom Zerreissen dieses Seils?» «Ich weiss es nicht. Aber das Gewicht von *drei* Personen und die Kraft ihres Sturzes hätte auch ein sehr starkes Seil zerrissen.»

Taugwalder wurde zwei Tage später, am 23. Juli 1865, ein zweites Mal verhört. Das Untersuchungsgericht tagte im Hotel Mont Cervin und wurde von dessen Inhaber, Josef Anton Clemenz, präsidiert. Im Hotel logierten fast ausschliesslich englische Gäste.

Whymper behauptete stets, von den Aussagen Taugwalders keine Kenntnisse erhalten zu haben und beschuldigte ihn trotzdem in «Scrambles» (S. 328):

«Um des alten Führers willen, der in einem guten Ruf stand, und auch noch aus anderen Gründen war es wünschenswert, dass dies aufgehellt werde, und ich reichte deshalb, nachdem ich vom Untersuchungsgericht verhört worden war, eine Reihe von Fragen ein, die ich so stellte, dass sie dem alten Peter Gelegenheit boten, sich von dem schweren Verdacht zu reinigen, der sogleich auf ihn gefallen war. Die Fragen wurden gestellt und beantwortet, ich habe jedoch vom Gericht die versprochene Auskunft nie erhalten.» Es ist befremdend, dass Whymper die Fragen formulieren durfte, die der Richter beim zweiten Verhör an Taugwalder zu stellen hatte. Eigentümlicherweise stand dabei die Frage, wer zuerst und wer zuletzt abgestürzt war, im Mittelpunkt, obwohl der Reihenfolge eigentlich keine allzu grosse Bedeutung beigemessen werden müsste, es sei denn, jemand hatte daran ein besonderes Interesse. Die fast drohende Fragestellung Nr. 63 lautet: «Herr Whymper hatte in seiner Erklärung gesagt, Hadow sei als erster ausgeglitten und habe damit Croz nachgezogen, und sie beide hätten alsdann Hudson und Douglas nachgezogen. Er und die Taugwalder hätten inzwischen Zeit gehabt, festen Stand zu fassen. In diesem Moment sei das Seil gerissen. In Ihrer Antwort Nr. 30 hingegen sagen Sie, Hadow sei zuerst ausgerutscht, dann Hudson und Douglas und erst dann Croz (nachdem das Seil zerriss). Da Whympers und Ihre Aussagen nicht übereinstimmen, sind Sie jetzt aufgefordert, zu sagen, ob Sie Ihre Aussage aufrechterhalten wollen?»

«Da sich Herr Whymper an einer Stelle über mir befand, wo er sich über diesen unglücklichen Unfall Rechenschaft geben konnte, könnte seine Aussage genauer sein, so dass ich nicht festhalten will, Croz sei erst nach den drei andern gefallen. Denn alles geschah in einem einzigen Augenblick. Wir waren so überrascht, dass es uns nicht möglich war, über den Ablauf der Dinge genau Rechenschaft zu geben.»*

Die suggestiv gestellte Frage des Richters hatte Taugwalder offenbar verunsichert, so dass er seinen eigenen Erinnerungen nicht mehr traute oder trauen durfte. − Dass er als Folge des richterlichen Einspruchs seine erste Aussage relativierte, ist psychologisch durchaus verständlich. Er wusste, dass Whymper als der grosse Herr so oder so am längeren Hebelarm sass und dass es keinen Sinn hatte, auf etwas zu beharren, das er ja doch nicht mit hundertprozentiger Sicherheit mitverfolgen konnte. Aber auch Whymper sagte in seiner Antwort: «Ich könnte nicht mit Bestimmtheit sagen, welches die eigentliche Ursache des Unglücks war.» Die Frage, wer unmittelbar nach Hadow gefallen war, ob Hudson oder Croz, ist betreffend Schuldfrage belanglos. In der Literatur über das Matterhorngeschehen finden wir stets die Whympersche Version. Dies ist nicht anders zu erwarten, wo doch Whympers «Scrambles» die einzige schriftliche Quelle bildet.

All diese Ungereimtheiten sind schuld, dass die «Katastrophe am Matterhorn» wohl am Berg, nicht aber in der Literatur ihre Ruhe gefunden hat, obwohl wir einem klaren Urteil des Untersuchungsrichters begegnen, das leider reichlich spät der Öffentlichkeit bekanntgegeben wurde. Es lautet:
«In Anbetracht,
1. dass aus dem oben geschilderten Tatbestand keinerlei deliktische Handlung abgeleitet werden kann,
2. dass Hadow den Unfall verursacht hat, dass aufgrund der vorausgehenden Darlegung niemand eines Fehlers oder eines Deliktes bezichtigt werden kann, beschliesst die Kommission: Das Verfahren wird eingestellt und die Kosten dem Staate überbunden.»

England in Aufregung

Es ist auffallend, dass im goldenen Zeitalter des Alpinismus neben den Nobelherren der Aristokratie und den reichen Söhnen von Industriellen sich sehr viele geistliche Herren für die Bergsteigerei begeistert haben. Blättert man in alten Berichten, steht vor jedem zweiten Namen: Reverend. Mag sein, dass sich die Pfarrherren von der Schönheit und Gewalt der Berge besonders angesprochen fühlten und sich auf deren Gipfeln dem Herrgott näher fühlten. Berge sprechen die Sprache des Schweigens. Sie bleiben sich treu durch die Jahrtausende; bleiben stumme Mahner, wecken Ewigkeitsgedanken.

Böse Zungen behaupten, die Kirchenopfer jener Zeit seien reichlicher geflossen als in unseren Tagen, weshalb es den geistlichen Herren möglich gewesen sei, sich in den Bergen besser von den Aufgaben der Seelsorge zu erholen, als in einer englischen Herberge in den Highlands.

Das Matterhornunglück warf in England hohe Wellen. Whymper war überrascht über die feindselige Haltung der «Times» ihm gegenüber. Aber auch von Privaten erschienen Vorwürfe in der Presse. Einer verlangte kategorisch, der Alpine Club habe vor allen Dingen für Seile zu sorgen, die unter keinen Umständen reissen würden. Andere fragten sich über den Sinn des Bergsteigens: «Was hat das mit Leben zu tun? Oder Vernunft? Ist so etwas überhaupt zulässig? Ist es nicht sündhaft?»

Es wurde in Erwägung gezogen, das Bergsteigen zu verbieten. In anderen englischen Zeitungen erschienen Kommentare, deren Verfasser sich noch mehr ereiferten: «Der Alpine Club solle zumindest anordnen, dass in Zukunft keine Bergführer mehr Engländer begleiten dürfen, die darauf versessen seien, sich mit gefährlichen Hochtouren hervorzutun.» Auch ein Vorschlag wurde gemacht, die Beteiligten sollten sich inskünftig nicht mehr anseilen, sondern das Seil nur lose in den Händen halten.

Alle warteten auf einen Bericht oder eine Rechtfertigung von Whymper, aber er schwieg. «Während wir von Mr. Whymper einige nähere Auskünfte erwarten …» fing beispielsweise der Brief an die «Times» von Alexander Rivington, Mitglied des Alpine Clubs, an. Und auch der Alpine Club trat mit einem Brief von Rev. Hereford George an Whymper heran:

«Gestatten Sie mir, Sie flehentlich darum zu bitten, Ihren Bericht nicht länger hinauszuschieben, da ich es für absolut notwendig erachte, dass dieser jetzt der Öffentlichkeit bekanntgegeben wird.» Auch privat bedrängten ihn viele Freunde mit der gleichen Bitte. Whymper hatte eine Abneigung gegen offizielle

Erklärungen und war auch noch mit den Gedanken belastet, was immer er auch schreiben würde, könnte den Taugwalder Ruhm einbringen, den sie seines Erachtens nicht verdienten (Clark, S. 260, ohne Quellenangabe).

Whymper entschloss sich, den ehemaligen Bischof von Bristol G. F. Browne* aufzusuchen. Er war zu jener Zeit Dozent für Mathematik und Theologie in Cambridge.

---

*George Forrest Browne war ein bekannter und vielseitiger Gelehrter. In jungen Jahren war er ein sehr aktiver Alpinist. Aus diesem Grund hatte Whymper Kontakt mit ihm. In den Jahren 1905–07 hatte er das Präsidium des Alpine Clubs inne. Er war auch Mitglied des SAC, Sektion Bern. Seine beruflichen Fachgebiete waren Mathematik, Archäologie (Urgeschichte) und Kirchengeschichte. Er gab Vorlesungen in erstklassigen englischen Colleges, wo er oft auch als Rektor fungierte. Douglas war einer seiner Schüler. Er verfasste verschiedene wissenschaftliche Bücher, unter anderem eines über die Höhlen der Schweiz: «Ice Caves of France and Switzerland», 1865. Als Bischof von Bristol erhielt er den Ehrendoktortitel der Universität von Oxford (Mumm 2, 29) (Gos 3).

Später, im Jahre 1915, schrieb er seine «Recollections of a Bishop» (Erinnerungen eines Bischofs). Wir entnehmen daraus: «Da Whymper die Gewohnheit hatte, mich in Fragen, die nicht rein alpinistisch waren, zu befragen, war ich jetzt der Erste, dem er einen vollständigen Rechenschaftsbericht von dem abgab, was am Matterhorn wirklich geschah. Er kam und traf mich in Cambridge. Den Sack, der die Reste des Seils enthielt, hatte er versiegelt. Er wünschte, mich über Fragen der Kasuistik («casuistry»*) zu befragen. Aber in einer derselben folgte er meinem Rat nicht.»

---

*Nach dem «Webster»-Lexikon wird «casuistry» als «the doctrine of resolving doubtful Cases of conscience» definiert.

Es drängt sich die Frage auf, weshalb Whymper ein Stück des fraglichen Seiles, in einem versiegelten Sack, Bischof Browne zeigen wollte? Wenn das Seil als Beweisstück zu gebrauchen gewesen wäre, so hätte Whymper gut getan, es dem Untersuchungsrichter Clemenz auszuhändigen. Wohl kaum betraf es ein Fehlverhalten von Vater Taugwalder. Whymper hatte dem alten Führer alles Mögliche und Unmögliche unterschoben, um der massiven internationalen Kritik zu begegnen, weshalb ihm eine handfeste Anschuldigung äusserst willkommen gewesen wäre. Es darf deshalb angenommen werden, dass Bischof Browne ein Geheimnis über den Hergang des Unglücks mit ins Grab nahm, das Whympers Gewissen betraf. Doch dieser wollte ja seinen Rat nicht befolgen.

Gerne würden wir wissen, was gemäss Brownes Worten am Matterhorn denn wirklich geschah und wie Whympers Fragen der Kasuistik lauteten; ebenso in welcher dieser Fragen Whymper den Rat Brownes nicht befolgt hatte. Aber die «Recollections» gehen auf keine Einzelheiten ein. Der Bischof bewahrte seine Schweigepflicht und nahm das Geheimnis mit ins Grab. Zwar hat Lord Conway of Allington, bekannt als leidenschaftlicher Kletterer, an Browns Brief die nachstehende Fussnote angebracht (the Victorian Mountainers by Ronald Clark, S. 134): «Dr. G. F. Brown, früher Bishop of Bristol, später Präsident des Alpine Club, erzählte mir vor Jahren, er sei noch der einzige lebende Mensch, der die Wahrheit über das Unglück kenne, doch werde sich dieses Wissen mit ihm auslöschen; und es habe sich tatsächlich ausgelöscht.»

War es Geheimnistuerei oder war etwas Unbekanntes gemeint?

Nach dem tragischen Ereignis nahmen sich vorwiegend Männer der englischen Hofkirche Whympers an. Man weiss um die Schwatzhaftigkeit und Geheimnistuerei gewisser geistlicher Herren. Es gehört zu ihrem Beruf, weshalb es nicht immer leicht ist, ihre Aussagen richtig zu werten.

Lord Conway of Allington hatte in späteren Jahren die Vermutung geäussert, das schwächere Seil könnte an einer Stelle leicht beschädigt gewesen sein, ohne dass jemand etwas davon gemerkt habe. Möglich dass Conway diesem Gedanken verfiel, weil Whymper den Rest des schwächeren Seiles in einem versiegelten Sack bei sich hatte.

Whymper schrieb am 7. August von Haslemere einen ausführlichen Bericht über die Besteigung und das Unglück zur Veröffentlichung in der Londoner «Times». Eine sachliche Darstellung der Ereignisse, wie sie uns bekannt sind, ohne Alfred Meissners Sensationsmeldung zu erwähnen, die in England ein heisses Eisen war, mit dem sich niemand die Finger verbrennen wollte.

Versetzen wir uns in Whympers Lage. Sein grösster Wunsch war, das Matterhorn zu «erobern» und dann als Held in Britannia und im Alpine Club gefeiert zu werden. Niemand hat das Matterhorn so oft und hartnäckig angegangen wie er, aber auch niemand so stur und eigenwillig stets von der ihm feindlich gesinnten Seite. Er wollte als erster auf dem Berg stehen, und das ist ihm auch gelungen, dank Douglas, mit einer ihm fremden Seilschaft. Und war er nicht der erste, der auf dem Gipfel stand? Zehn Minuten vor den andern, weil er sich mit einem Schnitt abgeseilt hatte und in einem – ja sagen wir es – unwürdigen Kopf-an-Kopf-Rennen mit Hudsons Führer Croz den Gipfel vor den andern betreten konnte. Er war der Erste, der auf dem Horn stand! Und nun diese Katastrophe! Er kommt nach Britannien zurück und erlebt nichts als Ärger. Sogar seine Kameraden verlangen Rechenschaft, und in den Zeitungen steht nur Vorwurfsvolles zu lesen. Wenn wir Einsicht in Briefe aus der Zeit nach seiner Rückkehr nach Haslemere haben, so wird uns bewusst, wie schwer es diesem eigenwilligen «Matterhornbezwinger» gefallen ist, sich vor der Öffentlichkeit zu rechtfertigen. Am 18. August schrieb er nachstehende Zeilen an Glover, die seine Stimmung verraten:

20 Canterbury Place   Aug. 18. 1865
Lambeth Road S

«Dear Mr. Glover,
    Ihr Brief vom 31. Juli wurde mir von einem Freund nachgesandt, der ihn im ‹Club Room› gefunden hat. Bitte entschuldigen Sie dessen verspätete Beantwortung, aber ich wurde von Briefen überhäuft. Menschen reden über die Belanglosigkeit irdischer Wünsche, und wir haben alle irgendeinmal gefühlt, dass sie trügerisch sind, jedoch noch nie habe ich es so gespürt wir jetzt. Während 5 Jahren habe ich vom Matterhorn geträumt, verwendete dafür viel Arbeit und Zeit, und habe es schliesslich geschafft, und jetzt kann ich seinen blossen Namen nicht mehr leiden. Ich bin geneigt, die Stunde, in der ich das Matterhorn erblickte, zu verwünschen. Gratulationen zum Erreichten sind Verbitterung und Asche geworden, und das, was ich erhofft habe, es würde Freude bereiten, brachte nur grossen Schmerz. Es ist eine Lehre, die ich nie vergessen kann.

Ich sah Ihren Brief kurz nach dessen Erscheinen, und ich fühlte mich für Ihre Mühe, die Sie sich nahmen, mich bei den Leuten in ein vorteilhaftes Licht zu stellen, verbunden. Jedoch bedaure ich, und ich bin sicher, Sie tun es auch, den Hinweis, den Sie über den armen Lord Douglas gemacht haben. Einem besseren Wanderer und einem vielversprechenderen Bergsteiger bin ich nie begegnet, und wäre es nie zu dieser fatalen Begegnung mit den anderen gekommen, hätten wir die Besteigung in voller Sicherheit ausführen können. Was für eine Serie von Zufällen das Leben doch ist. Letztes Jahr war ich in Zermatt und hatte die Absicht, dieselbe Route wie dieses Jahr zu nehmen. Aus geschäftlichen Gründen war ich jedoch gezwungen abzureisen, ohne den Versuch zu machen. Wären die Geschäfte nicht dazwischen gekommen, hätte ich es dann und dort gemacht, und voraussichtlich hätten wir dieses schreckliche Unheil nicht zu beklagen. Hätten wir unser Abendessen am 12. nur eine halbe Stunde früher eingenommen, hätte ich Hudson und Hadow nicht gesehen, und es hätte vermieden werden können.

Soweit es mich persönlich betrifft, kann ich mich gar nicht schuldig fühlen, ausser dass ich Hadow erlaubte mitzukommen; doch hätte ich gewusst, was passieren würde, ich glaube, ich hätte genau gleich gehandelt.» (Schwer zu verstehen?)

«Ich schreibe aus meinem Büro; meine Zeit ist aufgeteilt zwichen Büro und ‹Haslemere›, aber ich bin hauptsächlich hier. Sollten Sie mir, aus welchem Grund auch immer, schreiben, adressieren Sie die Briefe an obige Adresse.

Mit freundlichen Grüssen
Ed. Whymper.»

Dieses Schreiben befindet sich im Besitze des bekannten Fernsehkommentators Werner Vetterli. Wir haben es übersetzt und in vollem Wortlaut veröffentlicht, in der Annahme, dass es bis anhin nur wenigen zugänglich war.

Vermutlich hatte sich Whymper in Zermatt mit Rev. J. Robertson abgesprochen, jeder Polemik in der Presse auszuweichen, um nicht aus dem Unfall einen Fall zu machen. Am 27. August 1865 beklagte er sich bei ihm in einem Brief («Scrambles», S. 381) wie folgt:

«... Die Art und Weise, wie ich auf dem Heimweg von impertinenten Leuten verfolgt wurde, ist beispiellos.

Sie haben recht, der Brief (an die «Times» vom 8. Aug. 1865) war ein recht schwieriger. Es scheint, dass die meisten Leute Genugtuung erfahren haben, zwar nicht alle, wie ich Ihnen eines Tages zeigen werde.

Ich würde am Beschluss, den ich in Zermatt gefasst habe, festhalten, wäre das möglich gewesen, aber das war es eben nicht; alles mögliche an freundlichen Gerüchten wird herumgeboten, und der viele dumme Unsinn, welcher geschrieben wurde, verlangen es, dass ich halt doch schreibe. Als ich zwei Briefe von Wills erhalten hatte, mit denen er mich zu schreiben aufforderte, sowie auch zwei von dem Verlag «Times» und eine Anzahl andere von Fremden, deren Meinung ich mehr oder weniger schätze, gab ich nach.»

Professor Tyndalls verrückte Idee

Tyndall, der den gewagten Versuch unternehmen wollte, die Leiche von Lord Douglas in der Matterhornwand zu suchen, berichtete über seine Erfahrungen:

«Auf dem Weg von Gadmen nach Meiringen (Berner Oberland) im Juli 1865 wurde ich von einem Bergführer angesprochen. Er fragte mich, ob ich den Professor Tyndall kenne. ‹Er lebt nicht mehr, mein Herr!› sagte er. Dann erzählte er mir, wie ich am Matterhorn tödlich verunglückt sei. Ich musste daraus schliessen, dass etwas Schlimmes vorgefallen war. Schon in Innertkirchen hatte das Gerücht mehr Substanz. Und bald darauf war die Matterhornkatastrophe in aller Leute Mund und auch in den Zeitungen … Von den vier am Matterhorn Verunglückten blieb einer zurück. Später, als ich von den Klagen und Leiden erfuhr, die das Matterhornunglück verursacht hatte, beschloss ich, den am Matterhorn zurückgebliebenen Toten zu suchen und ihn herunter zu bringen.» (Hours of Exercise 255.)

Die Marquess of Queensbury und Mutter von Douglas war von der Idee gefangen, ihr Lieblingssohn lebe noch und warte auf einem Matterhornfelsen auf Rettung. Bald darauf zirkulierten in Zermatt die Gerüchte, Professor Tyndall habe sich durch Bergführer Joseph-Marie Lochmatter in Genf 900 Meter Seil beschaffen lassen. Tyndall wisse, wo sich Douglas' Leiche befinde. Er wolle sich vom Matterhorngipfel aus abseilen lassen und die Leiche bergen. Tatsächlich erschien Tyndall in Zermatt, stiess aber bei der Suche nach einem Führer auf grosse Widerstände. Pfarrer Ruden wies ihn mit den Worten ab: «Es hat jetzt genügend Tote gegeben, wir wollen nicht noch mehr!» Das Wort genügend Tote gegeben, wir wollen nicht noch mehr!» Das Wort des Pfarrers war Gesetz. Nach zwanzig Geduldstagen, in welchen auch das Wetter nicht mitspielte, sah dies auch der eigensinnige Professor ein. Ohne Assistenz der Bergführer konnte er nichts ausrichten. Angewidert verliess er das ungastliche Tal.

Es fällt auf, dass Tyndall und Whymper gemeinsame Charakterzüge aufwiesen. So verschieden auch ihre bürgerliche Stellung und ihre beruflichen Richtungen waren, so zeigten sie doch in bergsteigerischer Hinsicht ein ähnliches Verhalten.

John Tyndall.

Dies erklärte auch, warum sie sich in der Matterhornfrage stets in die Wege kamen und warum ihr gegenseitiges Verhältnis gespannt war. Ein gemeinsames Vorgehen hätte sicher zum Erfolg geführt. Dies liess aber das gegenseitige Konkurrenzdenken nicht zu. Tyndalls Geltungsbedürfnis spricht auch aus seinen wissenschaftlichen Publikationen. Als Amtsnachfolger des genialen Physikers Michael Faraday versah Tyndall in der «Royal Institution» in London einen hohen Posten. Er war ein erfolgreicher Experimentator in den Gebieten der Optik, Wärmelehre und des Magnetismus. Aber er machte den Fehler, dass er zu seinen experimentellen Ergebnissen auch eigene Theorien schuf, die seine Fachkollegen meist ablehnten. Deshalb wurde er von seinen grossen zeitgenössischen Kollegen W. Thomson (Lord Kelvin) und J. C. Maxwell nicht allzu ernst genommen.

Der vielseitige Monsieur Clemenz

Clemenz galt im zweisprachigen Wallis als ein angesehener Politiker. Er war Gemeindepräsident von Visp, Staatsrat und Nationalrat und 1858 Grossratspräsident des Kantons Wallis

(PPG 136). Er förderte auch Zermatt als Fremdenort, war Erbauer und Inhaber des Hotels Mont Cervin (1852), in dessen Räumlichkeiten die gerichtliche Untersuchung über «die Katastrophe am Matterhorn» stattfand.

In den sechziger Jahren beherbergte Clemenz im Hotel Mont Cervin mehr Gäste als Seiler in seinem «Monte Rosa». Es waren hauptsächlich britische Bergsteiger, die Zermatt besuchten. Whymper sagte uns nirgends, dass der Untersuchungsrichter und der Hotelbesitzer ein und dieselbe Person waren. Über das «Mont Cervin» schrieb er in seinem «Guide to Zermatt and the Matterhorn»: «Die britischen Touristen, die im ‹Mont Cervin› abstiegen, wechselten bald einmal hinüber ins freundlichere ‹Monte Rosa› von Herrn und Frau Seiler.»

Schon im Jahre 1855 kaufte Alexander Seiler das kleine Gasthaus des «Wundarztes» Joseph Lauber mit drei Fremdenbetten* und machte einen Anbau aus Stein an das Holzhaus und benannte es Hotel Monte Rosa.

Im Sommer 1843 war der Waadtländer Dichter Juste Olivier noch Gast bei Joseph Lauber. Er schrieb: «Die Küche ist gut und reichlich, genug um nicht Hungers zu sterben. Gebratenes Schaffleisch, Hühner, Kartoffeln, Eier, gesottener Reis, zum Dessert Käse und ölige Mandeln, garniert mit Arven-Zapfen-Kernen, dazu mit Wachs verzapfter Muscat-Wein, ist das Menue. – Das Häuschen ist gut und eines der ansehnlichsten des Dorfes. Es hat einen mit Steinen belegten Vorplatz bis an die enge Dorfstrasse, wo eine Anzahl Frauen und Mädchen, die Hände unter der Schürze versteckt, im Gänsemarsch vorbeiziehen. Die Zimmer sind sauber und nett. – Der Gastwirt ist feierlich und unangreifbar; er erscheint aber nur zu den wichtigsten Verhandlungen. Seine Frau ist allein im Hauswesen. Kommen Freunde an, so tötet man zu ihren Ehren ein Lamm oder ein Schaf» usw. In einem Sommer hatte Hr. Lauber 6 Schafe geschlachtet, was grosses Aufsehen erregte (St. Kronig 287).

1867 gelang es Herrn Seiler, auch das Hotel Mont Cervin zu übernehmen. Unter seiner fähigen Führung gewann es bald den Ruf einer gutgeführten Gaststätte.

Seiler und Clemenz waren zwar Konkurrenten, aber sie vertrugen sich gegenseitig. Als Clemenz starb, fuhr Seiler in der viersitzigen Pferdekutsche talabwärts nach Visp, um der Begräbnisfeier des Patrioten beizuwohnen. Er traf auf dem Weg

Weilenmann, von dem wir die Informationen haben (Weilenmann 2, 194). Clemenz sah in der Besteigung der Hochgipfel eine patriotische Tat. Als er Edward Cayley in seinem Hotel beherbergte, gelang es ihm, Cayley vom Weisshorn abzulenken und zum Angriff auf den Dom zu überreden. Clemenz glaubte, der Dom sei noch höher als der Monte Rosa, folglich der höchste Schweizer Berg. Cayleys Führer war Johann Zumtaugwald. Die Tour musste wegen Schneesturm vor dem Gipfel abgebrochen werden (AJ 31, 225).

Auch den Theologieprofessor Lewellyn Davies, Lehrer von Lesley Stephen, konnte Clemenz dazu begeistern, den Dom zu besteigen, da diese Erstbesteigung sowohl für Zermatt wie auch für ihn eine grosse Bedeutung haben würde. Monsieur Clemenz war nicht nur anno 1865 Untersuchungsrichter, sondern auch anno 1869 im Fall «Chester». Der englische Tourist Henry Chester kam im Herbst am Lyskamm mit seinem Hund ums Leben. Wie beim Matterhornunglück waren auch in diesem Fall versprochene Auskünfte unterblieben. Deshalb beauftragte ein Vertreter des Alpine Club den Führerobmann Peter Perrern, nähere Auskünfte einzuholen. Er schrieb dazu: «Gegen die Geheimnistuerei, welche das schweizerische Gesetz oder der Charakter des Herrn Clemenz der gerichtlichen Untersuchung auferlegt, kann ich nicht anders als protestieren.»

125 Jahre danach.

Am 14. Juli 1990 erinnerte sich die Bevölkerung von Zermatt mit einem eindrücklichen Fest der Erstbesteigung des Matterhorns von 1865. In einer Livesendung des Schweizer Fernsehens erlebten die Zuschauer in allen Phasen eine Besteigung des Berges. Mit von der Partie war auch der neunzigjährige Ulrich Inderbinen, der mühelos die Besteigung mit einem jungen Führerkollegen zusammen schaffte, sehr zur Freude der gesamten Bevölkerung. Zu erwähnen ist, dass heute an drei gefährlichen Stellen Fixseile am Felsen angebracht sind, die bei der Erstbesteigung natürlich fehlten.

Verantwortliche des Fernsehens liessen das im Museum aufbewahrte dünnere Seil interessehalber auf Blutflecken und Schnittspuren wissenschaftlich untersuchen. Man fand wohl noch bräunliche Flecken am Seil, die aber nicht mehr als Blutspuren identifiziert werden konnten, und auch zerschnittene Fasern waren nicht einwandfrei zu eruieren. Dagegen ist ein Bericht sehr aufschlussreich, der sieben Jahre nach dem Unglück, im «Echo des Alpes» von 1872, No. 4 Seite 254, aus der Feder von Felix Bruel, Mitglied des SAC, Sektion Genf, erschienen ist. Nach einer Traversierung des Col Durand mit einer Gruppe Touristen, schrieb er folgendes:

«Bevor wir Zermatt wieder verliessen, verabschiedeten wir uns von Herrn Seiler und baten ihn, uns die gefundenen restlichen Effekten der Verunglückten von 1865 zu zeigen, die von ihm aufbewahrt wurden. Wir sahen zuerst das Seil, das zwischen Vater Taugwalder und Lord Douglas verwendet wurde. An ihm waren grosse Blutflecken zu erkennen. Es bestand aus einem eigenartigen Geflecht, glich einer groben Leine, in der Dicke eines kleinen Fingers. An der Rissstelle sah es aus wie ein Pinsel, was andeutete, dass es nicht mit der Schneide eines Pickels zerschlagen worden ist. Ein zweites Objekt, ein Schuh, ziemlich stark abgenützt, mit aufgerissener Sohle, die noch am Absatz haftete, wurde von den Leuten des Hotels in Zermatt als Douglas gehörend erkannt, der nie gefunden wurde. Ein zweidaumenbreiter Wollfetzen, an der Innenseite bei der Ferse angebracht, sollte die Schmerzen einer Verletzung verringern, die den Lord seit drei Wochen quälten.»

Beim Seil muss es sich um jenes Stück handeln, das Vater Taugwalder um die Hand geschlungen hatte, um Douglas besser halten zu können. Das andere Ende musste, aller Wahrscheinlichkeit nach, Douglas mit sich in die Tiefe gerissen haben. Das Gewicht der fallenden Körper schälte Taugwalder die Haut am Handrücken, was Blutspuren am Seil verursacht haben muss. Da er mit der andern Hand das Seil um eine Felszakke legen konnte, und es halten musste, traf das Gewicht der vier fallenden Alpinisten voll seinen Körper, weshalb er noch monatelang leidend war, weshalb Whympers «heroisches Verhalten», wie er sich in «Scrambles» nach dem Unglück sieht, fehl am Platze ist.

Edward Whymper:
Abstieg vom Matterhorn,
Holzstich von 1878.

162b

In Memoriam

Des einen Erfolg – des andern Schaden

Was dem einem zum Erfolg verhilft, gereicht dem andern zum Schaden. Whympers Schilderung der dramatischen Stunden am Matterhorn in seinen «Scrambles amongst the Alps» verhalfen dem Buch weitgehend zum Grosserfolg. Die erste Auflage erschien im Juni 1871 und die zweite schon im November des gleichen Jahres. Whymper erntete damit Lorbeeren und finanzielle Unabhängigkeit. Und Taugwalder? Dieser wurde, wie Captain John Percy Farrar 1857–1929) sich ausdrückte, durch das Unglück am Matterhorn «most improperly and wrongfully prejudiced» (in höchst unkorrekter Weise präjudiziert). (Aj 32, 1918, p. 26.) Die rechtzeitige Veröffentlichung der Gerichtsprotokolle wäre wohl imstande gewesen, dem Geschwätz ein Ende zu setzen.

Vater Taugwalder übte zwar weiterhin seinen Führerberuf aus, aber sehr gefragt war er nicht mehr. Statt einer Whymperschen Empfehlung in seinem Führerbuch nahmen die Gäste in «Scrambles» folgende abschreckende Unterstellung zur Kenntnis: «Wie ich höre, ist der alte Peter zur Arbeit unfähig, nicht gerade verrückt, aber geschwächten Geistes und fast irrsinnig. Das ist nicht zu verwundern, mag er sich nun wirklich einer Schlechtigkeit bewusst sein oder durch einen ungerechten Verdacht leiden.

Was den jungen Peter anbetrifft, so urteile ich über ihn anders. Er machte mir seinen hässlichen Vorschlag*, von dem ich glaube, dass er von ihm ausgegangen ist, obgleich sein Vater für beide in Gegenwart von Zeugen bezahlt worden war. So ein guter Führer er sein mag, werde ich ihm mein Leben nicht anvertrauen und ihn auch anderen nicht empfehlen.»

Gemeint ist die Empfehlung, die die Taugwalder gerne in ihren Führerbüchern von Whymper vermerkt gehabt hätten.

Karl Egger wusste zu berichten: «Die Erwartungen der Taugwalder auf eine hoffnungsvolle Zukunft als Matterhornführer bestätigte sich nicht. Es findet sich eine Notiz von W. L. Jordan vom Jahre 1867, die ihrer Erwähnung tut, die aber auch sogleich den Ausspruch Whympers vom Arbeitsunfähig- und Irresein des alten Peter richtigstellt. Sie lautet: «Sobald ich fand, dass Zermatt die Saison als zu weit vorgeschritten für irgendeinen weiteren Versuch am Matterhorn erklärte, ging ich über den Theodul nach Breuil. Die Taugwalder, Vater und Sohn, waren hier und wünschten, unverzüglich mit mir die Besteigung von Zermatt aus zu machen, aber die Marquinaz kamen eben in Sicht im Abstieg vom Berg, und da ich ihn zu überschreiten wünschte, konnte ich das nicht tun ohne spezielle Führer für die italienische Seite.»

Der alte Taugwalder musste zusehen, wie seine Kollegen mit Pickel und Seil und fröhlichen Gesichtern in die Berge gingen und ihm, der auf dem Mäuerchen sass und auf Gäste wartete, unmissverständliche Blicke zuwarfen. Mit der Zeit ging er weniger oft auf die Strasse, auf das Mäuerchen, wo nur die sassen, mit denen nichts los war. Immer mehr verbarg er sich in der Ekke seiner Stube hinter dem Rauchqualm der Tabakspfeife oder bei einem Glas Walliser. Man hatte etwas zu Rauchen und manchmal etwas zu Trinken, das Leben war noch erträglich.

Aber in Gedanken fand er sich immer öfters auf der Reise über den grossen Teich. Niemand wusste, was er vor sich hinbrütete. Eines Tages war es soweit. Seine Frau packte ihm die sauberen Hemden ein und die Socken. Im Halbdunkel der Küche, die immer das Tageslicht scheute, stand er vor den Seinen. Es wurde wenig gesprochen, niemand weinte. – Man war ruhig wie eh und je. Die Frau seufzte, aber sie war einverstanden. Es war eben das beste so, und das genügte allen. Man reichte sich die Hände, dann ging der alte Peter nach Amerika.

Nach ein paar Jahren kehrte er nach Zermatt zurück. Er war noch schweigsamer geworden, niemand weiss heute, wie es ihm drüben ergangen ist. Ein kleines Konsortium von Zermattern war im Begriffe, das Hotel Schwarzsee zu bauen. Er beteiligte sich mit einem Zehntel daran und half bei den Arbeiten. Dabei zog er sich eine Lungenentzündung zu, schonte sich aber nicht und verlangte auch keine Pflege.

Im Jahre 1880 fand man ihn bei der «Kapelle Maria zum

Schnee», dort, wo er einmal mit Kennedy eine kalte Winternacht zugebracht hatte, bevor sie den unvergesslichen Winterbesteigungsversuch antraten. Im Angesicht seines Berges, dem seine ganze Ehrfurcht galt, die er den Mitmenschen entzogen hatte, ist er gestorben.

Viel früher, schon im Jahre 1867, ertrank der 22jährige Joseph, der zweite Taugwalder-Sohn, der Douglas nach Breuil begleitet hatte, im Schwarzsee. Er hatte am 12. Juli 1865 Whympers Gepäck auf dem Rückweg zur Schwarzsee-Kapelle getragen, das dort für die Erstbesteigung aufbewahrt wurde.

Peter Taugwalders dritter Sohn, Friedrich, begleitete die Erstbesteiger als 15jähriger Knabe, als Träger, bis zum Biwak. Nach dem Tode seines Vaters wanderte er nach Amerika aus.

Vater Taugwalder hatte die Begegnung mit Whymper kein Glück gebracht. Schon als die beiden im Jahre 1861 zum ersten Mal in Breuil zusammentrafen, konnten sie sich nicht finden. Whymper schrieb darüber: «Wir versuchten, noch einen Begleiter zu gewinnen (um das Matterhorn von Breuil aus zu besteigen), aber vergebens. Matthias Zumtaugwald und andere bekannte Führer waren gerade da, wollten aber davon nichts wissen. Ein kräftiger alter Bursche, Peter Taugwalder mit Namen, erklärte sich endlich bereit («Scrambles», S. 56). ‹Für wieviel?› ‹Für zweihundert Franken.› ‹Gleichviel, ob wir Erfolg haben oder nicht?› ‹Ja, gleichviel.› Das Ende der Geschichte war, dass alle mehr oder minder tüchtigen Männer eine grosse Abneigung verrieten, oder sich geradezu weigerten, oder einen unmöglichen Preis forderten. Darin liegt auch, wie ich ein für allemal bemerken will, der Grund, weshalb beim Matterhorn so viele vergebliche Anstrengungen gemacht worden sind. Einen Führer ersten Ranges nach dem anderen führte man vor das Matterhorn und kratzte ihn am Kinn, aber alle lehnten die Sache ab. Die Führer, die mitgingen, hatten kein Herz für das Unternehmen und kehrten bei der ersten Gelegenheit um.»

Whymper hatte mit den meisten Führern ein gespanntes Verhältnis. Er ging selten mehr als einen Sommer mit dem gleichen Führer auf Touren. Wen wundert es, wenn wir seine Ansicht über die Führer von Valtournanche und Châtillon hören: «Bis dahin hatte ich mit Führern keine günstigen Erfahrungen gemacht und hielt nicht viel von ihnen. Sie waren für mich Wegweiser und grosse Verzehrer von Fleisch und Branntwein, aber nicht viel mehr. Nach meinen Erfahrungen vom Mont Pelvoux würde ich die Gesellschaft eines Paares meiner Landsleute jeder beliebigen Zahl von Führern vorgezogen haben. Als ich in Châtillon Erkundigungen einzog, eilte eine Reihe von Männern herbei, deren Gesichter Bosheit, Hochmut, Neid, Hass und Schlechtigkeit jeder Art ausdrückten, denen aber alle guten Eigenschaften zu fehlen schienen.»

Etwas freundlicher behandelte er die Führer, die sich vor dem Hotel «Monte Rosa» in Zermatt anboten: «Auf der Mauer vor dem «Monte Rosa»-Hotel sitzen gewöhnlich zwei Dutzend Führer, gute, schlechte und mittelmässige. – Franzosen, Schweizer und Italiener. Sie warten auf Ankömmlinge und berechnen die Zahl von Franken, die sich ihnen aus den Taschen locken lassen.»

Whymper erwartete von einem Begleiter eine servile Haltung. Taugwalder war zwar ein williger, aber auch ein eigenwilliger Führer, der am Berg die Verantwortung tragen wollte, die aber Whymper selbst beanspruchte, weshalb sich die beiden Männer nicht vertrugen. Whymper liebte Begleiter wie Luc Meyet, den Bucklingen von Breuil. Ihn lobte er in freundlichem Zynismus: «Meynet erwies sich als Zeltträger unschätzbar. Obgleich seine Beine mehr pittoresk als symmetrisch waren und obgleich er nach dem Grundsatze gebaut zu sein schien, dass keine zwei Teile einander gleichen dürften, leisteten ihm gerade seine Missbildungen Dienste. Wir überzeugten uns bald, dass er einen ungewöhnlichen Geist hatte und es unter den Bauern wenig so angenehme Gesellschafter und tüchtige Steiger gab wie den kleinen Luc Meynet, den Bucklingen von Breuil. Auch als Aufräumer bewährte er sich jetzt und bat demütig um sehnige Fleischstücke, die von anderen zurückgewiesen wurden, und um verdächtige Eier. Den Kaffeesatz trinken zu dürfen betrachtete er als einen besonderen Hochgenuss. Mit der grössten Zufriedenheit nahm er den schlechtesten Platz an der Tür des Zeltes an und verrichtete alle schmutzige Arbeit, die ihm von den Führern aufgebürdet wurde.»

Manche der absurden Unterstellungen, die Whymper dem alten Taugwalder aufgebürdet hatte, fielen im Laufe der Zeit auf ihn zurück. Wir bemühten uns, die vorhandenen Berichte der damaligen Zeit zu überprüfen. Im Rückblick schmälert vieles Whympers charakterliche Qualifikation. Unsere Anerken-

Meynet, der genügsame Zeltträger.

nung aber über seine unerschütterliche Ausdauer, mit der er den Berg bestürmte, und unsere Bewunderung und Freude an der Erzählerkunst in seinem Werk «Scrambles amongst the Alps» erleidet dadurch keinen Abbruch, wohl aber sehr stark die Glaubwürdigkeit des Autors.

Taugwalder Vater aus der Sicht seiner Zeitgenossen

Taugwalder war zu seiner Zeit wohl einer der kühnsten Führer der Alpen und auch der besten in Zermatt. Viele Referenzen bezeugen es. Er und Peter Perren wurden von Tuckett in Dienst genommen (PPG 3, 259). Er war Kennedys Führer anlässlich des Winterbesteigungsversuchs über die Ostwand im Jahre 1862. Im selben Jahr führte er mit seinem Sohn Peter Kennedy von der Alp Bricola aus bis nahe an den Gipfel der damals noch unbestiegenen Dent Blanche. Einige Tage vor der Matterhornkatastrophe gelang ihm die Besteigung des Obergabelhorns von Zinal aus, nach einem vorangegangenen Fehlschlag von Zermatt aus. Darüber schrieb Lord Francis Douglas: «Peter Taugwalder stellte sich wunderbar. Er zeigte sich wirklich als ein erstklassiger Führer.» Taugwalder und Perren waren wohl die einzigen Zermatter Führer, die frei waren vom Glauben der Unbesteigbarkeit, mit welchem damals das Matterhorn die Gemüter gefangen hielt.

Ball schrieb in seinem Buch (1863) auf Seite 36: «Peter Taugwalder ist ein besserer Führer als seine Namensvetter *(‹namesakes›). Er ist ein erstklassiger ‹cragman› (Felsspezialist), kräftig, willig, oft aber auch eigenwillig.»

---

* Unter «Namensvetter» sind bei Ball offenbar die Brüder Zumtaugwald gemeint. Die britischen Pioniere kümmerten sich nicht um die in ihren Ohren fremdklingenden Namen und die ihnen fremde Rechtschreibung der Zermatter Familiengeschlechter. Die Zermatter Führer kannten sich oft nur bei ihrem Ruf- oder Übernamen. Viele von ihnen waren des Schreibens unkundig. Peter Taugwalders einheimischer Rufname lautete «ds Geppi». Die Familie wohnte in dem heute noch bestehenden grossen Haus am Dorfplatz, gegenüber der Kirche.

Zu erwähnen sei hier noch Hinchliffs Beurteilung seines Führers Taugwalder anlässlich der Monte-Rosa-Besteigung im Jahre 1856. Hinchliff, Summer Months... (111, 112):
«Peter Taugwalder, der die Partie anführte, machte nach jeweils einigen hundert Metern kurze Halte. Ruhig, ohne Worte, auf seinen Alpenstock gestützt, drehte er sich um und inspizierte sein kleines Regiment von Nachzüglern. Dabei beobachtete er aufmerksam jedes Gesicht, um festzustellen, wie wir uns fühlten. Bei diesen Halten wurde nicht viel gesprochen, denn wir wussten, dass uns noch viel harte Arbeit bevorstand. Einer meiner Kollegen deutete mir gegenüber an, Peters häufige Schnaufhalte hätte ihre Ursache in seiner Übermüdung als Folge der allzu kurzen Ruhe, die er in der Nacht hatte*. Ich allerdings dachte, ich würde Freund Peter besser kennen. Im Hinblick auf die Schwierigkeiten, die wir noch zu überwinden hatten, war er besorgt, dass wir unseren Atem und unsere Kraft nicht allzusehr ausgeben würden.» (Hinchliff 101.)

---

* In jener Nacht stieg Peter Taugwalder, durch einen Boten aufgefordert, von Zermatt auf den Riffelberg, wo er zu der Partie stiess, die im Hotel übernachteten, und die er am Morgen auf den Monte Rosa führte. Das damals kleine Haus auf dem Riffelberg nannte Hinchliff «the ‹beau ideal› of a residence» (97), Whymper bezeichnete es dagegen als «a miserable shanty» (Guide to Zermatt).

168

Von besonderer Aussagekraft sind Güssfeldts Ausführungen über die beiden Taugwalder anlässlich seines verwegenen Matterhornversuches kaum zwei Monate nach der Erstbesteigung; also zu einem Zeitpunkt, wo der Schrecken dieses Berges noch alle Gemüter lähmte. Der damals 25jährige Preusse mit Zwicker und Pickel war später ein hochangesehener Hochschullehrer und Forschungsreisender. Dr. Paul Güssfeldt lebte von 1840 bis 1920. Er wurde später Geheimrat und Berater von Kaiser Wilhelm II., den er übrigens auf den höchsten Berg Norwegens «mitnahm». 1883 erreichte Güssfeldt am Aconcagua die Höhe von 6400 Meter, den damaligen Höhenrekord. Er galt als einer der besten deutschen Bergsteiger seiner Zeit. Seine alpinen Leistungen deuten auf einen Charakter hin, der viele gemeinsame Züge mit Whymper aufwies; vielleicht mit der Ausnahme, dass Güssfeldt sich auch in Gewaltstouren und waghalsige Unternehmen einliess, die bereits an Extremkletterei erinnern: Scersen-Eisnase, Jorasses im Winter, Peuterey-Montblanc (vier Tage ohne Unterkunft). (Unsworth 164, MKL 8, 534.)

Als der damals noch junge Güssfeldt in Berlin hörte, das Matterhorn sei bestiegen worden, eilte er nach Zermatt und forderte Taugwalder auf, mit ihm den Berg auf Hudsons und Whympers Weg zu besteigen. Offenbar wollte er der Nationalehre des Preussischen Königsreiches an dieser alpinen Prestigefrage auch ihren Anteil sichern. Er schrieb (gekürzt): «Dieser Mann (Taugwalder) hatte auf der Spitze gestanden, er musste den Weg kennen, ein hoher Gewinn stand ihm in Aussicht, und dennoch — als ich ihm mein Vorhaben mitteilte, erschrak er, suchte abzuraten und zeigte mir die Wundmale, welche ihm das Seil zufügte.»

Es gelang Güssfeldt schliesslich doch, den Taugwalder nebst seinem Sohn zum nochmaligen gewagten Unternehmen zu überreden, jedoch nicht von Zermatt aus, sondern von der italienischen Seite, von Breuil aus. Die ganze Tour war durch grosse Schwierigkeiten gekennzeichnet, bis selbst der verwegene Güssfeldt vor einer senkrechten Felswand kapitulieren und enttäuscht die Rückkehr anordnen musste. Er schrieb selber: «Nach 21stündigem Marsch, mit nur kurzen Pausen, trafen wir nachts um 11 Uhr in Breuil ein. Es war eine teuer erkämpfte Niederlage. Sie ist bis jetzt für mich die einzige geblieben und wird in meiner Erinnerung stets den Ehrenplatz behaupten.» (SAC Jahrbuch 1879, 240.)

Ende August 1861 hielt sich der britische Privatgelehrte Edward G. Schweitzer (1805–1885) im «Monte Rosa» in Zermatt auf. Mit D. Howe aus Dublin zusammen bestieg er von Zermatt aus am gleichen Tag den Gipfel des Breithorns (4164 m), von Südosten her. Durch Empfehlung und Vermittlung von Monsieur Seiler sicherten sie sich «zwei der vertrauenswürdigsten und erfahrensten Eismänner von Zermatt» («... of the most trustworthy and experienced icemen of Zermatt»), wie sich Schweitzer ausdrückte (PPG 2, 343): Vater und Sohn Taugwalder. Der Sohn war damals 18jährig. Schweitzers Bericht über die Breithornbesteigung ist voll Lobes für die beiden Taugwalder. Er schrieb: «Der Sohn besitzt alle edlen Eigenschaften (‹sterling qualities›) des Vaters ... Ich beobachtete, wie wenig Nahrung und Wein Taugwalder zu sich nahm, und dass er den Landwein jedem stärkeren Getränk vorzog. Das ist allen besseren Führern eigen.... An einer steilen, vereisten Stelle schickte Taugwalder seinen Sohn voraus, um Stufen zu schlagen. Seine tiefe, monotone Stimme ermahnte dann seine beiden Touristen, vorsichtig in diese Stufen zu treten und ihm zu folgen.» (Edward Schweitzer, PPG 2, 1, Seite 343.)

Der «Matterhorn-Peter»

Im Jahre 1922 war von den Matterhornbeteiligten des Jahres 1865 nur noch der inzwischen achtzig Jahre alt gewordene Peter Taugwalder Sohn am Leben. Auch die Italiener Carrel, Bich, Maquinanz, Gorret, Meynet waren schon gestorben. Jean-Anton Carrel starb an Müdigkeit, Kälte und Hunger. Er war mit Touristen in der Hütte am Fusse des «Grossen Turms» wegen schlechtem Wetter blockiert gewesen. Nach mehreren Tagen brachte er seine Gäste schadlos an den Fuss des Berges zurück, wo er am 25. August 1890 an Erschöpfung starb.

Taugwalder Sohn hatte 1867 Barbara Salzgeber aus Zermatt geheiratet. (Ihr Name ist im Stubenbalken [«Binna»] des Taugwalderhäuschens «zum Biel» eingeschnitzt.) Nach Barbaras Ableben heiratete er 1878 Maria Lerjen aus Täsch. Aus beiden Ehen stammen sechs Kinder. Seine Führerlaufbahn begann der

Peter Taugwalder Sohn, 80jährig mit seiner Tochter Balbina.

junge Peter schon sehr früh. Im Jahre der Matterhornkatastrophe, als 22jähriger, gehörte er keinesfalls mehr zu den Anfängern. Ein Jahr zuvor (1864) ging er mit Moore und Almer im Schneesturm stufenschlagend auf den Dom, wobei der Gipfel nicht erreicht wurde. Er war damals schon als Führer im Dienste Seilers. Am 7. Aug. 1865 führte er mit Jakob Anderegg und J. P. Cachat die Herren Buxton, Grove und Macdonold von der italienischen Seite aus auf den Dome du Goutier — eine sehr schwierige Tour. Der erste Zermatter Führer, der das Matterhorn nach der Katastrophe erfolgreich bestieg, war Peter Perren im Jahre 1869. Ihm, dem sogenannten «Lyskamm-Peter», folgte 1872 als zweiter Zermatter wieder sein Freund, der «Matterhorn-Peter». Seine drei Herren – es waren die Brüder W. und R. Pendleybury und Ch. Tayler, mit ihrem Saaser Führer Ferdinand Imseng, hatten tagszuvor eine der grössten Gewaltleistungen in den Alpen vollbracht: Die Besteigung des Monte Rosa über dessen Ostwand, die höchste Wand der Alpen. Am 24.–25. Juli 1872 führte sie der «Matterhorn-Peter» von Zermatt übers Matterhorn nach Breuil. Zum erstenmal seit sieben Jahren kam der junge Peter an der fatalen Stelle vorbei.

Den Namen «Matterhorn-Peter», den sich Jung-Peter mit den Jahren unter den Touristen angeeignet hatte, ist auf seine unzähligen Führungen aufs Matterhorn zurückzuführen. 125 mal hatte er seine Herren auf den berühmten Gipfel geführt. Wohl auch 125 mal musste er dabei die dramatische Erstbesteigung erzählen.

Nachdem ihm ein fallender Stein im Alter von 57 Jahren das Knie zerschlug und seiner Führerlaufbahn ein jähes Ende bereitete, lebte er während des Sommers in seinem Häuschen «zum Biel». Auch dort wurde er von interessierten Leuten aufgesucht, die ihn mit aufdringlichen Fragen überhäuften. Kein Wunder, dass er gegen diese Art von Anteilnahme eine Allergie entwickelte und gelegentlich mit ironischen Antworten parierte. In seinen letzten Jahren nervte es ihn, wenn ein Besucher das Gespräch auf das Unglück am Matterhorn zu lenken versuchte. Während des Ersten Weltkrieges besuchte der Schriftsteller Johannes Jegerlehner aus Genf den damals 75jährigen «Matterhorn-Peter» in seinem Reduit. In Jegerlehners Buch lesen wir, was ihm der 75jährige auf seine Fragen geantwortet hatte: «Manches stimmt, was in Whympers Büchern steht, aber manches ist erfunden und entstellt. Whymper hat meinen Vater und mich als verächtliche Gesellen dargestellt. Das war eine gottsträfliche Verleumdung des hochfahrigen Herrn. Hierherum weiss das jedermann. Man hat es mir hundertmal bestätigt. In meinem Führerbuch steht mancher schöne Spruch von hohen Herren, der ganz anders lautet als das Zeugnis Whympers, das er mir ungebeten ausstellte. Und das genügt mir.» (Jeg. 6.)

Damit wollte der «Matterhorn-Peter» ausdrücken, dass er der Fragerei überdrüssig sei und dass er keiner weiteren Rechtfertigung durch einen Schriftsteller bedürfe. Es genüge ihm, dass die Einheimischen alle wüssten, wie sich die Dinge richtig verhielten.

Es ist zu bedauern, dass der begabte Schriftsteller Jegerlehner die Gelegenheit nicht erkannte, einen historischen Roman zu schreiben, sondern die Taugwalderschen Erinnerungen in einen zweitrangigen Liebesroman umfunktionierte. Für den Alpinhistoriker ist der Roman völlig wertlos.

In Zermatt begegnete man Taugwalder in Gesellschaft pfeifenrauchender Kameraden im «du Pont» oder zeitunglesend im Lokal der Dorfrasiererin Marie Biner. Kaum jemand wusste, dass der Mann mit dem von Runzeln zerfurchten Gesicht und einem zugekniffenen Auge der Senior der damals über hundert Zermatter Führer war und dass er eine grossartige Bergführerlaufbahn hinter sich hatte. In seiner Jugendzeit gab es in Zermatt vielleicht zehn Bergführer.

Er starb am 9. März 1923 in seiner Wohnung im Eckhaus des Kirchplatzes, im Alter von 80 Jahren. Bei seinem Tode befand sich Zermatt gerade im Winterschlaf. Der Skisport steckte noch in den Anfängen. Das ganze Dorf erwies dem letzten Zeugen der Matterhornkatastrophe seine Sympathie und Ehrfurcht durch sein Geleit auf den Gottesacker, wo sich auch die Gedenkstätte von vier der sechs übrigen Teilnehmer vom 14. Juli 1865 befindet.

Seine Tochter schrieb kurz nach dem Tod ihres Vaters an Charles Gos: «Der Vater behielt seinen guten Humor bis zur letzten Stunde. Er rauchte noch drei Pfeifen nach Mitternacht, die letzte zehn Minuten vor seinem Tod.»

Peter Perrens grosse Enttäuschung

Peter Perrens Wunsch war, bei der Erstbesteigung des «Horus» mit dabei zu sein, doch dies blieb ihm im entscheidenden Moment versagt. Er befand sich mit einem Klienten auf dem Monte Rosa und traf erst am Samstag in Zermatt ein. Den Matterhorngipfel betrat Perren sechs Jahre später. Und auch diese Besteigung war in einem gewissen Sinne eine Pionierleistung, sogar in dreifacher Hinsicht. Mit ihm bestiegen Vater und Tochter Walker den Berg. Miss Lucy Walker war die erste Frau auf dem Gipfel und Vater Frank war mit seinen 58 Jahren bis in unser

Jahrhundert hinein der älteste Tourist, der diese Leistung vollbrachte. Perren war der erste Zermatter Führer, der seit der Erstbesteigung den Gipfel betrat (Gos 3, 12). Seit der Katastrophe mieden die Zermatter Führer das Matterhorn. Eine Ausnahme bildeten die beiden Taugwalder und Perren. Schon 1869 versuchten Perren und der «Matterhorn-Peter» mit ihrem Herrn R. B. Heathcote das Horn von Breuil aus zu besteigen. Ein Blitzschlag traf die Partie, bevor sie den Gipfel erreichte. Alle überlebten, aber der Abstieg war ein Drama.

Whymperkult

Auf dem Friedhof in Chamonix fällt dem Besucher auf der linken Strassenseite ein zwei Meter hoher Grabstein auf: Das Matterhorn in Miniatur, mit Hörnligrat, Ostwand, Schulter, Zmuttzacken... Dieser markante Gedenkstein kennzeichnet Edward Whympers Ruhestätte. In Zermatt sieht der Besucher an der Hausmauer des Hotels «Monte Rosa» eine eherne Tafel, welche das Porträt Whympers darstellt. Die Tafel zeigt ein Gesicht, dessen Züge fast so hart sind wie das gusseiserne Material, in das sie eingeprägt sind. Finster blickt er auf die Mauer, auf welcher die Führer zu sitzen pflegten, um auf ihre Klienten zu warten. Leider musste diese Mauer, ein Andenken an die heroische Zeit, einer Abschrankung weichen.

Im Museum von Zermatt ist Whympers Eisaxt zu bewundern. So nannte man früher den Gletscherpickel. An der Wand hängt sein grosses Porträt, dessen heroischer Blick in die Ferne schweift. In der Buchhandlung in Zermatt findet man moderne Sekundärliteratur, in welcher Whymper als der Eroberer des Matterhorns und das Matterhorn als der Berg Whympers dargestellt sind. Der alpinen Nostalgie wird ausserdem Rechnung getragen durch die Whymperstube, eine Gaststätte im Hotel Monte Rosa. Ein anderes Hotel sorgt für das leibliche Wohl seiner Gäste mit einem «Whymperteller». In einer Konditorei erhält der Kunde Whymperschnitten ... Zweifelsohne wird der Name «Whymper» in Zermatt als Reklame benutzt.

Woher rührt diese Überbewertung Whympers und das gleichzeitige Totschweigen der anderen Matterhornbeteiligten? Wohl von niemand anderem als von Whymper selbst, der

174

Edward Whymper, in späteren Jahren.

es verstand, mit seinem Buch «Scrambles amongst the Alps» weltberühmt zu werden. Die «Scrambles» sind für das grosse Publikum bestimmt. Whymper geht daraus als schillernde Persönlichkeit hervor. Kenner der klassischen alpinen Literatur wissen jedoch, dass gewisse Schilderungen in «Scrambles» mit grosser Vorsicht zu geniessen sind. Whympers Egozentrik und sein absolutes Urteil in allen alpinen Fragen kommen in seinen Schriften unterschwellig zum Ausdruck. Sein 393seitiges Buch (nach Auflage verschieden) steckt voller Übertreibungen und widerspricht sich an mehreren Stellen.

Whymper und der Alpine Club

Die AC-Mitglieder, es mochten 350 gewesen sein, waren alles ehemalige Schüler renommierter Colleges wie Eton, Oxford, Cambridge. Die meisten besassen einen akademischen Titel, ohne den man sich im klassenbewussten viktorianischen England im beruflichen, politischen und gesellschaftlichen Leben nicht leicht Gehör verschaffen konnte. Ein Teil der AC-Mitglieder war Gutsbesitzer, welche für ihren Lebensunterhalt keinen Beruf ausüben mussten. Diese «class of leasure» war geneigt, Leute mit einer geregelten Lohnarbeit der tieferen sozialen Schicht zuzuordnen. Edward Whympers «social standing» reichte für diese gesellschaftliche Stufenleiter nicht aus; er besuchte ja nur die «Clarendon House School» und arbeitete als Holzschneider im väterlichen Unternehmen «Josiah Wood Whymper Buchillustrationen in Holzschnitt, Lambeth».

Die Kritik aus dem Kreis der Mitglieder und die kühle Reserve, mit der man ihm, trotz seiner alpinen Leistungen, begegnete, machten ihm zu schaffen. Er litt zeitlebens unter seinem überbetonten Selbstgefühl und Ehrgeiz. Diese Eigenschaft wurde im damals klassenbewussten Commonwealth noch gesteuert. Das treibende Motiv der jungen Alpenpioniere war nur gegen aussen die viel bewunderte und beschriebene Gipfelaussicht, in Tat und Wahrheit war es ein selbstauferlegter Gipfelzwang, der die jungen Leute zu gefahrvollen Höchstleistungen antrieb. Zu diesen Alpenpionieren gehörte Edward Whymper. Auch er wurde in einer feierlichen Sitzung des Alpine Clubs im Jahre 1861 als Mitglied aufgenommen, obwohl er eigentlich gar nicht «klubfähig» war und sich in der Gesellschaft dieser ehrenwerten Herren nie recht heimisch fühlen konnte.

Soziale Schranken

Alexander Seiler verstand es, nicht nur den Wünschen seiner englischen Gäste gerecht zu werden, er besass auch ein feines Sensorium für Sprachnuancen und verstand die Fragen seiner Klienten richtig abzuwägen. Das folgende Beispiel illustriert die Mentalität der damaligen englischen Hotelgäste:

Nach dem Schicksalsjahr 1865 kam Whymper noch öfters im Sommer nach Zermatt. Im Hotel Monte Rosa wurde er dann von den britischen Gästen wegen seiner alpinen Leistungen bewundert. Um ganz sicher zu gehen, erkundigte man sich aber diskret bei Seiler nach Whympers «social standing». Gehörte er der ihnen «ebenbürtigen» Gesellschaft, der sogenannten noblen «class of leasure» an oder war er auf Verdienst angewiesen? Die Frage lautete diplomatisch formuliert: «How did he get his money?» Eine Nuance weniger höflich lautete sie: «How did he make his money?» In der Fassung «how did he earn his money?» verriet die Frage bereits eine Art Geringschätzung.

Das Schlimmste für Whymper war, dass prominente Klubkameraden wie Moore, Stephen, Tyndall und Coolidge ihn auch nicht ganz für voll nahmen. Zu seinen Vorbildern wurden immer mehr Leute wie De Saussure, Agassiz, Forbes und Tuckett, die es verstanden, ihren alpinistischen Tatendrang in Gestalt wissenschaftlicher Forschung gesellschaftlich zu legitimieren.

Durch die Publizität der Matterhornkatastrophe in den britischen Tageszeitungen war sein Name in weitesten Kreisen bekannt, doch die fehlende viktorianisch-gesellschaftliche Anerkennung veranlasste den geltungshungrigen 26jährigen Edward Whymper, sein wissenschaftliches Potential zu vergrössern. Er machte sich hinter das Studium der Metamorphose von Schnee in Firn und Eis und beabsichtigte, eigene glaziologische Forschungen durchzuführen. Nach dem schicksalhaften Sommer 1865 mied er keineswegs die Zermatter Gegend, wie man annehmen könnte. Er bezog wieder Logis bei Seiler, rekrutierte einige Leute und unterstellte sie der Aufsicht von Franz Biner.

Diese mit Pickel, Schaufel, Eisschrauben, Hacken, Bohrstangen und Messlatten ausgestattete Equipe grub in den Firn des Valpelline-Passes (3568 m) einen 8 Meter langen und 1,7 Meter breiten Schacht, der eine Tiefe von 7 Meter erreichte. Die

Sondierung sollte Aufschluss geben über die Gletscherbildung und die Bänderung des Gletschereises (SAC J 1911, 200). Im folgenden Sommer ging er in dieser Forschungsrichtung weiter, wandte sich dann aber der arktischen Region zu.

Forschung in der Arktis

1867 reiste Whymper nach Westgrönland. Er wollte die Eisschichten erforschen. Ein tieferes Eindringen auf das Inlandeis war jedoch in diesem Einmann-Unternehmen nicht möglich. Erst 1872, also fünf Jahre später, setzte er seine Grönlandexpedition fort; aber auch diesmal fehlten ihm die Mittel zu einer eigentlichen glaziologischen Forschung. Das Ziel seiner innersten Hoffnungen, die Entdeckung des Nordpols, gab er dabei endgültig auf. Es blieb bei diesen zwei Arktisreisen. Die grönländischen Ureinwohner, die Eskimos, nahmen jedoch Whympers Interesse bis ins Alter in Anspruch. Ihre Lebensbedingungen, Psychologie und Folklore machten ihm grossen Eindruck.

Die fünf Jahre, die zwischen den beiden Gröndlandreisen lagen, waren mit der Abfassung des Buches «Scrambles amongst the Alps» ausgefüllt.

«Scrambles»

Damals war die Gebirgsfotografie noch im Versuchsstadium. Die ersten Bergfotos stammen von Ruskin um das Jahr 1850. Hudson fotografierte 1855. Whymper befürchtete in der Fotografie eine bedrohliche Konkurrenz zu seinen Holzschnitt-Gravuren. Später wurde er selber ein sehr guter Fotograf. Mehrere Whympersche Bergfotos schmücken auch heute noch die Wände des Salons im Hotel «Monte Rosa» in Zermatt. Whympers Buch vereinigt die Erfolge eines bahnbrechenden Bergsteigers mit der Begabung eines klassischen Erzählers und der Kunst eines Zeichners. Diese künstlerische Einheit in einem einzigen Werk war einmalig in jener Zeit. In seinem «Abenteuerroman» erkannten nicht nur die gehobene Gesellschaft, sondern auch die Leute aus der eintönigen Industrie- und Arbeitswelt ihre Jugendträume. Whymper wurde zum idealen «sportsman».

Sein Meisterwerk hatte einen so grossen Erfolg, dass er als Publizist einen Wohlstand erlangte, der ihm weitgehend ein finanziell sorgloses Leben ermöglichte. Ohne diese Einnahmequelle wären ihm die Grönland-, Nordamerika- und Andenexpeditionen nicht möglich gewesen.

Whympers Matterhornliste bis 1880

In späteren Auflagen der «Scrambles» ist eine Liste der 200 Matterhornbesteigungen von 1865 bis 1880 beigefügt. In der Anmerkung sagte Whymper, die Liste sei nicht ganz vollständig, weil es ihm nicht möglich gewesen sei, alle Informationen zu erhalten. Sein Bergkamerad A. W. Moore, der mehrere Male oben war, und der St. Galler Bergsteiger J. J. Weilenmann, der es schon 1873 mit Führer Pollinger aus St. Niklaus bestieg, fehlten auf der Liste. Moore und Whymper gingen sich seinerzeit im Dauphinet auf die Nerven und Weilenmanns Englandfeindlichkeit mag ein Grund für die Unterlassung gewesen sein. In der 76. Besteigung figuriert Whymper selbst. Auf dem Gipfel war er jedoch nur einmal im Leben, nämlich anlässlich der Erstbesteigung. Bei seiner zweiten und letzten Besteigung im Jahre 1874 ging er nur bis zur alten Hütte. Es lag Whymper viel daran, zu betonen, dass diese Zweitbesteigung nicht nur ein touristisches Unternehmen war, sondern zu fotografisch-wissenschaftlichen Zwecken unternommen wurde («ascent made for the sake of photography»). Bei keiner andern der aufgeführten Partien hielt er es für nötig, einen Zweck anzugeben. Bis zu Whympers Zweitbesteigung im Jahre 1874 waren schon 75 Partien oben — mit Führern und Trägern rund 300 Personen. Der Berner Apotheker Rudolf Lindt mit seinem Führer Sarbach trafen Whymper mit J. A. Carrel und J. B. Bich als Führer oben bei der alten Matterhornhütte. Lindt schrieb im SAC J 1874, 261: «Schon war Herr Whymper mit seinen Führern da und arbeitete an einer kleinen Plattform, wo er sich in seinem Schlafsack niederlegen wollte. Unsere Begrüssung war höflich, von Seiten der Italiener eher scheu oder misstrauisch. ... Doch lief alles glücklich und friedlich ab.» Diese belanglose Episode lässt die Unstimmigkeiten zwischen den Führern von hüben und drüben erkennen.

Whympers Eigenheiten

Viele Klubmitglieder stiessen sich an Whympers freien Um-
gangsformen. Als junger Mann ass er im Gasthaus in weitem
Pullover, ohne Hemd und Krawatte. Er rauchte zeitlebens den
stärksten Tabak und brannte oft Löcher ins Tischtuch und in
die Bettwäsche. Er vertrug den stärksten Absinth; und dabei
konnte es vorkommen, dass er die Grenze nicht mehr wahr-
nahm. Nie beanspruchte er für sich einen Arzt; diese Tugend
schrieb er seiner robusten Konstitution zu.

Diese Angewohnheiten lassen sich natürlich nicht aus den
«Scrambles» herauslesen. Man weiss davon aus den Aufzeich-
nungen und mündlichen Überlieferungen seiner Zeitgenossen.
Er glaubte an seine körperliche und geistige Überlegenheit, an
den Herrenmenschen im Sinne Nietzsches. Seine privaten Tagebuchnotizen sowie auch gewisse Äusserungen gegenüber
Mitmenschen lassen klar erkennen, dass der Beweggrund seiner Grönlandreise nicht nur dem Studium des Inlandeises galt,
sondern auch der Sammlung von Erfahrungen im Hinblick auf
eine weitere Reise, die der Entdeckung des Nordpols gelten
sollte. Ähnlich verhielt es sich mit der Andenexpedition. Nachdem er einsah, dass die Besteigung des höchsten Berges der Erde, den er richtigerweise im Himalaja vermutete, aus finanziel-
len Gründen ausgeschlossen war, verlegte sich sein Interesse
auf den höchsten Berg der Neuen Welt, den er in den äquatoria-
nischen Anden vermutete. Der 7021 Meter hohe Aconcagua in
den Süd-Anden war damals noch nicht bekannt. Schon bestiegene Gipfel waren für ihn uninteressant. Er machte zum Beispiel rechtsumkehrt, als er auf der Dent Blanche einen Steinmann sah. Der höchste Berg Europas, der Mont Blanc, war für
ihn nicht besteigenswert, denn bis 1865 hatten ihn schon über
hundert Personen bestiegen. Sogar Hunde waren oben, was in
unseren Augen nichts anderes als Tierquälerei war. Als Whymper den Mont Blanc dann doch noch im Jahre 1893 bestieg, verbrachte er zusammen mit Frederic Payot die Nacht oben auf
dem Gipfel (SAC J 1911, 20).

Führer-Probleme

Mit den Führern hatte Whymper seine liebe Not — und dies seit eh und je. Wie wir wissen, hinterging ihn Carrel in der Matterhorn-Angelegenheit. Auch der berühmte Grindelwaldner Führer Almer wollte vom Matterhorn nichts wissen. Er und Biner verliessen Whymper in Breuil. Ebenso Michel Croz, sein Lieblingsführer, drängte ihn zum Aufgeben des Matterhornplanes. Merkwürdigerweise kam dann Croz als Hudsons Führer doch wieder nach Zermatt, um sich auf das gefährliche Abenteuer einzulassen, was ihn dann das Leben kostete. Whympers Verhältnis zu den Führern wurde in späteren Jahren nicht besser. Seine Charakterzüge verschärften sich. Er wurde mürrisch und verbittert.

In den Anden verstritt er sich endgültig mit seinem Freund und Rivalen Carrel. Nahezu handgreiflich waren die Differenzen, die er mit dem berühmten Bündner Führer Christian Klukker in den Rocky Mountains austrug.

Whympers Trauma

Wer schon einmal ein Bergtrauma miterlebt hat, macht die tröstliche Erfahrung, dass im Verlaufe der Jahre die schwindende Erinnerung vieles verwischt und die seelische Belastung abnimmt. Dies war auch bei Whymper der Fall. Während der ersten Tage verschanzte er sich im Hotel und sprach kaum mit jemandem. Dann aber wurde das Matterhorndrama sein Hauptthema und blieb es bis an sein Lebensende. Er starb im Jahre 1911 in Chamonix. In zahlreichen Vorträgen und Schriften hatte das Matterhorn und die Absturzszene stets den Vorrang. Dabei verteidigte er sich gegen jene, die nie eine Klage gegen ihn erhoben hatten, weil sein Gewissen rege blieb.

Verständlicherweise litt er unter dem Trauma des Vorgefallenen und dem abgeschmackten Verdacht, «er habe an seinen Gefährten Verrat geübt» (Guido Rey). Whymper war nicht der Mann, der etwas zurücknehmen konnte, und so beging er den für einen Bergsteiger unwürdigen Weg, seine ursprünglichen Erklärungen durch weitere, zum Teil frei erdachte Einzelheiten auszupolstern.

In seinem faszinierenden Buch «Mountains of Youth» analysiert Arnold Lunn Whympers Charakter: «Es ist klar, dass Whymper den Taugwalder nicht mochte. Es ist aber auch wahrscheinlich, dass Taugwalder den Whymper nicht mochte.» Lakonisch fügte er bei: «Few people did» (wenige mochten ihn). Dass die Taugwalder Whymper nicht mochten, war in Zermatt ein offenes Geheimnis.

Betrachtungen seitens der Führer über ihre «Herren» findet man nur ausnahmsweise in der Bergliteratur. Bergführer Christian Klucker notierte seine Erfahrungen, die er mit Whymper gemacht hatte, und die waren nicht die besten.

Das Tragische an der Angelegenheit war die lebenslängliche psychische Zerstörung von Vater Taugwalder. Durch Whympers Erörterungen wurden die schon bestehenden Animositäten des Zermatter Cliquengeistes noch aufgeheizt, so dass es der alte Peter schliesslich nicht mehr in Zermatt aushielt. Nicht einmal seine geliebten Berge konnten ihn zurückhalten.

Whympers Beurteilung seiner Seilgefährten polarisierte sich im Verlaufe der Jahre immer mehr. Hadow nannte er einen Dummkopf («un sot», in Gos 3, 295). Der rauhbeinige, dominierende Croz wurde in «Scrambles» zum «besten Führer aller Zeiten». Von Hudson und Douglas sagte er kaum etwas. Auch Whympers Beziehung zu Lord Francis Douglas kann nicht als freundschaftlich bezeichnet werden. Die beiden hatten sich beim Übergang über den Theodul als Seilgefährten kennengelernt. Offensichtlich hatten sie bei dieser Gelegenheit nicht viel über Persönliches gesprochen. Als Whymper im Verhör nach der Wohnadresse der Abgestürzten gefragt wurde, lautete seine Antwort: «Mr. Hudson war Vikar in Skillington, den Wohnort der andern kenne ich nicht.» (Frage Nr. 5.) Er wusste also über seine Gefährten nicht mehr, als was er schon vor Jahren wusste und jedem englischen Bergsteiger bekannt war. Hudson war schliesslich der populärste englische Alpinist und Lord Francis Douglas ein schottischer Edelmann, Bruder der Marquess of Queensberry und zweiter Sohn der Marquess of Queensberry, ihr Lieblingssohn (Unsworth 124).

In seinen späteren Jahren kam Whymper immer wieder in die Alpen, insbesondere in die Gegend seiner Triumphe: nach Zermatt, Chamonix oder Tournanche. Er sonnte sich auf den Lorbeeren seines Erfolges, wurde aber kaum umgänglicher als

Mensch. Er blieb bis ins Alter Junggeselle. Es überrascht kaum, dass seine späte Ehe mit einer 19jährigen nicht in Harmonie verlief. Aus der Ehe ging eine Tochter hervor. Ethel Whymper bestieg am 27. August 1930, begleitet von G. Davidson und den Führern Summermatter und Zurbriggen, das Matterhorn. Sie traversierte es von Zermatt nach Breuil. 65 Jahre zuvor hatte ihr Vater mit den Erstbesteigern auf dem Gipfel gestanden. Whymper hielt sich in den letzten Tagen seines Lebens in Chamonix auf. Er erkrankte, schloss sich einige Tage später in sein Hotelzimmer ein, lehnte jegliche Hilfe ab und starb am 16. August 1911, im Alter von 71 Jahren.

Unweigerlich denken wir dabei an Vater Taugwalder, der bei den Bauarbeiten des Berghotels Schwarzsee vermutlich an einer Lungenentzündung erkrankte, ebenfalls jegliche Hilfe ablehnte und am Fusse seines Berges starb, in der Nähe des dunkeln Seeleins, in dem sein Sohn Joseph ertrunken war, der als Träger die Erstbesteiger bis zum Biwak begleitet hatte. Und auf der Südseite, am Fusse der «Becca», hauchte Carrel aus Erschöpfung, nach Erfüllung vorbildlicher Führerpflicht, sein Leben aus. Wenn wir uns noch an Croz, Hudson und Hadow erinnern und Sohn Peter Taugwalder, der bei einem Steinschlag am Matterhorn am Knie getroffen wurde, so stimmt uns das nachdenklich.

Whymper wurde in Chamonix beerdigt. Die sterblichen Überreste jener Menschen, die sich zufällig am 12. Juli 1865 im Hotel Monte Rosa beim Abendmahl begegneten und sich überstürzt zu einer Seilschaft zusammenschlossen und ihr Schicksal programmierten, fanden nicht alle in der Nähe ihrer Berge die verdiente Ruhe. Am Schluss seines Berichtes schrieb Whymper in «Scrambles» (Seite 333) als ernste Mahnung an alle, die Hochtouren unternehmen: «Ich habe Freuden erlebt, die zu gross sind, als dass sie beschrieben werden könnten, und Kummer erlitten, so schwer, dass ich von ihm nicht zu sprechen wage. Und wenn ich all dies mir zurückrufe, muss ich sagen: Ja, waget euch auf die Berge, aber lasset nicht ausser acht, dass Mut und Kraft nichts bedeuten, wenn nicht auch die Vorsicht hinzukommt; seid eingedenk, dass die Fahrlässigkeit eines einzigen Augenblicks das Glück eines ganzen Lebens zerstören kann. Überstürzt euch nie; achtet auf jeden Schritt und denkt beim Anfang immer, wie das Ende sein kann!»

Von einem Kummer, der ihm das Leben gebrochen hatte, könnte auch Vater Taugwalder geschrieben haben. Und hätte er nicht jene kurze Sekunde lang seine Geistesgegenwart bewahrt, «Scrambles» wäre nie geschrieben worden, alle Teilnehmer wären der Ungnade der Nordwand zum Opfer gefallen und das Unglück heute ebenso vergessen wie das grosse Montblanc-Unglück von 1870, das von einigen Führern und Touristen das Leben forderte.

Der Berg allein ist der Überlebende. Heute wie damals thront er als Herausforderung über dem Tal und lockt mit seinen zackigen Gräten und steilen Wänden immer wieder neue Menschen an, Mut und Kräfte an ihm zu erproben und das Glück zu geniessen, für Augenblicke auf seinem Dach zu stehen und sich dem Himmel nahe zu fühlen.

Die sterblichen Reste Charles Hudsons

Die drei Grabsteine aus Monte-Rosa-Granit (mit gleichschenklig-rechtwinkligem Querschnitt) erwecken den Eindruck eines einzigen Grabmals. Bei der Verlegung des Friedhofs im Jahre 1911 wurden die Gebeine Hudsons in den Altar der anglikanischen Kirche übergeführt. Eine Gedenktafel daselbst trägt die Inschrift: «Unter diesem geweihten Altartisch ruhen die Gebeine von Charles Hudson, Vikar von Skillington (Lincolnshire), verunglückt am Matterhorn am 14. Juli 1865. Sie warten auf das Kommen des Herrn Jesus Christus.» (Aus dem Englischen übersetzt.) Hudsons Frau, Emily Antoinette, geborene Myllne, hatte nie mehr geheiratet und überlebte ihn um 58 Jahre (AJ 32, 8 fn). Der Sohn machte den Burenkrieg im Jahre 1900 als Feldarzt mit. Ein Gletschergebiet in Grönland heisst heute «Hudson-Land» (AJ 27, 366).

Anhang

Whympers Brief an die «Times» vom 8. August 1865

In ihrer Ausgabe vom 8. August 1865 publizierte die «Times» den folgenden Brief von Whymper:

Sehr geehrter Herr,

Auf die Bitte des Präsidenten des «Alpine Clubs» (Alfred Wills) sowie auf die Ihrige hin, fühle ich mich verpflichtet, mein Schweigen über den Unfall am Matterhorn zu brechen und Ihnen hiermit einen exakten Bericht über den Unfall einerseits sowie die ihm vorangehenden und nachfolgenden Ereignisse zu unterbreiten:

Am Mittwochmorgen, den 12. Juli, traversierten Lord Francis Douglas und ich den Theodulpass mit dem Ziele, in Zermatt Führer zu engagieren. Nach der Überquerung des Furgg-Gletschers deponierte ich mein Zelt, die Seile und weiteres Material in der Schwarzsee-Kapelle. In Zermatt angelangt, verpflichteten wir Peter Taugwalder und überliessen es ihm, einen weiteren Führer zu engagieren.

Im Laufe des Abends kamen Herr Vikar Hudson und dessen Freund, Herr Hadow, in unserem Hotel an und teilten uns ihre Absicht mit, am nächsten Morgen die Besteigung des Matterhorns in Angriff zu nehmen. Lord Douglas und ich stimmten darin überein, dass es nicht wünschenswert sei, wenn zwei getrennte Seilschaften zur selben Zeit und zum selben Zwecke auf

Die Englische Kirche in Zermatt.

dem Berge seien. Wir schlugen deshalb Herrn Hudson vor, sich uns anzuschliessen, und er nahm den Antrag an. Ehe ich seinen Freund, Herrn Hadow, ebenfalls zuliess, erkundigte ich mich vorsichtshalber über dessen alpine Leistungen. Herrn Hudsons Antwort war, wenn ich mich recht erinnere, dass Herr Hadow den Mont Blanc in ungewöhnlich kurzer Zeit erstiegen habe. Er erwähnte noch mehrere, mir unbekannte Unternehmungen seines Freundes und schloss mit den Worten: «Wir können ihn bedenkenlos mitnehmen.» Dies war ein vorzügliches Zeugnis eines erstklassigen Alpinisten, und Herr Hadow wurde nun, ohne noch weiter befragt zu werden, von uns aufgenommen. Nun ging es an die Führerfrage. Hudson hielt Croz mit dem alten Taugwalder für genügend. Wir liessen diese Männer selbst entscheiden, und sie waren einverstanden.

Wir verliessen Zermatt am Donnerstagmorgen um 5.35 Uhr. Auf Wunsch ihres Vaters begleiteten uns die zwei jungen Taugwalder als Träger. Wir hatten Vorräte für drei Tage bei uns für den Fall, dass die Besteigung mit mehr Schwierigkeiten verbunden wäre als von uns vorgesehen. Von Zermatt war kein einziges Seil mitgenommen worden, da deren mehr als genug in der Schwarzsee-Kapelle lagen.

Folgende Frage wurde mir oft gestellt: «Warum hat man das von Herrn Hudson nach Zermatt mitgebrachte Metallseil nicht mitgenommen?» Ich weiss hierauf keine Antwort. Herr Hudson erwähnte dieses Seil gar nicht, und ich selbst hatte es nie zu sehen bekommen. Einzig meine eigenen Seile wurden verwendet, und das waren:

1. 1 Seil des «Alpine Clubs» von ca. 200 Fuss (61 m)
2. 1 noch solideres Seil als das erstere, von ca. 150 Fuss (46 m)
3. 1 etwas leichteres Seil als das erstere von ca. 200 Fuss (61 m), welches ich selber vor Erscheinen des «Alpine-Club-Seils» verwendet hatte.

Der Zweck unserer Expedition war nicht, wie dies oft behauptet wurde, den Berg auszukundschaften, sondern unser Ziel war, das Matterhorn allen Ernstes in Angriff zu nehmen. Deshalb waren wir auch mit all dem ausgerüstet, was uns eine lange Bergerfahrung als angezeigt erscheinen liess. Immerhin wollten wir am ersten Tag nicht sehr hoch steigen, sondern an einem geeigneten Platz unser Zelt aufstellen.

Um 8.20 Uhr verliessen wir Schwarzsee und stiegen unentwegt aufwärts, dem Grate folgend, der das Hörnli mit dem Matterhorn verbindet. Um 11.20 Uhr erreichten wir dessen Fuss, nachdem wir uns unterwegs des öftern ausgeruht hatten. Wir verliessen nun den Grat und wandten uns nach links, um auf der Nord-Ost-Seite des Berges zu klettern. Vor Mittag hatten wir in ungefähr 11 000 Fuss Höhe (3450 m) einen guten Platz für das Zelt erreicht. Croz und einer der Söhne Taugwalder stiegen höher, um zu sehen, was oben sei und uns so am nächsten Morgen Zeit zu ersparen.

Inzwischen bauten die andern eine gute Unterlage für das Zelt. Als diese Arbeit beendet war, kehrten die zwei Männer zurück. Fröhlich lachend erklärten sie, ohne Schwierigkeit vorangekommen zu sein, und wären wir mit ihnen gewesen, hätten wir ohne weiteres den Gipfel und am selben Tag wieder unser Zelt erreichen können. Solange es hell blieb, sonnten wir uns, zeichneten, und als die Sonne, uns einen guten Tag versprechend, leuchtend unterging, zogen wir uns in das Zelt zurück und richteten uns für die Nacht ein. Hudson kochte Tee, ich Kaffee, dann schlüpften wir in unsere Schlafsäcke. Die Taugwalders, Lord Douglas und ich nahmen das Zelt ein, Hudson, Hadow und Croz zogen die freie Luft vor. Noch lange widerhallten die Felswände von unserem Gelächter und vom Gesange der Führer, denn wir waren sehr glücklich in unserem Nachtlager und dachten an keine drohende Gefahr.

Vor dem Morgengrauen jenes denkwürdigen 14. Juli waren wir zum Aufbruch bereit. Den jüngern der Brüder Taugwalder liessen wir zurück. Um 6.20 Uhr hatten wir die Höhe von 12 000 Fuss (ca. 3900 m) erreicht, und wir rasteten eine halbe Stunde. Dann stiegen wir ununterbrochen weiter bis kurz vor 10 Uhr und machten in einer Höhe von 14 000 Fuss (ca. 4300 m) wieder eine Pause von 50 Minuten.

Bis jetzt waren wir auf der Nord-Ost-Seite geklettert, ohne auf die geringste Schwierigkeit zu stossen. Das Seil brauchten wir fast nie. Manchmal führte Hudson, manchmal ich. Wir waren jetzt nahe dem Teil des Berges angelangt, der von Zermatt aus senkrecht und wie überhängend aussieht, und mussten nun die Ostseite verlassen. Eine kleine Strecke stiegen wir auf dem Grat weiter, dann wandten wir uns nach rechts, also nach der Nord-West-Seite. Ehe wir dies taten, änderten wir unsere Reihenfolge. Croz übernahm die Führung, ich folgte, dann Hudson, Hadow und der alte Taugwalder. Die Umstellung war nötig, weil die Partie jetzt schwieriger wurde und grosse Vorsicht am Platze war. Es gab teilweise wenig Halt und diejenigen mussten vorangehen, welche nicht so leicht ausglitten. Die durchschnittliche Neigung des Berges betrug hier weniger als 40 Grad, und die Zwischenräume der Felsschichten waren mit Schnee ausgefüllt, so dass nur gelegentlich Fels hervortrat. Dieser war teilweise mit einer dünnen Eisschicht überzogen, die sich durch das Schmelzen des Schnees tagsüber und dessen Gefrieren in der Nacht gebildet hatte. Nun kam wieder eine Stelle, die jeder Bergsteiger sicher begehen konnte. Herr Hadow hingegen war diese Art Arbeit nicht gewohnt und bedurfte ständiger Unterstützung, aber niemand schlug vor, ihn nicht weiter mitzunehmen, und er kam mit uns bis auf den Gipfel. Es muss aber gesagt werden, dass Hadows Schwierigkeiten nicht etwa Mangel an Mut oder Müdigkeit zugeschrieben werden konnten, sondern einem Mangel an Erfahrung. Hudson, welcher mir folgte, lehnte während der ganzen Besteigung jeglichen Beistand als unnötig ab. Ich liess mir von Croz zuweilen die Hand reichen oder bat ihn, das Seil anzuziehen. Dieser einzige schwierige Teil war nicht sehr lang und von einer Höhe, die 300 Fuss (ca. 92 m) nicht überstieg. Weiter gegen den Gipfel hin wurde die Steigung endlich so sanft, dass sich Croz und ich vom Seil losbanden und zum Gipfel eilten. Wir erreichten ihn um 1.40 Uhr, die andern ca. 10 Minuten später.

Man hat mich gebeten, eine genauere Aussage über die Verfassung der Seilschaft auf dem Gipfel zu machen. Niemand zeigte das geringste Zeichen von Erschöpfung oder Müdigkeit. Ja, ich erinnere mich sogar, dass sich Croz über mich lustig machte, als ich ihm eine diesbezügliche Frage stellte. Seit unserem Aufbruch waren ja weniger als 10 Stunden vergangen, und davon waren 2 Stunden Rast. Croz machte allerdings eine gewisse Anspielung auf eine bestehende Gefahr, aber dies war rein zufällig und ohne bestimmten Grund.

Er antwortete mir nämlich, nachdem ich geäussert hatte, wir seien sehr langsam gestiegen: «Ja, ich würde auch vorziehen, den Abstieg mit Ihnen und einem andern Führer allein zu machen als mit den hier Anwesenden.» Dann diskutierten wir andern darüber, was wir am Abend nach unserer Ankunft in Zermatt tun würden.

Wir blieben eine Stunde auf dem Gipfel. Während dieser Zeit berieten Hudson und ich, wie wir dies übrigens den ganzen Tag getan hatten, welches die beste und am meisten Sicherheit gewährende Reihenfolge für die Seilschaft sei. Für das beste hielten wir, dass Croz als der Stärkste der erste und Hadow der zweite sei. Hudson, der hinsichtlich der Sicherheit seines Fusses einem Führer gleichzustellen war, wünschte der dritte zu sein. Hinter ihn stellten wir Lord Douglas, auf den der alte Peter als der Stärkste unter den übrigen folgte. Ich machte den Vorschlag, bei unserer Ankunft an der schwierigen Stelle ein Seil um die Felsen zu schlingen, damit wir beim Hinabsteigen einen Schutz mehr hätten. Er billigte meine Idee, doch wurde nicht bestimmt ausgesprochen, dass sie auch durchgeführt werden solle.

Während sich die Gesellschaft in der oben erwähnten Weise ordnete, nahm ich eine Skizze des Gipfels auf. Meine Gefährten warteten darauf, dass ich mich an das Seil binden lasse, als sich jemand erinnerte, dass wir vergessen hätten, unsere Namen aufzuschreiben und in eine Flasche zu stecken. Ich besorgte das auf ihre Bitte, und sie gingen inzwischen weiter. Ein paar Minuten später band ich mich am jungen Taugwalder an, lief den andern nach und erreichte sie, als sie eben das Hinabsteigen der schwierigen Stelle begannen. Es wurde mit grösster Vorsicht vorangegangen. Immer bewegte sich nur einer, und erst wenn er festen Fuss gefasst hatte, folgte der nächste und so weiter. Die durchschnittliche Entfernung vom einen zum andern betrug ca. 20 Fuss (ca. 6 m). Ein Hilfsseil wurde nicht um die Felsen geschlungen und niemand sprach davon. Dieser Vorschlag wurde auch nur Herrn Hadows wegen gemacht, und ich bin nicht einmal sicher, dass der Gedanke daran mir noch einmal kam.

Wie ich erklärt habe, war ich von den übrigen getrennt und folgte ihnen mit dem jungen Taugwalder; aber ungefähr eine Viertelstunde später bat mich Lord Douglas, mich an den alten Taugwalder anzubinden. Er befürchtete nämlich, wie er sagte, dass Taugwalder, wenn ein Ausgleiten vorkomme, ihn nicht halten könne. Dies wurde denn knappe 10 Minuten vor dem Unfall getan, was ohne Zweifel das Leben von Taugwalder rettete. Soviel ich weiss, bewegte sich im Moment des Unglücks niemand.

Mit Gewissheit kann ich aber nicht sprechen und die Taugwalder auch nicht, denn wir konnten die beiden vordersten wegen einer dazwischenliegenden Felsenschulter nicht sehen. Der arme Michel Croz hatte das Beil beiseite gelegt und beschäftigte sich mit Herrn Hadow. Er hatte ihn bei den Beinen gefasst und brachte einen Fuss nach dem andern in die richtige Lage. Aus den Bewegungen ihrer Schultern musste ich schliessen, dass Croz, nachdem er das eben Erwähnte getan hatte, sich umdrehen wollte, um selber einen oder zwei Schritte weiter zu gehen, als Hadow ausglitt, gegen ihn fiel und ihn umwarf. Ich hörte von Croz einen Schreckensschrei und sah ihn und Herrn Hadow niederwärts stürzen. Im nächsten Moment wurde Hudson und unmittelbar darauf auch Lord Douglas von der Wand gerissen. Dies alles war das Werk eines Augenblicks. Aber sowie wir Croz aufschreien hörten, pflanzten der alte Taugwalder und ich uns so fest auf, als es uns das Gestein gestattete. Das Seil war straff angezogen zwischen uns, und der Ruck traf uns, als wären wir nur *ein* Mann gewesen. Wir hielten uns. Doch das Seil riss in der Mitte des Zwischenraumes von Lord Douglas zu Taugwalder. Während zwei bis drei Sekunden sahen wir unsere unglücklichen Gefährten auf den Rücken niedergleiten und mit ausgestreckten Händen nach einem Halt suchen. Dann verschwanden sie, einer nach dem andern und stürzten von Felswand zu Felswand, bis hinunter auf den Matterhorngletscher, in einer Tiefe von beinahe 4000 Fuss (ca. 1280 m). Von dem Augenblick an, wo das Seil riss, war es unmöglich, ihnen zu helfen.

Wohl eine halbe Stunde blieben wir bewegungslos an Ort und Stelle. Die zwei Männer, vom Schreck gelähmt, weinten wie Kinder und zitterten so, dass uns das Schicksal der andern drohte. Sobald wir zu einem sicheren Standplatz hinuntergeklettert waren, liess ich mir sofort das zerrissene Seil zeigen, und zu meiner Überraschung, ja zu meinem Entsetzen sah ich, dass es das schwächste der drei Seile war. Da sich die fünf ersten Männer angeseilt hatten, während ich zeichnete, hatte ich nicht darauf geachtet, welches Seil sie nahmen. Nun musste ich daraus schliessen, dass sie es für angebracht hielten, dieses Seil und nicht ein anderes zu nehmen. Man hat gesagt, das Seil habe sich am Felsen durchgescheuert. Das stimmt nicht. Es riss in der Luft und schien vorher keine Beschädigung erlitten zu haben.

In den folgenden zwei Stunden glaubte ich stets, der nächste Augenblick sei mein letzter, denn die zwei Taugwalder, nahe einem Nervenzusammenbruch, konnten mir nicht nur keine Hilfe leisten, sondern befanden sich in einem solchen Zustand, dass sich jeden Moment ein Ausgleiten von ihnen erwarten liess.

Im übrigen glaube ich nicht, dem jungen Taugwalder gegenüber ungerecht zu sein, wenn ich erwähne, dass er, kaum hatten wir den leichten Teil des Abstieges erreicht, fröhlich lachte, rauchte, ass, als wäre nichts geschehen. Sonst habe ich über den Abstieg nichts mehr zu sagen. Häufig und immer vergebens suchte ich nach Spuren unserer unglücklichen Kamerden. Wir wurden von der Nacht überrascht, als wir noch in einer Höhe von ca. 13 000 Fuss (4000 m) waren.

Wir kamen in Zermatt am Samstagmorgen um 10.30 Uhr an. Ich wandte mich sogleich an den Gemeindepräsidenten mit der Bitte, so viele Männer wie möglich auf jene Höhe hinaufzuschicken, von der man den Platz sehen konnte, wo die vier Verunfallten mit Gewissheit liegen mussten. Nach sechs Stunden kehrten sie zurück und meldeten, sie hätten die Körper entdeckt, doch sei es unmöglich, jene Stelle am selben Tag noch zu erreichen. Sie schlugen vor, am Sonntagabend aufzubrechen, um am Montag früh bei den Verunfallten anzulangen. Da ich die geringste Aussicht auf Rettung meiner Gefährten nicht aufgeben wollte, beschloss ich, mit dem Geistlichen J. M. Cormick schon am Sonntagmorgen aufzubrechen.

Die Leute aus Zermatt konnten uns nicht begleiten, da sie von ihren Priestern mit Exkommunikation bedroht wurden, wenn sie in der Frühmesse fehlten. Für einige von ihnen war dies eine harte Prüfung. Sie versicherten mir, mit Tränen in den Augen, nur dies allein könne sie davon abhalten, mit uns zu kommen. Die Herren J. Robertson und J. Phillpotts boten uns nicht nur ihren Führer Franz Andenmatten an, sondern begleiteten uns selber. Herr Puller lieh uns seine Führer, die Gebrüder Lochmatter, F. Payot und J. Tairraz von Chamonix boten sich als Freiwillige an.

Am Sonntag, um zwei Uhr in der Frühe, brachen wir auf und folgten der Strasse, die wir am Donnerstagmorgen eingeschlagen hatten bis oberhalb des Hörnli. Dort stiegen wir rechts vom Grat hinab und kletterten durch die Séracs des Matterhorngletschers. Um halb neun Uhr hatten wir die Hochflächen über dem Gletscher erreicht und befanden uns in Sicht des Platzes, wo meine Kameraden liegen mussten. Als ich sah, wie ein vom Wetter gebräunter Mann nach dem andern das Fernrohr erhob, totenblass wurde und das Instrument weitergab, da wusste ich, alle Hoffnung war vorbei. Wir näherten uns. Die Verunglückten lagen in der Reihenfolge, wie sie oben gestürzt waren. Croz ein wenig voraus, Hadow in seiner Nähe und Hudson weiter hinten. Von Lord Douglas war nichts zu sehen. Zu meinem Entsetzen sah ich, dass die drei an das Seil vom «Alpine Club» gebunden waren oder an das zweite, ebenso starke Seil. Somit war das schwächste Seil nur zwischen Taugwalder und Lord F. Douglas verwendet worden.

Durch die Briefe von Herrn Pastor J. M. Cormick wurden Sie über die weiteren Ereignisse aufgeklärt. Die Behörden des Kantons Wallis hatten strenge Weisungen erlassen, die Leichen herunterzuholen. Diese traurige Pflicht wurde denn auch vier Tage nach den von mir oben beschriebenen Ereignissen durch 21 Führer erfüllt. Ihnen gebührt der Dank aller Engländer, denn es handelt sich hier um eine schwierige und gefahrvolle Aufgabe. Von Lord Douglas sahen auch sie nichts. Wahrscheinlich ist er oben in den Felsen hängengeblieben. Niemand kann seinen Tod tiefer und aufrichtiger beklagen als ich. Obwohl noch sehr jung, war er doch ein hervorragender Alpinist. Während unseres ganzen Unternehmens hatte er nie die geringste Hilfe verlangt, und sein Fuss war nie ausgeglitten. Einige Tage vor unserer Begegnung hatte er das Gabelhorn bestiegen, einen Gipfel, der weit schwieriger zu erreichen ist, so glaube ich, als das Matterhorn.

Ich wurde bis zum 22. Juli in Zermatt zurückgehalten. So lange dauerte die von der Regierung verlangte Untersuchung. Nachdem ich zuerst verhört worden war, übergab ich dem Gericht eine Anzahl von Fragen, die ich dem alten Taugwalder gestellt zu sehen wünschte, denn was ich betreffs der Seile entdeckt hatte, war weit davon entfernt, mich zu befriedigen. Diese Fragen wurden ihm gestellt und auch vor meiner Abreise von Zermatt beantwortet. Ich erhielt aber die Erlaubnis nicht, bei der Befragung anwesend zu sein, und auch die mir versprochenen Antworten habe ich noch nicht erhalten. Das, sehr geehrter Herr, ist das Ende dieser traurigen Geschichte! Ein einziger falscher Schritt, ein kurzes Ausrutschen sind die Ursachen dieser Katastrophe und eines Unglücks, welches nicht vergessen werden wird.

Ich habe nur noch eine Bemerkung anzubringen: Wäre das Seil nicht zerrissen, so hätten Sie diesen Brief nicht erhalten. Es wäre uns unmöglich gewesen, die vier so plötzlich und heftig ins Seil stürzenden Männer aufzuhalten. Doch wäre wahrscheinlich das Unglück nicht geschehen, wenn das Seil zwischen den Verunglückten ebenso straff oder doch annähernd so straff gespannt gewesen wäre, wie es das zwischen Taugwalder und mir war. Wird nämlich das Seil richtig verwendet, ist es ein grosser Schutz. Wenn sich aber zwei Männer einander nähern, sei es in Fels, auf Schnee oder Eis, und das Seil zwischen ihnen lose herunterfällt, so befindet sich die ganze Gesellschaft in Gefahr. Stürzt nämlich einer der Kletterer, so erreicht die Wucht seines Sturzes ein solches Ausmass, dass er, bevor er aufgehalten werden könnte, einen nach dem andern der ganzen Seilschaft ins Verderben mitreisst. Ist hingegen das Seil angespannt, so wird dies unmöglich.

Ich verbleibe, sehr geehrter Herr, Ihr ... etc.

E. Whymper

Haslemere, den 7. August

Die Erstbesteigung des Matterhorns
Schilderung des «jungen» Peter Taugwalder

Veröffentlicht im Buch «The first Ascent of the Matterhorn» Seite 489-492 by D. F. O. Dangar and T. S. Blakeney

Herr Montagnier: verehrter Herr.

Sie baten mich um eine Beschreibung der ersten Besteigung des Matterhorns anno 1865, dem Anlass des schrecklichen Unfalls, bei dem vier vornehme und starke junge Männer ihr Leben verloren. Ich bin nun 75 Jahre alt, aber trotz der 53 Jahre, die seither vergangen sind, kann ich mich an viele Dinge so gut erinnern, als wären sie erst gestern passiert. Der Eindruck, den das fürchterliche Unglück bei mir hinterliess, war wirklich so stark, dass ich es nie vergessen werde, solange ich lebe.

Es war in der ersten Hälfte Juli des schon erwähnten Jahres, als der jugendliche Lord Douglas nach Zermatt kam und in Begleitung meines verstorbenen Vaters verschiedene Kletterpartien machte, unter anderm die Erstbesteigung des Obergabelhorns. Er beabsichtigte, auch die Besteigung des Matterhons zu versuchen. An diesem Punkte, etwa am 10. oder 11. Juli, erschien der Chamonixer Bergführer Michel Croz im Hotel Monte Rosa, in Begleitung der Engländer Whymper, Hadow und Hudson, in der Absicht, das Matterhorn zu bezwingen; worauf Lord Douglas und sein Bergführer beschlossen, sich ihnen anzuschliessen.

Zu jener Zeit war ich in der Tat sehr jung, und der erste Flaum begann eben auf meiner Oberlippe zu wachsen; aber ich hatte genug Mut um zu fühlen, dass kein Felsen zu hoch, kein Gletscher zu steil war für mich. Als ich erst 16 war, hatte ich schon den Monte Rosa gemacht, mit drei englischen Studenten und meinem Vater. Er hatte nicht gewollt, dass ich mitkomme, denn er befürchtete, es würde für mich zu kalt sein. – Der Monte Rosa ist ein berüchtigt kalter Berg, und viele haben sich daran immer wieder erfrorene Zehen geholt. Aber ich bestand darauf mitzugehen, denn ich war es ja, der die drei Studenten anlässlich eines Ausfluges auf den Gornergrat überredet hatte, die Besteigung zu unternehmen; deshalb waren sie gleichsam meine Kunden, und ich sagte meinem Vater, wenn er die Besteigung nicht unternehmen wolle, werde ich einen andern Bergführer nehmen, um uns anzuführen. Der langen Rede kurzer Sinn, ich ging mit und es war ein grosser Erfolg; allein schon meine Freude hätte mich auf diesen Gipfel geführt.

Aber um zum eigentlichen Thema zurückzukommen. Ich war in den Bergen kein Neuling mehr, denn bis dahin hatte ich das Breithorn und ein paar andere Besteigungen gemacht; und so schlug mein Vater vor, mich mitzunehmen. Sein Plan war, zwei andere Bergführer anzustellen und zwei Seilschaften zu bilden, aber dies gefiel Herrn Hudson nicht, der bescheiden dachte, er und seine Gefährten seien alle besser als die Bergführer.

Am Morgen des 13. Juli holten wir den benötigten Proviant im Hotel Monte Rosa, und etwa um 9 Uhr machten wir uns auf den Weg. Das Wetter war wunderbar; das Matterhorn, völlig schneefrei, hiess uns lächelnd willkommen in der Morgensonne. Wir assen das Mittagessen auf dem Hörnli. Die Aussicht war prächtig. Überall um uns herum standen die grossen Gipfel in all ihrer Majestät; über dem Grün des Tals drängten sich die dunklen Föhren hinan zum Rande des ewigen Eises. Mein Herz war erregt vor Freude, und ich konnte kaum die Ankunft des nächsten Morgens erwarten. Als wir den Fuss des Matterhorns erreichten, stellten wir unsere Zelte auf und kampierten. Aber ich und Croz stiegen ein gut Stück höher, etwa zu dem Punkt, wo sie später das sogenannte «Alte Refugium» bauten; alles verlief glänzend und wir hatten nicht die geringste Schwierigkeit. Wir gingen zu unsern Gefährten zurück mit der guten Nachricht; freuten uns an einer guten Suppe, die in der Zwischenzeit gebraut worden war und legten unsere Häupter auf unsere Rucksäcke. Ich schlief einen Engelsschlaf.

Die ganze Nacht lang träumte ich, dass ich auf der Spitze des Matterhorns stehe und einen Jodel ins Tal sandte, der laut genug war, um in Zermatt gehört zu werden. Dann war ich plötzlich allein auf dem Gipfel. Ich konnte die andern nirgends sehen, und das Entsetzen weckte mich auf. Es war etwa 2 Uhr morgens, und die andern begannen auch sich zu regen. Wir brauten etwas Tee und brachen sofort zum Angriff auf unseren riesengrossen Gipfel auf. Wir hatten uns natürlich sofort angeseilt; Croz führte, gefolgt von Hudson, Whymper und Hadow, dann mein Vater, Lord Douglas und ich. Um etwa 3 Uhr begann der Tag zu dämmern, und der östliche Himmel schien wie pures Gold. Nicht eine einzige Wolke war sichtbar; die einzigen hörbaren Laute waren die Schritte von sieben begeisterten Kletterern und das Geklapper der Eispickel auf dem Felsen.

Wir befolgten dieselbe Linie, die Croz und ich am Abend vorher ausgekundschaftet hatten. Es lief alles ausgezeichnet bis oberhalb des Ortes, wo heute das «Alte Refugium» steht. Von da an wurden die Schwierigkeiten grösser, aber wir waren alle guten Mutes, und es gelang uns, ziemlich schnell Höhe zu gewinnen. Etwa 150 Fuss oberhalb der Stelle, wo nun das «Solvay Refugium» steht, ruhten wir uns aus und assen etwas, um unsere Kräfte wiederherzustellen. Dann nahmen wir die Schulter in Angriff, die hinauf Croz Stufen schlug. Aber Douglas, vor mir, hatte grosse Mühe, seine Füsse in die Stufen zu setzen, und verschiedene Male rutschte er aus. Aber fast die ganze Zeit hielt ich seine Beine mit meinen Händen fest in den Stufen. Endlich waren wir auf der Schulter. Genau auf der Spitze, wo jetzt die Seile beginnen, liessen wir unsere Rucksäcke und den Proviant. Wir berieten uns über die Route, die diesen schwierigsten Teil der Kletterei hinauf zu befolgen war; wir wussten, dass es dann wieder leichter sein würde, wenn wir über dem Dach waren. Es war Croz, der die Entscheidung traf. Er meinte wir sollten zur West-Fassade überqueren, die sogenannte Schattenseite («in d Lätzi»). Wir fanden sie ganz schneefrei; da waren kleine Felsleisten, ein oder zwei Zoll breit, und wir kletterten hinauf, indem wir sie benutzten, wobei der Berg 6000* Fuss unter uns fast noch steiler als senkrecht abfiel. Keine Worte fielen, als wir alle vorsichtig und angespannt weiterkletterten, denn wir waren uns alle des Ernstes der Situation bewusst.

---

* *eine Übertreibung*

Es bedurfte nur des Versagens eines einzigen Handgriffs oder Fusstritts, um uns dort unten auf dem Gletscher in Stücke zerschmettert zu sehen. Ich war jung und behend und kletterte wie eine Katze; so hatte ich immer Zeit, die andern zu beobachten und Lord Douglas' Füsse für ihn zu sichern. Er war kein guter Kletterer. Langsam aber machten wir unsern Weg sicher aufwärts. Endlich waren wir oberhalb des Daches, und um zirka 2 Uhr hatten wir die Spitze erreicht.

Wir blieben nicht lange. Mein Herz war so leicht, dass ich auf Schwingen hätte fliegen können, weit weg und über die Berge, der Himmel weiss wohin – vielleicht hinab zu meinem Schätzchen in Zermatt. Dann bereiteten wir uns für den Abstieg vor. Whymper (sic!) wechselte nun den Platz mit Lord Douglas und war deshalb genau vor mir am Seil. Croz führte immer noch; und so kletterten wir langsam über «das Dach», etwa an der Stelle, wo man jetzt noch hinuntergeht. Unten angelangt, querten wir zur West-Fassade, wieder einem Felsenband entlang. Wir bewegten uns sehr langsam und mit grösster Vorsicht, denn der Abstieg war viel schwieriger als der Aufstieg. Wir kamen zum Ende der Felsbänder, und Croz begann mit den drei ihm Nächsten der Seilschaft die Nordwand hinabzuklettern. Von Zeit zu Zeit befestigte mein Vater das Seil an einem Felsvorsprung, um sie beim Herabsteigen zu sichern.

Plötzlich schossen die Vier wie eine kleine Wolke in die dünne Luft. Das Seil riss, als wäre es ein Stück Schnur, und die vier jungen Männer waren nicht mehr sichtbar. Es war alles so schnell wie ein Blitzleuchten. Niemand stiess einen Laut aus. Sie verschwanden augenblicklich im furchtbaren Abgrund.

Man kann sich vorstellen, wie uns zu Mute war. Eine Weile konnten wir uns kaum bewegen, so waren wir erschreckt. Dann endlich versuchten wir weiterzugehen; aber Whymper zitterte so heftig, dass er kaum fähig war, einen Schritt vorwärts zu tun. Mein Vater kletterte voraus und kehrte sich ständig, um Whympers Beine auf die unterbrochenen Steinleisten zu stellen. Wir mussten immer wieder anhalten, um uns auszuruhen, denn unsere Stimmung war in der Tat sehr gedrückt. Dann bewegten wir uns wieder ganz langsam und befanden uns endlich völlig erschöpft auf der Schulter. Dort versuchten wir ein wenig zu essen, fanden es aber schwer, auch nur ein Stückchen zu schlucken; wir fühlten uns, als wären unsere Kehlen mit einem Seil zugeschnürt worden. Kein Wunder, weit unten sahen wir unsere vier armen Kameraden auf dem kalten Gletscher liegen. Mein Herz war nahe am Bersten und die Tränen rannen über meine Wangen. Unsere armen, armen Freunde! Diesen Morgen noch waren sie so fröhlich und lebendig gewesen; nun lagen ihre zerschlagenen Körper leblos dort unten auf dem kalten Gletscher. Und wenn nur der gute Mr. Douglas seinen Platz nicht gewechselt hätte, dann wäre er und nicht Whymper unversehrt gewesen; gewiss wäre er uns ein besserer und treuerer Freund gewesen als dieser Mann namens Whymper, der die ganze Zeit unnahbar und fern gewesen war und so blieb, obwohl wir sein Leben gerettet hatten. Denn ohne uns wäre auch er umgekommen, obwohl er sich später als Held der Seilschaft ausgab und eine Anzahl von Sachen erzählte, die nicht der Wahrheit entsprachen. Sicherlich, ich zum Beispiel sah keines der drei Kreuze, welche er behauptete im Himmel gesehen zu haben. Auch verschiedene Ausdrücke, die er uns in den Mund legte, waren völlig ohne Grund. Auf jeden Fall, wie konnte Whymper irgend etwas von dem verstanden haben, was wir sagten; wenn man bedenkt, dass er kein Wort Deutsch verstand und dass mein Vater ausser dem in Zermatt gesprochenen deutschen Dialekt keine andere Sprache sprach?

Aber kehren wir zum Abstieg zurück. Wir holten die Rucksäcke und erreichten langsam und mit grosser Schwierigkeit einen schneefreien Punkt unterhalb der Schulter, wo Platz war zum Absitzen. Dort verbrachten wir die Nacht in sitzender Stellung. Gegen Sonnaufgang wurde es ziemlich kalt, obwohl die Temperatur im allgemeinen sehr mild gewesen war. Sobald genug Tageslicht war, fuhren wir mit unserem Abstieg fort. Wir stiessen auf keine Schwierigkeiten, und, als wir wiederum in Bewegung waren, erlangten wir schnell wieder unsere Behendigkeit, obwohl wir Zermatt erst gegen 3 Uhr erreichten.

Dort angelangt, gingen wir direkt zu Papa Seiler ins Monte Rosa und erzählten das tragische Ergebnis der Besteigung. Sofort wurden Vorkehrungen getroffen, um die Reste derjenigen, die so tragisch gestorben waren, zu bergen. Es war Samstag, und weil sie alle unzweifelhaft tot waren, bestand kein Grund, noch in der Nacht aufzubrechen, so wartete die Suchgruppe die Morgendämmerung ab um aufzubrechen. Ich konnte nicht mitgehen; ich litt zu fest an Schock. Whymper und mein Vater konnten auch nicht.

Die Sucher fanden unsere armen Freunde auf dem Gletscher liegend an dem Ort, den wir ihnen angegeben hatten. Nur Lord Douglas fehlte, und bis heute wurde von ihm noch keine Spur gefunden. Sie waren alle fürchterlich zerschlagen, am schlimmsten Croz; sie hatten alle den grössten Teil ihrer Kleider verloren. Bei ihrer Beerdigung, einige Tage später im Friedhof der winzig kleinen Zermatter Kirche, war die ganze Gemeinde anwesend.

Seither habe ich das Matterhorn mehr als hundert Mal bestiegen, aber nie ohne an meine lieben Kameraden zu denken, denen an jenem Tag grosses Leid widerfuhr. Mein Vater und Whymper sind ihnen schon in ihre ewige Ruhe nachgefolgt. Und sehr bald werden die Engel des Todes nun auch mich rufen.

Ich habe Ihnen einfach und rückhaltlos erzählt, was ich bei der Erstbesteigung des Matterhorns gesehen und erlebt habe. Wenn Sie meine Geschichte für die Nachwelt verwenden, dann lege ich meinen guten Ruf in die Hand derjenigen, die sie lesen; und somit beendige ich meinen Bericht.

Dem Heftchen «Monte Rosa» 1955, S. 9, entnehmen wir der Feder Karl Lehners: «Mein Vater Theophil hatte 1905 ein Interview mit Peter Taugwalder Sohn.» — Enthält deshalb dieser Bericht nicht Taugwalders Sprache?

Zum frommen Andenken

an unsern innigstgel. treubesorgten Vater,
Großvater, Urgroßvater, Bruder & Onkel

Taugwalder Peter

Bergführer, Zermatt

geb. d. 12. Nov. 1843
gest. d. 10. März 1923

—◦❦◦—

Geduldig hat er ausgelitten
Und ging der Heimat Gottes zu.
Er hat den letzten Berg bestiegen,
Und schlummert nun in süßer Ruh'.
Der Herr geb' reichen Lohn dir drüben,
So fleh'n hier weinend, deine Lieben.

Barmherziger Jesus gib seiner Seele die
ewige Ruhe u. den himmlischen Frieden.
Jesus, Maria, Josef! (7 Jahre & 7 Quadr.)

R. J. P.

F. Emmenegger, Kriens

Todes-Andenkenbild von Peter Taugwalder Sohn.

Ausgrabung der Protokolle nach 55 Jahren

Nach der damaligen Handhabung im Kanton Wallis unterlag die Möglichkeit der Einsichtnahme in die Verhörakten dem Gutdünken des Gerichtsvorsitzenden. Wohl um nicht noch mehr Unruhe in die Gemeinde zu bringen, beschränkte sich Herr Clemenz auf die blosse Bekanntmachung des Urteils (Egger 192).

Wir verdanken es den Anstrengungen eines Mitgliedes der Sektion Genf des SAC, dass diese Protokolle doch noch ans Tageslicht befördert wurden. Er fand sie genau dort, wo solche Akten hingehören: im Staatsarchiv des Kanton Wallis, in Sitten. Aber dies geschah erst im Mai 1920, also über ein halbes Jahrhundert nach dem Unglück, als von den vier Verhörten keiner mehr am Leben war. Peter Taugwalder Sohn wurde damals nicht verhört, aber es ist fraglich, ob er vom Inhalt der Akten noch etwas erfuhr. Der «Bund»-Redaktor hatte recht, wenn er sagte: «Eine rechtzeitige Veröffentlichung dieser nun vergilbten, handgeschriebenen Seiten hätte gewissen Verdächtigungen, Anfeindungen und bösartigen Unterschiebungen den Riegel geschoben.»

Gerichtliches Verhör   «Mont Cervin», Freitag 21. Juli 1865

Zuerst wurde Whymper und dann Taugwalder verhört. Anschliessend wurde noch Franz Andenmatten und anderntags Alexander Lochmatter befragt. Diese beiden Führer waren, wie wir wissen, an der ersten Bergungsaktion beteiligt.

Whympers und Taugwalders Aussagen unterschieden sich in bezug auf die Reihenfolge der abstürzenden Seilgefährten. Riss Hadow Croz gleich zu Beginn mit sich in die Tiefe, oder wurde er von Hadow, Hudson und Douglas als Letzter mitgerissen?

Irgend jemand schien an der Reihenfolge der Verunglückten grosses Interesse zu bekunden, weshalb Taugwalder am Sonntag, den 23. Juli, ein zweites Mal vorgeladen wurde. Weshalb nur er und nicht auch Whymper in einer Angelegenheit, in der ihre beiden Aussagen, scheinbar unbedeutend, auseinander gingen, vorgeladen wurde, bleibt rätselhaft. Ebenfalls über-

rascht uns, dass dieses zweite Verhör an einem Sonntag stattfand, wurde doch in jener Zeit im Oberwallis die Sonntagsruhe
so streng eingehalten, dass jeder Bauer sein auf der Wiese lie-
gendes, trockenes Heu lieber dem herannahenden Gewitter
preisgab, als dass er den Sonntag durch Arbeit entheiligte.
Auch befremdend ist die Fragestellung des Richters (Frage 63)
... «Sie (Taugwalder) sind jetzt aufgefordert zu sagen...» Wollte
die Amtsperson auf Taugwalder Druck auszuüben?

Und wie erklärt es sich, dass Frage und Antwort Nr. 62 im
Protokoll fehlen? Dem Schreiber war doch zuzumuten, dass er
über 61 hinaus zählen konnte! Solche Ungereimtheiten sind
schuld, dass den Geschehnissen «der Katastrophe am Matterhorn» die längst verdiente Ruhe versagt bleibt.

Die Veröffentlichung der Gerichtsprotokolle vom 21. Juli
und 23. Juli 1865 genügte nicht, um volle Klarheit über den Hergang des Unglücks zu erhalten. Erst wenn die Öffentlichkeit Zugang zu sämtlichen Briefen findet, die nach dem Unglück im
Kreise des englischen Alpine Clubs zwischen Whymper und
seinen Freunden gewechselt wurden, kann der Schlussstrich
unter dieses tragische Unglück gezogen werden.

Für alle, die sich für den genauen Wortlaut der *gerichtlichen
Protokolle* interessieren, seien nachstehend die Fragen und
Antworten erwähnt: (AJ 33, S. 234)
(Übersetzung aus dem Französischen)
Sitzung des Untersuchungsrichters des Bezirkes von Visp, gehalten am 21. Juli 1865 im Hotel Mont Cervin, präsidiert von Untersuchungsrichter Herrn Josef Anton Clemenz, dem Gerichts-
schreiber Donat Andenmatten (Visp), und dem Gerichtsdiener
ad hoc Johann Julen.

Verhör von Herrn Whymper, Tourist

1. Wie ist Ihr Name, Alter, Beruf und Wohnort?
   Eduard Whymper, 25 Jahre, Kunstzeichner, London, ledig.
2. Haben Sie an der Bergtour teilgenommen, die am 13. Juli,
   mit der Absicht, das Matterhorn zu besteigen, stattfand?
   Ja.
3. Wieviel Teilnehmer waren an dieser Bergtour dabei?
   Beim Verlassen Zermatts waren wir 8 Personen. Nämlich:

4 Touristen, 2 Führer und 2 Träger. Am 14. morgens, ging einer der Träger, Sohn von Peter Taugwalder, von unserem Nachtquartier aus zurück nach Zermatt.

4. Welches sind die Namen der 4 Touristen, der 2 Führer und des Trägers?

Reverend Charles Hudson, Mr. Hadow, Lord Francis Douglas und ich; die Führer: Michel Croz aus Chamonix, Peter Taugwalder, Vater, von Zermatt; der Träger: Peter Taugwalder, Sohn.

5. Welches ist der Wohnort der Herren Douglas, Hudson und Hadow?

Mr. Hudson war Vikar von Skillington (England). Der Wohnort der andern ist mir nicht bekannt.

6. Um welche Zeit seid ihr am 14. Juli aufgebrochen, um die Spitze des Matterhorns zu erreichen?

Wir brachen von unserem Nachtlager des 13. auf den 14. Juli um 3 Uhr 40 morgens auf.

7. Um welche Zeit habt ihr den Gipfel des Matterhorns erreicht?

Um 1 Uhr 40 nachittags.

8. Wie lange habt ihr euch auf dem Gipfel aufgehalten?

1 Stunde.

9. Habt ihr beim Abstieg die gleiche Richtung wie beim Aufstieg eingeschlagen?

Genau die gleiche.

10. Waren die 4 Touristen und die Führer mit Seilen verbunden?

Ja, in der folgenden Reihenfolge: Vorne der Führer Michel Croz, gefolgt von Mr. Hadow, Mr. Hudson, Lord Douglas, der Führer Vater Taugwalder, dann ich selbst und schliesslich Sohn Taugwalder. Zwischen Lord Douglas und Vater Taugwalder war das Seil weniger dick als zwischen Michel Croz und Lord Douglas einerseits und Vater Taugwalder und Sohn Taugwalder andererseits.

11. Wie geschah das unglückliche Ereignis?

Wir stiegen in der oben angegebenen Reihenfolge ab. Ungefähr 300 Fuss vom Gipfel entfernt kamen wir an eine schwierige Stelle, die aus Fels und Schnee bestand. Soviel ich weiss, war im Moment, als sich das Unglück ereignete, nur Mr. Hadow in Bewegung. Mr. Hadow hatte beim Abstieg offensichtlich grosse Schwierigkeiten. Sicherheitshalber nahm Michel Croz die Füsse Mr. Hadows und plazierte sie einen nach dem andern an geeignete Stellen. Ich könnte nicht mit Sicherheit die wirkliche Ursache des Unfalls sagen. Aber ich glaube, dass Michel Croz, nachdem er die Füsse von Mr. Hadow auf Felsspitzen absetzte, sich umdrehte, um selber einen Schritt vorwärts zu tun. In diesem Moment glitt Mr. Hadow aus und überschlug in seinem Sturz M. Croz. Dieses zweifache Gewicht zog Mr. Hudson und dann Lord Douglas nach. Die wenigen Augenblicke, während dies geschah, gab den drei sich oben Befindenden Gelegenheit, festen Fuss zu fassen, so gut, dass in der Tat das Seil zwischen Lord Douglas und Vater Taugwalder zerriss. Während zwei oder drei Momenten sahen wir die vier Unglücklichen auf dem Rücken hinunterlgeiten, die Hände zu ihrer Rettung ausgestreckt, bis sie ganz verschwanden. Nach dem ersten Überraschungsschrei von Michel Croz wurde kein Schrei mehr gehört. Ich und die beiden Taugwalder stiegen ohne weiteren Unfall den genau gleichen Weg ab, auf dem wir aufgestiegen sind, mit grösstmöglicher Vorsicht, immer nach den Spuren unserer unglücklichen Kameraden suchend. Aber wir haben nur zwei Pickel gefunden, die im Schnee steckten. Als Folge dieser Vorsichtsmassnahmen und der Suche wurden wir auf einer Höhe von ungefähr 13 000 englischen Fuss von der Nacht überrascht. Dort stellten wir auf einem Platz von ungefähr 12 Fuss Oberfläche unser Nachtlager auf und setzten unsere Route am anderen Morgen, Samstag, den 15. Juli, fort und erreichten Zermatt um 10 Uhr 30 morgens.

(Das Nachstehende betrifft die Bergung der Verunglückten.)

12. Waren Sie allein oder in Begleitung? Falls Sie nicht allein waren, wollen Sie bitte die Begleitpersonen nennen.
Ich war in Begleitung von Reverend J. M'Cormick, Freund von Mr. Hudson, sowie von Rev. Robertson und von M. Phillpotts, und dem Führer Lochmatter Alexander und einem der Brüder von M. Andenmatten aus Saas Fee, F. Payot aus Chamonix und einem anderen Führer aus Chamonix, dessen Name mir unbekannt ist.

13. Habt ihr die vier Opfer gefunden?
Nur die Leichen von drei: nämlich Mr. Hudson, Mr. Hadow und Michel Croz.

15. Habt ihr die Gemeindebehörden von Zermatt nicht benachrichtigt, dass ihr die Körper von drei Opfern gefunden habt?
Nein, nicht offiziell. Aber nach meiner Rückkehr nach Zermatt am Samstagmorgen, setzte ich den Gemeindepräsidenten von Zermatt in Kenntnis über den traurigen Unfall und bat ihn gleichzeitig, Männer an den Unfallort zu senden, für den Fall, dass der eine oder der andere meiner unglücklichen Kameraden noch am Leben sein könnte. Dieser Bitte wurde entsprochen, und eine stattliche Anzahl Führer machte sich sogleich auf den Weg. Sechs Stunden später kehrten sie zurück und erklärten, dass sie die Körper gesichtet hätten, dass es jedoch unmöglich sei, noch an diesem Tag bis zu ihnen vorzudringen. Andererseits weigerten sich dieselben Führer aus Zermatt am nächsten Sonntagmorgen, die Opfer aufzusuchen. Dies war ein Grund, weshalb ich mich ohne offizielle Bewilligung auf den Weg machte, um die Leichen zu finden, und mich nach meiner Rückkehr nicht verpflichtet fühlte, offiziell Bericht zu erstatten. Der Umstand, dass drei der Leichen gefunden wurden, wurde jedem mitgeteilt, der Anteil an dieser traurigen Geschichte nahm.

16. Haben Sie keine Spuren von Lord Douglas gefunden?
Ich fand ein Paar Handschuhe, die ich ihm selber in Zermatt gegeben habe, und den Ledergürtel, den er während des Aufstiegs trug.

17. Haben Sie an Ihrer Aussage etwas zu berichtigen oder hinzuzufügen?
Ich möchte hinzufügen, dass ab dem 14. Juli, am Morgen, der Sohn Taugwalder, der uns bis anhin als Träger begleitete, nun als Führer diente.

Das Protokoll nachgelesen und für gut befunden,
(Unterschrieben: Eduard Whymper)

(Hotel «Mont Cervin», Zermatt, 21. Juli 1865)
(Anschliessend an Whympers Verhör)

18. Ihr Name, Alter, Zivilstand, Beruf und Wohnadresse.
    Peter Taugwalder, 45 Jahre, verheiratet, Bergführer, wohnhaft in Zermatt.
19. Haben Sie am 14. Juli das Matterhorn bestiegen?
    Ja.
20. In welcher Eigenschaft haben Sie diese Besteigung gemacht?
    Als Bergführer.
21. Wer hat Sie für diese Besteigung engagiert?
    Lord Douglas und Whymper.
22. Hatten Sie vor der Matterhornbesteigung schon Bergtouren mit Lord Douglas gemacht?
    Ja, als Führer begleitete ich ihn nach Zinal und auf das Gabelhorn.
23. Wurden Sie vor der Matterhornbesteigung über die Leute informiert, die teilnehmen sollten, und hatten Sie sich darüber geäussert, wer und wer nicht teilnehmen sollte sowie auch über das Missverhältnis zwischen der Zahl der Touristen und der Zahl der Führer?
    Man nannte mir die Zahl der Teilnehmer. Ich machte keine Einwendungen. Aber ich machte eine Bemerkung, dass im Vergleich zur Zahl der Touristen zuwenig Führer da wären. Darauf sagten mir die Herren Whymper und Hudson, sie seien ebenso gut wie Führer, worauf ich keine Bemerkungen mehr machte.
24. Wer hat die Teilnehmer vor dem Abstieg angeseilt?
    Die vier Vordersten, nämlich Führer Croz, Hadow, Hudson und Lord Douglas, wurden von Croz angeseilt. Durch ein besonderes Seil band ich mich an Lord Douglas.
25. Wer wurde als erster angeseilt?
    Ich erinnere mich nicht mehr gut, wer als erster an das Seil von Croz angeseilt wurde.
26. Welche Qualität hatte dieses Seil?
    Es war ein neues, solides Seil.

27. Wer hat Sie an Lord Douglas angeseilt?
Ich selbst.

28. Warum nahm man zwischen Lord Douglas und Ihnen ein anderes Seil?
Weil das andere Seil nicht mehr ausreichte, mich auch noch daran anzubinden.

29. War Ihrer Ansicht nach das Seil zwischen Lord Douglas und Ihnen hinreichend stark?*

---

* (Bemerkung: Nach Whympers massstabgetreuer Darstellung [Foto] hatte das schwächere Seil einen Durchmesser von 90% des Klubseils. «Scrambles»: 403, GZ 173. Gs: Museum von Zermatt.)

Wenn ich gefunden hätte, dieses Seil sei nicht hinreichend stark, so hätte ich mich wohl gehütet, mich mit diesem Seil an Lord Douglas zu binden, denn ich hätte weder ihn noch mich damit gefährden wollen. Wenn ich gefunden hätte, dieses Seil sei zu schwach, so hätte ich es schon vor der Matterhornbesteigung als solches erkannt und es refüsiert.

30. Geben Sie uns nähere Angaben über den Ort, wo das Unglück geschah.
Nachdem wir 200 bis 300 Meter vom Gipfel abgestiegen waren, erreichten wir die zweite der schwierigeren Stellen, wo der Berg nur glatte Felspartien aufweist und wo es sehr schwierig ist, Fuss zu fassen. Dort war es, wo Hadow ausrutschte und die Folgenden nachzog, und diese dann auch Croz nachzogen, erst nachdem das Seil zwischen Lord Douglas und mir zerrissen war.

31. Glauben Sie, dass alle Sicherheitsvorkehrungen getroffen worden sind?
Jawohl. Aber es ist zu bedauern, dass Hadow ein sehr schlechter Bergsteiger war.

32. Wie verlief der Unfall?
Ich sagte es soeben. Aber ich füge bei, dass Herr Whymper, ich und mein Sohn die Unglücksstelle sogleich verlassen wollten und dennoch weiterhin in ihr verblieben.*

---

* Charakteristisch für den Kreislauf-Kollaps (Schock).

Schliesslich stiegen wir ab, um eine Stelle zu suchen, wo wir die Nacht zubringen konnten. Anderntags trafen wir dann heil in Zermatt ein.

33. War das Seil im Moment des Sturzes straff?

Es war straff.

34. Was halten Sie vom Zerreissen dieses Seils?

Ich weiss es nicht. Aber das Gewicht von *drei* Personen und die Kraft ihres Sturzes hätte auch ein sehr starkes Seil zerrissen.

Haben Sie noch etwas zu ergänzen oder abzuändern?

Ich füge bei, dass ich, um mich besser halten zu können, gegen den Berg drehte. Da das Seil zwischen Whymper und mir nicht gespannt war, konnte ich es glücklicherweise um einen Felsvorsprung legen («rouler»), was mir die notwendige Kraft gab, mich zu retten.

35. Wäre es möglich gewesen, die vier Männer nach dem Zerreissen des Seils noch zu halten?

Unmöglich!

36. Hätten Sie die Touristen retten können, wenn das Seil nicht gerissen hätte?

Ich bin überzeugt, dass ich mit Croz' Hilfe die Touristen hätte retten können.

Gelesen und bestätigt,

(Unterschrieben: Peter Taugwalder)

Zweites Verhör von Peter Taugwalder
(Sonntag, 23. Juli, im Hotel «Monte Cervino»)

53. Hat sich seit Ihrer letzten Aussage irgend etwas in Ihrer Erinnerung geändert? Haben Sie etwas beizufügen oder abzuändern?

Nichts! Es sei denn, dass ich noch, bevor wir die gefährliche Stelle erreichten, dem Führer Croz sagte, man sollte ein Seil spannen, um so mehr Sicherheit zu haben. Croz antwortete, dies sei nicht nötig.*

---

* *Taugwalder meinte ein parallel zum andern Seil laufendes Fixseil (Halteseil), das, oben am Fels irgendwo befestigt, als zusätzliche Sicherung zum Halten mit den Händen hätte dienen sollen. Es hätte*

den Gewichtsschub von vier fallenden Menschen verhindert. Wie konnte Croz, der Hadows Probleme kannte, Taugwalders rettende Idee in den Wind schlagen? In Bergsteigerkreisen gilt das Ausgleiten eines einzelnen Teilnehmers einer Seilschaft nicht als sehr ausserge-wöhnlich. Die meisten haben dies schon selber erlebt oder miterlebt. Die Aufgabe der gegenseitigen Seilsicherung ist es, eine Kettenreaktion zu verhindern.

Indirekt bestätigte Taugwalder, dass noch Seilvorrat da war. Man hätte umseilen und eines der Seile als Handseil verwenden können. Warum wurde dies nicht gemacht? Waren Unstimmigkeiten in der Seilschaft schuld, dass sich weder Hudson noch Whymper, noch Taugwalder zu einem Machtwort aufraffen konnten? Wir wissen es nicht. Ebensowenig wissen wir, weshalb der berühmteste Chamonix-Führer ein Halteseil als überflüssig ablehnte.

---

54. Wusste Ihr Sohn, wie der Unfall vor sich ging?
Kaum, denn er fragte mich: «Seid Ihr noch da, mein Vater?»*

---

* *Damals wurden die Eltern in der Mundart in der zweiten Person Mehrzahl angeredet.*

---

55. Wie kommt es, dass sich zwischen Croz und Ihnen drei Herren, zwischen Ihnen und Ihrem Sohn jedoch nur ein Herr befand? Der Untersuchungsrichter ist der Meinung, diese Verteilung sei nicht sehr vernünftig gewesen. Was sagen Sie dazu?
Der Vorderste war der Führer Croz, dann kam Hadow, dann Hudson, der sich als Führer bezeichnete. Dann folgten Douglas, ich, Whymper und dann mein Sohn. Wenn der Untersuchungsrichter gelten lässt, Hudson habe die Eigenschaft eines Führers, sehen Sie, dass sich jeder Tourist zwischen zwei Führern befand.

56. Wurde Hudson von der Seilschaft als Führer anerkannt?
Er selber sagte, er hätte keinen Führer nötig und er könne die Funktion eines Führers übernehmen.

57. Wer stellte das Seil zur Verfügung, das Sie mit Lord Douglas verband?
Die Herren Touristen.

58. Wurde Ihr Sohn als Führer oder als Träger in Dienst genommen?*

Am ersten Tag als Träger, am zweiten Tag als Führer. Zu Beginn wollten die Herren meinen Sohn zurückschicken, und das mit der Begründung, Croz und ich würden als Führer ausreichen. Auf mein Ersuchen hin, meinen Sohn als Führer mitzunehmen, hatten ihn die Herren dann als Führer engagiert.

59. Um wieviel Uhr seid ihr am 13. Juli in Zermatt aufgebrochen?

Zwischen 5 und 6 Uhr morgens.

60. Um welche Zeit seid ihr dort, wo die Nacht zugebracht wurde, eingetroffen?

Um Mittag.

61. Wann seid ihr dort am 14. Juli aufgebrochen?

Gegen 2 Uhr nachts. Wir hatten uns dann um gut eine halbe Stunde verzögert. Die Herren waren guter Laune und hatten auch Jauchzer von sich gegeben.*

62. Erstaunlicherweise fehlen Fragen und Antwort im Protokoll.

63. Herr Whymper hatte in seiner Erklärung gesagt, Hadow sei als erster ausgeglitten und habe damit Croz nachgezogen, und sie beide hätten alsdann Hudson und Douglas nachgezogen. Er und die Taugwalder hätten inzwischen Zeit gehabt, festen Stand zu fassen. In diesem Moment sei das Seil gerissen. In Ihrer Antwort Nr. 30 hingegen sagen Sie, Hadow sei zuerst ausgerutscht, dann Hudson und Douglas, und erst dann Croz (nachdem das Seil zerriss). Da Whympers und Ihre Aussagen nicht übereinstimmen, sind Sie jetzt auf-

gefordert, zu sagen, ob Sie Ihre Aussage aufrecht erhalten wollen.

Da sich Herr Whymper an einer Stelle über mir befand, wo er sich über diesen unglücklichen Unfall Rechenschaft geben konnte, könnte seine Aussage genauer sein, so dass ich nicht festhalten will, Croz sei erst nach den drei andern gefallen. Denn alles geschah in einem einzigen Augenblick. Wir waren so überrascht, dass es uns nicht möglich war, über den Ablauf der Dinge genau Rechenschaft zu geben.*

---

* Die suggestiv gestellte Frage des Richters hatte Taugwalder offenbar verunsichert, so dass er seinen eigenen Erinnerungen nicht mehr traute. Dass er als Folge des richterlichen Einspruchs seine erste Aussage relativierte, ist psychologisch durchaus verständlich. Er wusste, dass Whymper als der grosse Herr so oder so am längeren Hebelarm sass, und dass es keinen Sinn hatte, auf etwas zu beharren, das er ja nicht mit hundertprozentiger Sicherheit mitverfolgen konnte. Aber auch Whymper sagte in seiner Antwort: «Ich könnte nicht mit Bestimmtheit sagen, welches die eigentliche Ursache des Unglücks war.» Die Frage, wer unmittelbar nach Hadow gefallen war, ob Hudson oder Croz, ist betreffend Schuldfrage belanglos. In der Literatur über das Matterhorngeschehen finden wir stets die Whympersche Version. Dies ist nicht anders zu erwarten, wo doch Whympers «Scrambles» die einzige schriftliche Quelle bilden.

---

64. Haben Sie zu Ihren Angaben noch etwas beizufügen oder haben Sie etwas abzuändern?

Ich füge bei, dass ich, um mich fester halten zu können, mich gegen den Berg gedreht habe. Da das Seil zwischen Whymper und mir nicht gespannt war, konnte ich es glücklicherweise um einen Felsvorsprung rollen («rouler»). Das gab mir dann die nötige Kraft, mich zu retten. Das andere Seil hatte mir durch den Sturz der andern derartige Schläge gegeben, dass ich jetzt dort, wo dieses Seil meinen Körper umfasste, sehr leide.

Gelesen und bestätigt:
«Unterschrieben: Peter Taugwalder»

210

Inhaltsverzeichnis

212

214

Literaturverzeichnis:

Edward Whymper: Scrambles amongst the Alps, sixth Edition
Ronald W. Clark: Als das Seil riss
Ronald W. Clark: Victorian Mountaineers
Cicely Williams: Zermatt, Geschichte und Geschichten
Bradford Washburn: Mit Bradford in den Alpen
Arnold Lunn: Taugwalder and the Matterhorn
C. Gos: Le Cervin
Ch. Long: Echo des Alpes 1867
St. Kronig: Geschichtliches über Zermatt
Georges Grosjean: Die Erstbesteigung des Matterhorns am 14. Juli 1865.
 Sonderdruck «Die Alpen», 1965
Neue Freie Presse, Wien: 4. Aug. 1865, Nr. 336, Dr. Alfred Meissner
Guido Rey: Das Matterhorn
D. F. O. Dangar und T. S. Blakeney: The first ascent of the Matterhorn
 (Schilderung von Peter Taugwalder, Sohn)
Alpen: Zeitschrift des Schweiz. Alpenklubs
Alpines Journal: Zeitschrift des Britischen Alpenklubs
«Times» London: Ed. Whympers Brief vom 8. Aug. 1865

Bilder- und Fotoverzeichnis:

Edward Whymper
Gustave Doré
Jules Gourdault
Alpenmuseum Zermatt
Perren-Barberini
Beat Perren
Martin Jaggi
Lina Aufdenblatten
Hannes Taugwalder
Oswald Perren
Ferdinand Hodler, 1894, Absturz IV
    Öl auf Leinwand, 180 × 210 cm
    Schweizer Alpenclub